D1873755

rororo sport
Herausgegeben von Bernd Gottwald

Rolf Scheunig
Helmuth Poppen

BIRDIE, BULLY, BANANENFLANKE

Sportregeln und Begriffe –
und was Sie schon immer wissen wollten

Mit Zeichnungen
von Günther Kellner

rororo
Rowohlt

Originalausgabe
Veröffentlicht im Rowohlt Taschenbuch Verlag GmbH,
Reinbek bei Hamburg, Februar 1992
Copyright © 1992 by Rowohlt Taschenbuch Verlag GmbH,
Reinbek bei Hamburg
Redaktionsassistenz Sven Brouwers
Umschlaggestaltung Peter Wippermann / Jürgen Kaffer
Satz Sabon (Linotronic 500)
Gesamtherstellung Clausen & Bosse, Leck
Printed in Germany
1000-ISBN 3 499 18669 1

Inhalt

Inhalt

Vorwort
(sollten Sie aber trotzdem lesen)

Sie,
lieber Mitmensch, und das setzen wir einfach mal so voraus, sind ein ganz normaler Fernsehkonsument wie viele andere Millionen auch.
Natürlich sind Sie durch Ihre ganz individuellen Eigenschaften, Fähigkeiten und Ansichten ein einmaliges und unverwechselbares Exemplar der Gattung Mensch – das weiß keiner besser als Sie selbst. Aber auf dem Sektor Fernsehen wurden Sie langsam, aber sicher in die Millionenschar von Guckern eingemeindet und nivelliert. Sie sitzen lässig zurückgelehnt in Ihrem Sessel und spielen mit der Fernbedienung, drücken Knöpfchen, um mal zu sehen, was es so zu sehen gibt.
Und nun hüpft Ihnen plötzlich ein Bild in die Stube, das Ihnen den Gedanken nahebringt, eine Schar von verkleideten Marsmenschen versucht unter Aufbietung aller Kräfte, ein eiförmiges Gebilde unter einem Haufen Leiber zu begraben. Einen Augenblick später läuft alles kopflos durcheinander wie Ameisen auf dem Waldboden, und trotz Aufbietung Ihrer sicher nicht geringen Intelligenz ist es Ihnen nicht möglich, hierin irgendein logisches System zu entdecken. Sie schalten weiter auf einen anderen Kanal, um sich dort einen Vortrag anzuhören über die prähistorische Kunst des Holzschuhschnitzens in Belutschistan. Der guten Ordnung halber sehen Sie dann noch in die Programmzeitschrift, um zu wissen, was Sie da übersprungen haben; Sie lesen «American Football».

So was kann man sich ja auch nicht ansehen, sagen Sie sich, und das mit einer gewissen Berechtigung, denn wenn man davon so rein gar nichts versteht...

Da aber gerade Sie dem Sport nicht ganz abhold sind – hätten Sie sonst dieses Buch in der Hand? –, ist Ihnen doch tatsächlich etwas entgangen, nämlich ein dynamisches und spannungsgeladenes Spiel, das einen aber erst dann aus dem Sessel reißt, wenn man weiß, worum es geht und was sich da auf dem Bildschirm so tut.

Sehen Sie, genau da möchten wir Ihnen helfen, manche spannende Stunde zusätzlich zu erleben. Wir versuchen, besonders die Spiele und den Sport etwas näher zu erläutern, die das Fernsehen ins Haus bringt, wo wir die für uns reservierten Logenplätze haben.

Es kann und soll nicht Sinn und Zweck dieses Buches sein, die Regelwerke bis ins letzte zu durchleuchten; das ist auch unnötig, das ist etwas für Fachleute, denen hiermit offiziell die Genehmigung erteilt wird, über die Erklärung der einzelnen Spiele und Sportarten mit hochgezogener Oberlippe süffisant zu lächeln. Außerdem gibt es Tausende von Büchern, in denen mit Akribie alles bis ins letzte Detail geschildert ist.

Uns geht es, wie gesagt, nur darum, den Fernsehguck-Kollegen und -Kolleginnen ein bißchen was von Sport und Spielen zu erzählen, damit auch sie Spaß und Spannung an den vielen Sportsendungen haben, die sie vielleicht sonst mangels Interesse überspringen und dabei nicht wissen, daß ihnen so manche nette Stunde entgeht.

Liebe Mädel, hello Girls, sehr verehrte Damen!

Ihnen soll diese Seite gewidmet sein, Ihnen ganz allein. Wir erbitten Ihr Verständnis und Ihre Billigung für das, was auf den folgenden Seiten passiert.

Dort wird nämlich schrecklich viel von männlichen Wesen die Rede sein, von Sportlern und Spielern, von Läufern und Werfern, von Reitern und Springern und so weiter und so weiter.

Und das könnte fälschlicherweise den Anschein erwecken, als wären Sport und Spiele eine rein maskuline Angelegenheit, und das ist es ja nun, wie wir alle wissen, ganz und gar nicht. In fast allen Disziplinen sind die Damen mindestens ebenso aktiv wie die Herren (lassen Sie einiges links liegen – bitte, fangen Sie niemals mit Boxen an).

Wenn nun immer von Sportlern und nicht gleichzeitig von Sportlerinnen die Rede sein wird – nehmen Sie es bitte so, wie es gedacht ist. Es soll sich leichter lesen lassen. Sie, verehrte Damen, sind immer im Geiste dabei. Einverstanden?

Abgesehen davon gäbe es einige Schwierigkeiten bei der Umwandlung ins Weibliche:

Die Übersetzung von «Torwart» zwingt zum Grübeln, und echt ins Schleudern kommt man bei dem Begriff «Mannschaft».

Wir danken für Ihr Verständnis.

ZUR EINÜBUNG

Wenn Sie bei Durchsicht der folgenden Seiten bei einigen Sportarten Maßangaben finden, die Ihnen das Gefühl vermitteln, daß hier wohl ausgesprochene Kümmelspalter am Werk waren, dann lassen Sie sich bitte nicht irritieren, das ist alles nicht so schlimm, wie es im ersten Moment den Anschein hat. Die krummen Zahlen stammen nämlich zum überwiegenden Teil aus dem englischen System, und wenn ein Spiel oder eine Spielart in einem Land «erfunden» wurde, in dem dieses zu Hause ist, hat man naturgemäß die Abmessungen für Spielfelder und anderes Drumherum in englischen Maßen in das Regelwerk aufgenommen. Andere Länder übernahmen nun diese Spiele, konnten aber nicht einfach die Maße ändern, um auf runde Zahlen zu kommen. Nehmen wir ein Beispiel: Beim Tennis ist das Netz in der Mitte genau 91,5 cm hoch. Da läge es doch nahe, es einfach auf einen Meter zu erhöhen, das könnte man sich viel leichter merken. Aber nun fragen Sie mal einen Tennisprofi, der heute hier und morgen in England spielt.
Lassen wir es also dabei. Wir werden damit leben können, und wenn man weiß, warum das so ist, regt man sich darüber auch nicht mehr auf.

So ganz fremd sind uns die Maßangaben aus dem englischen System ja nun auch wieder nicht, die Bezeichnung Zollstock für das Klappding aus dünnen Leisten mit Metereinteilung hat sich bis heute erhalten, obwohl in den seltensten Fällen noch Zollangaben drauf sind, und Klempner und Holzhändler arbeiten nach wie vor mit Zoll; ein Halbzollrohr ist ein durchaus gängiger Artikel.

1 Zoll (engl. Inch) = 25,4 mm
12 Zoll sind 1 Fuß (engl. foot, Mehrzahl feet) = 30,48 cm
3 Fuß sind 1 Yard = 91,44 cm

Nun runden wir das alles ein wenig ab, um nicht mit etlichen Stellen hinterm Komma arbeiten zu müssen, und sehen uns an, welche Maße sich ergeben. Wenn wir «Fuß an Fuß» setzen, dann finden wir Zahlen, denen wir auf Schritt und Tritt begegnen.

3	Fuß	= 91,5 cm	7	"	= 213,0 cm
4	"	= 122,0 cm	8	"	= 244,0 cm
5	"	= 153,0 cm	9	"	= 274,0 cm
6	"	= 183,0 cm	10	"	= 305,0 cm

Das Tennisnetz mit 91,5 cm Höhe erscheint uns nun schon als guter Bekannter, und das Kissen beim Baseball mit einer Außenkante von 38,1 cm Länge wirkt auch nicht mehr so exotisch, denn das sind schlicht und einfach 15 Zoll. Das Infield bei diesem Spiel ist 27,45 cm lang, das verliert den Schrecken, wenn man weiß, daß das gerade 30 Yard sind. Bei den Gewichten ist es genauso. Irre klingt es, wenn man hört, das ein Mittelgewichtler bis 72,574 kg auf die Waage bringen darf. Es sind aber exakt 160 englische Pfund und damit doch ganz schön rund.

1 Unze (engl. ounce – Abkürzung oz) = 28,35 g
16 oz = 1 Pfund (engl. pound – Abkürzung lb) = 0,4536 kg

Das mag genügen, schließlich wollen wir ja keinen Rechenkursus machen, sondern uns am Sport erfreuen. Manchmal stört es jedoch, wenn da etwas im Raume steht, und man nicht weiß, warum und wieso, darum der kleine Ausflug ins Land der Zahlen.

Bei dieser Gelegenheit können wir aber auch gleich noch ein paar Ausdrücke zur Brust nehmen, die oftmals auftauchen, und von denen nicht jeder weiß, was sie eigentlich genau bedeuten.

Ablösesumme Ein Verein ist spitz auf einen Spieler, der bei einem anderen Verein unter Vertrag steht. Das kommt vor beim Fußball, aber auch beim Ringen und beim Tennis. Wird man sich einig, zahlt der neue Verein an den alten die Ablöse. Das hat inzwischen solche Ausmaße angenommen, daß zweistellige Millionenbeträge für einen Sportler keine Seltenheit mehr sind. Den Wechsel von Verein zu Verein nennt man auch Transfer. Der zuständige Fachverband gibt eine Liste heraus. Darin sind alle Spieler aufgeführt, die wohl wechseln möchten. Das ist die Transferliste.

Amateur Jetzt wird es schwierig, denn dieser Begriff wird immer verwaschener, und die Abgrenzung zum Berufssportler ist nicht mehr eindeutig zu ziehen.

Ursprünglich ist der Amateur ein Sportler, der sich nur zum Spaß oder zur körperlichen Ertüchtigung ins Schwitzen bringt, keinesfalls jedoch irgendeinen materiellen Nutzen daraus zieht. Im Laufe der Zeit wurden dann aus den DM 3,50 als Fahrgeld und fünfzig Pfennig für eine Limonade langsam, aber sicher Aufwandsentschädigungen für dies und das in erstaunlichen Höhen, und wo soll man da dann noch die Meßlatte anlegen?

Selbst die obersten Weisen des Olympischen Komitees haben das Handtuch geworfen und die alten Statuten – Olympische Spiele nur für reine Amateure – über Bord geworfen, jetzt kann jeder mitmachen.

Wir haben eben schon den Berufssportler angesprochen, den **Profi** (Professional), der lebt nun nur vom Sport. Dazwischen gab es noch den **Halbprofi**, der war nun weder noch, oder eben beides, wie man es will. Er machte manche Mark mit dem Sport, ging daneben aber noch einem normalen Beruf nach.

Börse Eine Bezeichnung aus dem Boxsport, es ist der Betrag, der zwischen Boxer und Veranstalter für einen Kampf ausgehandelt wird. Das waren immer schon, besonders in Amerika, beachtliche Beträge, durch die gut zahlenden Fernsehanstalten jedoch stiegen die Summen in astronomische Höhen.

Champion einer Sportart ist der Meister.

Coach ist nichts anderes als Trainer, und das ist der Ausbilder und Betreuer, sei es nun vom Einzelsportler oder von einer Mannschaft.

Court ist auf einem Tennisplatz das Spielfeld. Bei großen Anlagen heißt der Hauptplatz **Center-Court**.

Derby Dieses Wort hat eine wunderliche Veränderung seines Sinngehaltes hinter sich. Ursprünglich war es mal eine Zuchtprüfung im Galopprennsport, eingeführt von dem englischen Earl of Derby, dann wurde es in den allgemeinen Turniersport aufgenommen, und heute wird es auch für andere Wettkämpfe gebraucht, vorzugsweise aber für Spiele zwischen benachbarten Vereinen. Dann spricht man vom **Lokal-Derby**.

Division Aus dem Englischen, eine Bezeichnung für eine Fußball-Spielklasse.

Dotierung Geldpreise, die vom Veranstalter für die Gewinner ausgesetzt werden. Meistens kriegt der Sieger gut die Hälfte der gesamten Summe.

FIFA Fédération Internationale de Football Association.

UEFA Union Européenne de Football Association.

Zwei Dachverbände im Fußball, der FIFA gehören alle nationalen Verbände an, sie regelt die Weltmeisterschaften, in der UEFA sind die europäischen Verbände zusammengeschlossen, hier werden die Europameisterschaften organisiert.

Finish Der Endspurt, die letzte Phase eines Rennens, da geht es meistens um die Wurst, und alle Kräfte werden dafür mobilisiert.

Fair – sauber, **Foul** – schmutzig, beschränken wir uns hier auf diese Annäherungs-Übersetzung, jeder Kommentar dazu würde zu einem Roman ausufern.

Finte Ein Scheinangriff oder eine Bewegung, die den Gegner täuschen und von der wahren Absicht ablenken soll.

Goal = Tor, **Goal-Getter** = Torjäger, **Goal-Keeper** = Torwart.

Grand Prix = Großer Preis.

Handgeld bekommt ein Spieler bei einem Wechsel von seinem neuen Verein bei Vertragsabschluß.

Kantersieg Kanter ist der ruhige Galopp, in dem ein Pferd seine Bahn zieht, ohne angetrieben zu werden. Wenn es beim Rennen überlegen siegt, sich dabei also gar nicht voll ausgegeben hat, spricht man von einem Kantersieg. Das ist nun übertragen worden auf andere Sportarten. Hat eine Mannschaft eine andere an die Wand gespielt, ohne dabei volle Pulle zu gehen, ist das ein Kantersieg.

Kricket – ein Fang- und Rückschlagspiel, so urenglisch wie das Königshaus, der Linksverkehr und der cup-of-tea. Zwei kleine

«Tore» werden von Schlagmännern mit Keulen bewacht, die andere Mannschaft versucht, durch Ballwurf die Tore zu zerstören.

Open = offen, engl. Bezeichnung für offene Wettbewerbe, jeder kann mitmachen, keine Teilnehmerbeschränkungen.

Open-Air = Freiluftveranstaltung.

Prämie Eine Sonderzahlung für besondere Leistungen neben dem Gehalt.

Preisgeld Sollte besser Geldpreis heißen, denn es sind Preise, die, in verschiedene Höhen abgestuft, bei Turnieren den auf den vordersten Plätzen landenden Teilnehmern gezahlt werden.

Promoter Das ist der Veranstalter von Wettkämpfen im Berufssport, hauptsächlich beim Boxen und Ringen.

Referee Das englische Wort für Schiedsrichter. Beim Boxen ist es der Ringrichter.

Sponsor Bitte, erheben Sie sich von den Plätzen, hier kommt die wichtigste Institution des Sports. Es dreht sich dabei um eine Person oder eine Firma, die Geld lockermacht, die einen Verein oder einen Wettbewerb finanziell unterstützt. Manche tun es aus reinem Idealismus – Hut ab! –, meistens jedoch ist der Menschenfreundlichkeit aber auch eine Prise Eigennutz beigemischt. Wir sehen dann die mehr oder weniger diskrete Werbung an allen möglichen und unmöglichen Stellen an den Sportlern, am Gerät, an der Bande, an der ganzen Umgebung. Na schön, man kann Geld auch für weniger nützliche Zwecke als Sport ausgeben, nehmen wir es hin, vielleicht sponsert uns ja auch mal jemand.

Startgeld Hier gibt es nichts, hier muß zugezahlt werden. Um die Kosten der Veranstaltung zu decken, müssen die Teilnehmer ein Start- oder Meldegeld einzahlen. Die Höhe richtet sich nach der Größe der Veranstaltung.

Es geht aber auch andersherum. Hat man nämlich einen Namen, der dem Veranstalter gut ins Konzept paßt, zahlt dieser Startgeld, um den Spitzenmann für diesen Wettbewerb zu gewinnen. Nur mit diesen Top-Leuten kann man Publikum an die Kassen locken, je höher der Kurswert des Umworbenen, desto höher das Startgeld.

Timing (engl. time = Zeit) Genau abgestimmter Ablauf eines Vorgangs, daß z. B. beim Boxen just in dem Moment die Gerade rauskommt, wenn das Kinn des Gegners einladend frei ist.

Vorgabe Bei unterschiedlichem Leistungsvermögen der Teilnehmer eines Wettbewerbs gibt es ein Ausgleichsverfahren, damit alle vergleichbare Gewinnmöglichkeiten haben.
Der Nachteil (handicap) der weniger Guten wird durch die Vorgabe egalisiert, das kann in Form von vorgegebenen Strecken oder Punkten erfolgen, oder indem man einen gewissen zeitlichen Vorsprung einrechnet.
Sie brauchen jetzt keinen Vorsprung mehr, den haben Sie schon, denn Sie wissen ja schon etliches.
Gehen wir also die einzelnen Sport- und Spielarten an.

AMERICAN FOOTBALL

Das läßt sich zwar ohne Schwierigkeiten übersetzen – Amerikanischer Fußball –, aber wenn man den uns bekannten Fußball vor Augen hat, ist man damit auf einem völlig falschen Dampfer. Diese beiden haben kaum etwas miteinander gemeinsam, noch nicht einmal den Ball, denn was bei uns eine runde Kugel ist, ist in Amerika ein recht eigenwilliges Gebilde, rund zwar, aber dabei oval mit zwei Spitzen. Trotzdem, wenn's auch schwerfällt, wir bleiben bei der Bezeichnung Ball.
Eine Gemeinsamkeit kann man jedoch mit gutem Gewissen konstatieren: Football ist in Amerika Volkssport Nummer eins, so wie bei uns der Fußball. Das Endspiel – der Super Bowl – bringt ganz Amerika auf die Beine bzw. auf den Fernsehsessel. Vielleicht könnte man das vergleichen mit einer Weltmeisterschaft im Fußball, Deutschland im Endspiel und das hierzulande.
Wenn man allerdings betrachtet, was so an Dollar umgesetzt wird, was da ausgegeben wird für Übertragungsrechte, Werbung, Ausrichtung und Einnahmen, besonders auch für Wetteinsätze, dann kann man nur wieder einmal feststellen, daß in Amerika eben doch alles viel größer und lauter ist. Es ist halt ein Land der Superlative, und Football ist nun mal das Spiel der Spiele.

Und noch etwas: Sie können Ihre Beziehungen zu einem Amerikaner – und seien sie noch so gut – schlagartig auf den Gefrierpunkt bringen, wenn Sie ihm gegenüber in Unkenntnis dieses Spiel als «Rugby» bezeichnen. Zwar sind beide Spiele miteinander verwandt – Football ist aus dem Rugby hervorgegangen –, aber für den Amerikaner ist Football das Größte, und er legt Wert auf die korrekte Bezeichnung. Es kann Ihnen passieren (ist tatsächlich schon geschehen), daß man Ihnen den Kauf von Eintrittskarten verwehrt, wenn Sie die falsche Bezeichnung wählen, selbst bei den exorbitanten Schwarzmarktpreisen, die es vor jedem Endspiel wieder gibt, weil diese schon ein halbes Jahr vor der Veranstaltung ausverkauft sind. Dieses vorweg, damit bei Ihnen die nötige Ehrfurcht geweckt wird.

Wenn in den USA Football unbestrittener Publikumsmagnet Nr. 1 ist, dann ist das bei uns noch keineswegs so. Es gibt zwar schon eine ansehnliche Anzahl von Vereinen, aber bis zu den Spielen, die, im Fernsehen übertragen, alle Straßen leerfegen, wird's wohl noch eine Weile dauern.

Auszuschließen ist es nicht, daß Football, aus Amerika kommend, eines Tages wie Mickymaus und Coca-Cola bei uns heimisch und erfolgreich sein wird.

Die Kenner des Spiels behaupten, daß die Regeln so einfach und übersichtlich sind, daß jedermann beim Zuschauen einem Spiel sofort folgen kann. Das können aber auch nur Kenner sagen, dem Laien geht es doch so, wie dem Käufer einer komplizierten Maschine, der die Gebrauchsanweisung erst dann versteht, wenn er die Maschine in allen Funktionen bedienen kann. Dem Fernsehzuschauer wird ohne einige Grundkenntnisse des Footballspiels dieses Durcheinander von Vermummten wie das planlose Gebolze von Marsmenschen vorkommen. Wir werden dieser Geschichte daher einmal ganz systematisch auf den Grund gehen.

Dazu folgender Kompromißvorschlag: Für den eiligen Leser vorab einige Grundinformationen, die helfen sollen, sich zumindest etwas zurechtzufinden. Im Anschluß daran gehen wir dann in weitere Einzelheiten, die dann etwas mehr Zeit erfordern, obwohl auch damit, das sei hier schon vorweg gesagt, keineswegs der Weisheit letzter Schluß erfaßt ist. Aber das ist ja sowieso nicht unser Klassenziel.

Kurzfassung

Wir sehen uns das Spielfeld an. Dabei muß noch eines eingeflochten werden: Es gibt in Amerika zwei Arten Football, die sich etwas voneinander unterscheiden. Da haben wir einmal das Spiel der Profis, also das Professional-Football. Zum anderen wird an den Schulen das sogenannte College-Football gespielt, das auch wir vorwiegend per TV sehen. Hieran angepaßt hat sich die deutsche Version, die jedoch mit anderen Maßen rechnet, mit Metern statt mit Yards. Um es nicht zu kompliziert zu machen, beschränken wir uns auf die deutschen Maßangaben, die uns ja auch besser eingehen.
Das Feld ist 50 m breit und 120 m lang, davon sind 100 m reine Spielfläche, die letzten 10 m sind die Endzonen. Eingeteilt ist das ganze Feld in Abschnitten von 10 m. Deutliche Linien markieren diese Unterteilung, so daß der Zuschauer genau verfolgen kann, ob und wieviel Meter Raum gewonnen wird. Und genau darauf kommt es an. Der Ball muß nämlich in die gegnerische Endzone gebracht werden, und das ist, wie wir sehen werden, nicht ganz einfach.
Selten gelingt es, mit dem Ball durch die Linien der Gegenspieler zu brausen, um mit einem Rutsch die Endzone zu erreichen. Es ergibt sich in den meisten Fällen ein «Torlauf auf Raten» (hoffentlich liest das kein Football-Profi).

American Football

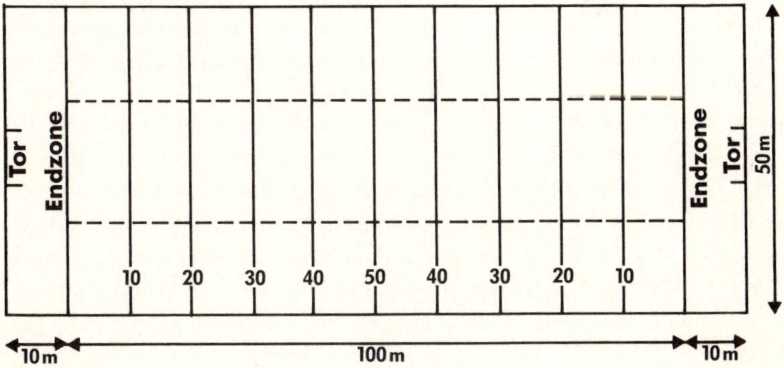

So wie bei unserem Fußball das Tor Ziel aller Aktionen ist, so ist es beim Football die Endzone.
Die Tore sehen für uns ungewohnt aus, sie beginnen praktisch erst in gut drei Meter Höhe. Dort liegt eine Querlatte, die die untere Begrenzung darstellt. Über diese hinweg, und zwischen den senkrechten Torstangen hindurch, muß der Ball getreten werden, wenn es Punkte geben soll. Was unter durch geht, zählt nicht, deshalb ist es auch egal, ob das Tor so geformt ist wie eine Stimmgabel – mit einem Bein in der Mitte –, oder ob die beiden senkrechten Stangen bis zum Boden durchgehen.

Zwei Mannschaften à elf Spieler stehen sich gegenüber, wobei die eine die angreifende, die andere die verteidigende Mannschaft ist. Die Angreifer dürfen viermal versuchen, den Ball weiter nach vorn in Richtung gegnerische Endzone zu bringen. Sie müssen hierbei mindestens zehn Meter Boden gewinnen. Wird das geschafft, haben sie vier weitere Versuche. Wenn's nicht klappt, wird der Gegner zur angreifenden Partei.
Einige Fachausdrücke müssen hier eingeflochten werden, es hilft alles nichts, später, im zweiten Teil, wird es in dieser Beziehung noch wesentlich bunter.
Jeder Versuch beginnt mit einem **Down** («down» heißt soviel wie «runter», die Bezeichnung rührt daher, daß sich die Spieler gebückt gegenüberstehen).
Von jeder Mannschaft stehen sich bei Beginn des Versuchs sieben **Linemen** gegenüber, das wollen wir mal großherzig mit «Stürmer» übersetzen. Aus dieser Stürmerreihe wird der Ball zurückgespielt auf einen **Backfielder**, das sind die Kameraden, die hinten im Feld stehen.
Jetzt wird entweder versucht, mit dem Ball durch eine Lücke in der gegnerischen Abwehr zu laufen – wobei die übrigen Teamkollegen die Gegner abblocken und versuchen, eine «Gasse» zu bilden –, oder aber es wird ein Paß geworfen auf einen inzwischen nach vorn gewetzten Mitspieler, der diesen Ball dann aber sicher fangen muß. Solch ein Paß darf allerdings pro Spielzug nur ein einziges Mal geworfen werden, jedenfalls nach vorne. Nach hinten werfen ist jederzeit erlaubt.

Der bedauernswerte Ballträger ist zum Abschuß freigegeben, denn ihn dürfen die Gegner halten und zu Boden werfen. Die anderen Spieler dürfen dagegen nur mit dem Körper blockiert werden, das geschieht vorwiegend mit der gut gepolsterten Schulter.
Sobald der Gegner es geschafft hat, den Ballträger auf den Boden zu bringen, ist das Spiel unterbrochen. Dann kommt es darauf an, wo sich dieser Tatort befindet. Hat man Raum gewonnen oder nicht.

Bringt man den Ball in der Endzone des Gegners unter, entweder durch Hineinlaufen mit dem Ball oder durch einen geworfenen Paß, den ein Spieler in der Endzone stehend sicher fängt, dann ist das Klassenziel erreicht, das ist ein **Touch-Down**, das zählt sechs Punkte. Falls aus dem Feld heraus der Ball mit dem Fuß durch die Torstangen geschossen wird, ist das ein **Field-Goal** (das könnte man mit ‹Tor aus dem Feld› übersetzen) und bringt drei Punkte.
Nach jedem Touch-Down kann ein zusätzlicher Punkt erreicht werden, wenn von der 3-m-Linie aus der Ball durchs Tor geschossen wird, das sind 13 m bis zum Tor, das ja auf der Endlinie steht, und diese ist 10 m hinter der 0-Linie. Anstelle dieser Aktion kann sich die angreifende Partei eine andere Möglichkeit des Punktesammelns wählen, nämlich einen Zusatzversuch von der 3-m-Linie aus. Dieser bringt beim erneuten Touch-Down zwei Punkte.

Das war bisher ein ziemlich unzureichender Versuch, das Gröbste zu schildern. Ein Versuch, der jedem Fachmann die Tränen ins Auge zwingt.
Für all diejenigen, die noch nicht ganz mutlos geworden sind, folgt eine etwas ausführlichere Darstellung, die aber auch absolut keinen Anspruch auf Vollständigkeit erhebt, denn dazu bräuchte man drei Bücher dieses Formats.

Die ausführliche Version

Ob Sie es nun glauben oder nicht, Football, obwohl bei weitem kein körperloses Spiel, ist keineswegs so brutal, wie es manchmal den Anschein hat. Hüten muß man sich vor der Annahme, daß es sich bei dem Gewusel, das man am Bildschirm erlebt, um ein sinnloses Durcheinander handelt. Ganz im Gegenteil. Jeder Spielzug ist bis ins letzte durchdacht und geplant. Enthusiasten vergleichen das sogar mit dem Schachspiel, und obwohl das etwas abstrus klingt, es ist doch schon etwas dran, denn es gibt eine Vielzahl von Spielzügen und Aktionen, bei denen jeder in der Mannschaft bestimmte Aufgaben hat, und es kann spielentscheidend sein, wenn der Gegner die vorgesehene Taktik rechtzeitig erkennt und sich darauf einstellt. Die Spieler müssen also einerseits mit allen Finessen der Taktik vertraut sein, und sie müssen andererseits zu hartem körperlichem Einsatz Mann gegen Mann bereit sein. Intelligenz und körperliche Fitneß sind unabdingbare Voraussetzungen für einen guten Footballspieler.

Das Spiel kann beginnen

Bei der Auslosung hat Team A gewonnen und sich dafür entschieden, als erstes anzugreifen. Diese Mannschaft nennen wir jetzt die **Offense**, und, das läßt sich ja noch leicht behalten, der verteidigende Gegner ist die **Defense**. Team A haben wir als Angreifer festgelegt, und jetzt kommt etwas Paradoxes. Den Ball bekommt nämlich zuerst Team B für den sogenannten **Kick-Off**.
In der Spielhälfte von Team B wird der Ball in Höhe der 35-m-Marke hochkant auf einem Halter, dem **Kicking-Tee**, plaziert. Team B, also die Defense, nimmt Aufstellung hinter dem Ball, parallel zu der 35-m-Linie. Die angreifende Mannschaft verteilt sich in der eigenen Spielhälfte. Nun wird durch einen Tritt der Ball möglichst weit in das Feld A geschossen, und auf geht's. Team A nimmt den Ball auf und versucht, damit so weit wie möglich nach vorn zu kommen. Team B, die Defense, macht seinem Namen alle Ehre und setzt alles daran, daß die A-Leute nicht so weit kommen. Nehmen wir mal an, sie sind bis zur Mitte gekommen, also bis zur 50-m-Linie, dort wurde der Ballträger umgerissen, er liegt mit dem Ball am Boden, und der Schiedsrichter hat gepfiffen. Bis jetzt war noch nicht viel Strategie zu sehen, aber nun

ändert sich das Bild grundlegend. Es beginnen nämlich die **Downs**, die Versuche der Offense. Wir wollen im Moment die Bezeichnungen und Aufgaben der einzelnen Spieler außer acht lassen, weil sie doch ziemlich verwirrend sind. Im Augenblick beschränken wir uns darauf, zu untersuchen, was uns unbedarften Zuschauern spanisch vorkommt.

Den Kick-Off hatten wir auf der 50-m-Linie beendet. Genau hier geht es weiter. Das ist sowieso einer der wichtigsten Punkte beim Football, fast immer geht's da weiter, wo der letzte Spielzug aufgehört hat.
Wir müssen dazu noch eine neue Linie ins Spiel bringen, eine Linie, die Sie auf der Skizze vergeblich suchen, denn das ist eine gedachte Linie, die quer über das gesamte Spielfeld läuft, und zwar genau da, wo der letzte Spielzug endete und damit der neue beginnt. Das ist die Anspiellinie, die **Line-Of-Scrimmage**. Diese Linie denken wir uns so breit, wie der Ball lang ist, also knapp 30 cm, und diese breite Linie ist eine neutrale Zone. Diese Zone ist tabu für alle Spieler, mit Ausnahme eines Spielers der angreifenden Mannschaft, der den Ball ins Spiel bringt.
Wir sehen jetzt die Offense zu einer riesigen Traube eng zusammengerückt, einer der Spieler scheint einen Kurzvortrag zu halten. Dann spritzt alles auseinander und baut sich in Angriffsformation auf. Vorne, unmittelbar hinter der neutralen Zone, stehen meistens fünf Mann, der mittlere in der neutralen Zone (der darf!).
Drei Mann verteilen sich rechts und links von dieser Linie, zum Teil dicht dran, zum Teil mit Abstand und etwas rückwärts. Drei weitere tummeln sich weiter hinten.
Der Mann in der Mitte, wir nennen ihn **Center**, weil er im Zentrum steht, wirft den Ball durch die Beine nach hinten einem seiner Mitspieler zu, und im gleichen Moment passiert das, was uns an einen aufgescheuchten Ameisenhaufen erinnert.
Um nun zu verstehen, weshalb die Burschen so wild aufeinander loslaufen, als hätten sie jeweils gegenpolige Magneten unter ihren Panzern, müssen wir etwas Strategie durchleuchten.

Strategie

Wie schon gesagt, wichtig ist der Raumgewinn, es kommt darauf an, mit dem Ball möglichst weit in die gegnerische Zone einzudringen. Hierfür gibt es zwei Möglichkeiten. Erstens: mit dem Ball laufen, was das Zeug hält, und versuchen, durch die gegnerische Blockade zu kommen, oder zweitens: Einer der Angreifer muß vorsprinten, und ihm muß dann der Ball mit einem weiten Paß zugeworfen werden. Fängt er dann den Ball und bringt ihn sicher unter Kontrolle, ist schon ein großes Stück Arbeit getan, denn selbst wenn er jetzt umgemäht wird, hat sich das Spielgeschehen schon eine gute Ecke nach vorn verlagert. Darauf kommt es ja letztlich an.
Bei der Besprechung vor dem Down wurde festgelegt, wie dieser Spielzug verlaufen soll. Natürlich ist das kein langes Palaver, alle eingeübten Spielzüge werden mit Codenamen und Nummern versehen. Schon daraus ist ersichtlich, daß es eine große Anzahl von Spielzügen gibt, die die Spieler beherrschen und deren Kurzbezeichnungen sie im Kopf haben müssen. Im allgemeinen kommt die Anweisung, was als nächstes zu tun ist, vom Trainer durch Handzeichen zum Spielmacher. Dieser schnurrt dann bei der Besprechung einige für Außenstehende unverständliche Wörter und Zahlen herunter, und dann weiß jeder Spieler, was er zu tun hat. Diese Kurzabsprache auf dem Feld nennt man **Huddle**.

Zurück zum Ball. Wir haben uns zu einem Laufspielzug entschlossen, und der Center, der Mann in der Mitte, wirft den Ball rückwärts durch seine Beine zu einem Spieler weiter hinten im Feld. Solch einen Wurf nennt man auch einen **Snap**. Unmittelbar danach hat er die gleiche Aufgabe wie seine Nebenleute, nämlich die ihnen gegenüberstehenden Verteidiger abzublocken. Ziel der Aktion ist, die Gegner abzudrängen und eine Lücke zu schaffen, durch die dann der eigene Mann von hinten mit dem Ball nach vorn brausen kann. Diesem Mann mit dem Ball folgen einige Teamkollegen, wohlweislich immer etwas nach hinten versetzt, um den Ball annehmen zu können, wenn der Ballträger in Bedrängnis kommt. Er darf den Ball zu seinen Mitspielern werfen, aber immer nur nach hinten. Beendet ist der Spielzug, wenn der Ballträger zu Fall gebracht worden ist. Liegt er erst,

darf er den Ball nicht weiterpassen. Wo man ihn auf den Boden gebracht hat, ist die Ausgangsposition für das nächste Down. Sie als Fortgeschrittene wissen: Das ist die Line-Of-Scrimmage.
Nun nehmen wir einmal an, die Offense hätte es geschafft, 3 m weiter nach vorn zu kommen. Das ist immerhin schon etwas, wir brauchen ja 10 m und haben dafür vier Versuche. Es werden jetzt noch 7 m gebraucht, um im Spiel zu bleiben.

Dieser Spielstand wird dem Publikum durch Tafeln mitgeteilt, die am Spielfeldrand aufgestellt werden. Zwei Tafeln befinden sich auf Stangen, die mit einer 10 m langen Kette verbunden sind, hieran wird abgelesen, wieviel Meter geschafft wurden bzw. was noch an den nötigen 10 m fehlen. Die dritte Tafel, der **Downmarker**, sagt, der wievielte Versuch jetzt dran ist. Das sieht dann so aus: 2. und 7, das heißt jetzt kommt der zweite Down, und man braucht noch 7 m.

Wenn der Angreifer sieht, daß die Chance gering ist, beim vierten und damit letzten Versuch das rettende Ufer der 10 m zu erreichen, hat er eine Möglichkeit, die Anspiellinie weiter in die gegnerische Hälfte zu verlagern. Der Ball wird einem Spieler zugeworfen, der ca. 10 m hinter der Anspiellinie steht, dieser läßt ihn fallen und tritt ihn, bevor er den Boden berührt, möglichst weit nach vorn. Das ist ein **Punt**. Die Defense versucht ihrerseits, den Ball schnell unter Kontrolle und wieder in die andere Richtung zu bringen. Wo er gestoppt wird, ist jetzt die neue Anspiellinie. Mit dem Punt hat die bisherige Offense das Spiel abgegeben, die Mannschaft wird jetzt zur Defense.
Anders ist es allerdings, wenn der Ball zurückerobert wird, das geht aber nur, wenn der Gegner den Ball berührt hat, ihn aber nicht festhalten konnte.

Nochmals in Kurzform

In vier Versuchen müssen 10 m Raum gewonnen werden, klappt's, geht's weiter, wenn nicht, ist der Gegner dran.

Die Wertung

Der Traum eines jeden Spielers ist der **Touch-Down**, dafür gibt es sechs Punkte. Ziel ist die gegnerische Endzone, und der Touch-Down kann auf zwei Arten erzielt werden. Erstens: Ein Spieler läuft mit dem Ball in diese Zone; zweitens: Er steht in der Endzone und fängt den ihm zugeworfenen Ball sicher auf.

Nach einem Touch-Down kann die Mannschaft ihr Konto mit weiteren Punkten aufstocken. Entweder durch eine **Conversion** oder durch einen Zusatzkick. Das geht so vor sich: 3 m vor der gegnerischen Endzone darf ein neuer Spielzug ausgeführt werden. Wird bei diesem Versuch der Ball wieder in die Endzone gebracht, also wieder ein Touch-Down erzielt, ist das die Conversion und bringt zwei weitere Punkte. Falls das zu schwierig erscheint, wird der Ball bei der 3-m-Marke auf den Boden gestellt, und von dort tritt ihn ein Spieler durch die Torstangen. Geht es gut, zählt das für diesen Zusatzkick einen weiteren Punkt, segelt der Ball vorbei, bleibt es bei den sechs Punkten für den Touch-Down.

Das ist aber nicht der einzige Zweck des Tores, denn auch während des Spiels kann versucht werden, hier hinein zu schießen. Gelingt das – man versucht es natürlich nur aus günstiger Position –, erzielt man ein Field-Goal, und das bringt drei Punkte.

Nicht nur die Angreifer, auch die Verteidiger können punkten. So ist es durchaus denkbar, daß von der Verteidigung ein vom Angreifer geworfener Paß abgefangen wird, und der glückliche Fänger spurtet los und erreicht mit dem Ball die gegnerische Endlinie, dann hat er seinerseits ein Touch-Down erzielt. Eine andere Möglichkeit des Punktens für die verteidigende Partei: Die Angreifer haben einen schlechten Tag und lassen sich bei ihren Versuchen immer weiter zurückdrängen, so daß sie letztlich in der eigenen Endzone landen, dann wird der Verteidigung ein **Safety** zugesprochen, das bringt ihr zwei Punkte.

Über den gleichen Zugewinn kann sie sich freuen, wenn einer der Angreifer in seiner eigenen Endzone ein Foul begeht, wenn der Ball die Torstangen berührt oder in der Endzone über die Seite oder Endlinie ins Aus geht.

Nochmals im Zeitraffer

Der Angreifer erzielt:
6 Punkte für den Touch-Down (hinten rein)
2 Punkte für die Conversion (Start 3-m-Linie)
1 Punkt für den Torschuß (ab 3-m-Linie)
3 Punkte für das Field-Goal (Torschuß aus dem Feld)
Der Verteidiger erzielt:
6 Punkte für den Touch-Down
2 Punkte für ein Safety (Zurückdrücken der Angreifer in deren Endzone oder dort Foul durch Angreifer)

Zum geworfenen Paß noch ein paar Takte. Er ist das Salz in der Suppe, die Sahne auf dem Eis. Natürlich nur, wenn er sicher gefangen wird. Und das wird er nicht immer. Fängt ihn ein Gegner, das nennt man **Interception**, ist es Essig – siehe vorstehend –, ballert er auf den Boden, wenn ihn weder Freund noch Feind erwischte, bleibt der Paß unvollständig oder **incomplete**, dann wird der Versuch angerechnet, aber ohne jeden Bodengewinn, der nächste Versuch startet bei der alten Anspiellinie.
In Ballbesitz kommt man natürlich nicht nur durch Interception, sondern auch, und das ist häufiger, durch ein **Fumble**. Das hört sich nett an, kann man sich auch leicht merken – er hat den Ball verfummelt –, gemeint ist, daß der Ballträger den Ball verloren hat und ein Gegner ihn aufnehmen kann.

Die Spieler

Wir müssen uns als Fernsehzuschauer erst einmal darüber im klaren sein, daß das, was wir per TV serviert bekommen, vorerst einmal die absolute Spitze ist, nämlich die Kämpfe der amerikanischen Profi-Ligen. Und da herrschen Verhältnisse, von denen wir hier nur träumen können. Wenn pro Mannschaft elf Spieler auf dem Platz sind, dann ist das nur ein Teil der gesamten Crew. Amerika, du hast es besser – dort besteht die Mannschaft aus bis zu 45 Spielern! Dazu muß man wissen, daß bei jeder Spielunterbrechung Auswechslungen möglich sind. Entsprechend der Lage im Spiel, kann der Trainer das für die wartenden Aufgaben am besten geeignete Team zusammenstellen. Zweckmäßigerweise hat man eine Mannschaft, die auf Angriff spezialisiert ist, und eine andere, die besser verteidigen kann. Das sind Möglichkeiten, die hiesige Trainer zu melancholischen Meditationen anregen. Wer hat schon in seinem Verein so viele Spieler an Bord, um in dieser Weise mitmischen zu können.

Auf alle Fälle aber muß bei uns eine Mannschaft über mindestens 24 Spieler verfügen können. Nun gibt es aber eine große Einschränkung, dergestalt, daß nicht jeder Spieler alles machen darf – damit kommen wir zu den **Aufgaben**. Diese sind verschiedener Art und wohl am deutlichsten zu verstehen, wenn wir uns mal einen Spieler herausgreifen. Wir nehmen einen, der berechtigt ist, einen ihm zugeworfenen Paß aufzufangen. Davon gibt es nämlich nur wenige. Wenn es aus taktischen Gründen notwendig erscheint, daß beim nächsten Spielzug unser Spieler Oskar den Paß nehmen soll – bisher hatte Bruno dieses Recht –, dann muß vor dem Spielzug dieser Wechsel dem Schiedsrichter angezeigt werden. Der gibt diese Wissenschaft weiter an den Teamchef des Gegners. Und das muß vor jedem Spielzug erneut gemacht werden. Sollte das unterbleiben, und unser Oskar fängt den ihm zugeworfenen Paß, wird das Spiel abgepfiffen, und es gibt eine Strafe, meistens durch Rücknahme der Anspiellinie um ein paar Meter – also ein glatter Raumverlust.
Ja, selbst wenn Oskar nur nach vorne wetzte, der Paß aber nicht auf ihn gespielt wurde, Oskar hat nur so getan als ob, ist dieser Versuch strafbar. So hart sind da die Bräuche.

Aus den großen Nummern, die die Spieler vorne und hinten tragen, sieht der Fachmann, für welche Position und Aufgaben diese Spieler eingesetzt wurden. Diese hier auseinanderzuklauben wäre zu umfangreich, und außerdem gelten bei uns andere Regeln als in Amerika.
Nehmen wir jetzt weitere Spieler unter die Lupe. Zuerst die **Offense**, den Angriff.
In die vordere Linie hatten wir zu Beginn schon fünf Leute gestellt, in der Mitte steht der **Center**. Wenn wir im folgenden etwas sehr englisch werden, ist das bedauerlich, aber nicht zu umgehen. Eine direkte

Übersetzung ist nicht immer das Gelbe vom Ei, am einfachsten ist es schon, bei den Original-Bezeichnungen zu bleiben. Auf beiden Seiten vom Center steht ein **Guard**, diese müssen die Gegenspieler der Verteidigung abblocken, damit der eigene Spieler mit dem Ball Löcher zum Durchkommen findet.

Weitere zwei Spieler der ersten Linie sind die **Tackles**, das sind meistens ziemliche Brocken, ebenfalls mit der Aufgabe, zu blocken. Die Guards sollten etwas schneller sein, weil sie manchmal nicht die ihnen direkt gegenüberstehenden Gegner, sondern etwas weiter entfernte, blocken müssen.

Damit haben wir die erste Linie, die **Offense-Line**, komplett. Drei weitere Spieler dahinter sind die **Receiver**. Nanu, sagen Sie, das kenne ich doch, beim Radio ist das der Empfänger. Damit liegen Sie richtig, denn auch hier sind die Receiver die Empfänger. Nämlich die Paß-Empfänger. Ihre näheren Bezeichnungen tragen sie nach der Position, die sie bei Beginn des Spielzuges einnehmen. Der **Tight-End** (tight = eng) steht dicht an der Offense-Line, also direkt rechts oder links außen. Weiter draußen, meistens auf derselben Seite wie der Tight-End, steht der **Flanker** etwas nach hinten abgesetzt. Auf der anderen Seite der Linie, aber mit größerem Abstand, haben wir den **Split-End**. Diese drei Receiver haben die Aufgabe, nach dem vorher bekanntgegebenen Schlachtplan eine bestimmte Stellung im Feld einzunehmen, um dort den Paß zu empfangen.

Die eingangs erwähnten fünf Spieler der Offense-Line dürfen keinen Paß annehmen, ja, sie dürfen nicht einmal ins Feld hinauslaufen, daß man annehmen könnte, sie wollten es. Die weiter hinten postierten Spieler, zu denen wir gleich kommen, dürfen Pässe annehmen. Dann sind noch weitere elf Spieler da, die ganz heiß darauf sind, einen Paß zu erwischen, nämlich die bösen Buben von der anderen Seite, von der Defense. Wenn die es schaffen, solchen Paß zu greifen – und zu behalten –, dann läuft das Spiel plötzlich andersrum.

Eine der vielen Regeln beim Football besagt, daß beim Versuch, den Ball zu fangen, der Spieler nicht behindert werden darf. Das ist überaus wichtig. Erst wenn der Spieler den Ball in Händen hat, geht's auf ihn, aber dann auch mit Gebrüll.

Wir kennen jetzt acht Leute der Offense, die fünf der Offense-Line und die drei Paßempfänger, es bleiben drei, die sich noch nicht vorgestellt haben. Das sind die Leute im Rückfeld – **Back-Field**. Genaugenommen sind es vier, denn der Flanker steht ja auch eine Ecke zurück. Außer ihm gehören zum Back-Field der **Quarterback**, der **Half-** und der **Full-Back**. Die beiden letzten stehen, wie der Name schon sagt, halb oder voll zurück.
Unmittelbar hinter dem Center steht der Quarterback. Der kann, wenn er gut ist, zum Helden der Nation werden. Und wenn er besonders gut ist, kann es ihm passieren, daß er zum Präsidenten eingeladen wird. Er ist Dreh- und Angelpunkt der Mannschaft, und seine Qualität ist nicht selten ausschlaggebend für den Ausgang des Spiels. Vor allen Dingen muß er mit Köpfchen arbeiten, und er ist auch derjenige, der im Huddle bekanntgibt, in welcher Form der Angriff gestartet wird. Wenn er vom Center den Ball erhält – Sie wissen ja, durch die Beine nach hinten –, dann saust der Quarterback mit dem Ball einige Meter zurück, um von dort seinen Paß zu werfen, oder aber, es ist ein Laufspiel geplant, dann übergibt der Quarterback einem der beiden hinter ihm stehenden Half- oder Full-Back den Ball, und dieser braust dann mit vollem Speed nach vorne, wobei er die Lücken in der gegnerischen Abwehr erspähen muß (die hoffentlich die eigenen Leute durch Blocken geschaffen haben). Diese im Hinterfeld startenden Läufer – die **Running-Backs** – sind hauptamtliche Ballträger, gleichzeitig aber auch die Prügelknaben. Sobald sie den Ball in Händen haben, werden sie von allen Seiten angegriffen. Sie werden umklammert, ausgehoben und geworfen. Der Running-Back muß hart im nehmen sein, denn mit ihm, wenn er den Ball hat, darf man all das machen, was gegen den Spieler ohne Ball verboten ist. Aber dafür hat er eben die Chance, einen Touch-Down für seine Mannschaft zu erzielen, wenn er sich dann im gegnerischen Endfeld mit dem Ball auf den Boden schmeißt, blaufleckig, aber glücklich. Das war in groben Zügen die Angriffsformation, jetzt zur **Defense**.

Auch hier gibt es eine vordere Linie, die **Defense-Line**, das sind meistens drei bis vier Spieler, es können aber auch mehr sein, je nach Spielsituation und System. Vorne in der Mitte haben wir zwei **Defense-Tackles**, daneben jeweils ein **Defense-End**. Nimmt man noch einen dazu, der direkt vor dem gegnerischen Center steht, hat der den hübschen Namen **Nose-Guard**. Die Defense-Tackles blocken die Mitte ab und versuchen, den gegnerischen Quarterback am Paß zu hindern. Sollten sie ihn erreichen, bevor er den Ball los ist, können sie ihn natürlich als Ballträger tacklen. Bringen sie ihn auf den Boden, hat die Offense einen herben Raumverlust zu beklagen. Die beiden Außenleute vorn, die Defense-Ends, sollen den Quarterback von den Seiten her bedrängen, damit er schön in der Mitte bleibt, wo die Verteidigung am stärksten ist.

Hinter der Defense-Line stehen die **Line-Backer**, ein **Middle** und zwei **Outside-Linebacker**. Wie eng oder weit man steht, ist abhängig von der Formation des Gegners. Wichtig ist es, frühzeitig zu erkennen, was die Angreifer im Schilde führen. Man beobachtet oft, daß ein Spieler unmittelbar vor Beginn des Angriffs die Position wechselt, und bums, saust auch auf der anderen Seite einer auf einen anderen Platz, damit man auf der Verteidigungsseite praktisch ein Spiegelbild der Offense behält.

Wie beim Fußball, gibt es auch beim Football die Manndeckung und die Raumdeckung. Entweder man ist auf eine bestimmte Figur angesetzt, die es zu blocken gilt, oder man beschützt eine bestimmte Region des Spielfeldes.

Im **Secundary** (ganz frei übersetzt würde man das als zweite Zone bezeichnen können) haben zwei **Cornerbacks** Aufstellung, sie stehen hinten außen und heften ihre Augen vornehmlich auf die Paßempfänger des Angriffs.

Das ist leichter gesagt als getan, denn die Cornerbacks müssen praktisch bei jedem Spielzug erhebliche Strecken traben, und das blitzschnell. Ein Fehler von ihnen, und der Angreifer hat mit einem gelungenen Paß viel Raum gewonnen. Nun darf ja der Paßempfänger nicht berührt werden, solange er noch nicht den Ball hat. Für den Cornerback wäre es daher zweckmäßig, wenn er auch hinten ein Paar Augen hätte, um gleichzeitig den Paßempfänger und auch den Ball beobachten zu können.

Der **Strong-Safety** steht auf der vom Angreifer stärker besetzten Seite – da, wo der Tight-End lauert.

Der **Free-Safety** ist ein freier, nicht auf eine Person fixierter Mann, er steht hinten in der Abwehrreihe und peilt die Lage, um dort eingreifen zu können, wo es brennt. Er kann Fehler seiner Mitspieler ausbügeln und plötzliche Löcher stopfen. Wird vom Gegner ein Paß geworfen, saust er auf die entsprechende Seite des Spielfeldes zur Verstärkung seiner Verteidigung.

Die Spielzeit

Die Spielzeit ist geteilt in vier Viertel von jeweils 15 Minuten, bei uns 12 Minuten. Es wird nur die effektive Spielzeit gerechnet, alle Unterbrechungen stoppen die Uhr. In der Halbzeit ist die Pause 15 Minuten, zwischen den anderen Viertelzeiten nur eine Minute lang.
Drei Auszeiten pro Halbzeit kann jede Mannschaft nehmen, das sind Spielunterbrechungen bis zu zwei Minuten, die dazu genutzt werden, die Strategie der nächsten Spielzüge zu besprechen.
Taktik – ein Sack voller strategischer Kniffe und Tricks,
Technik – werfen, treten, fangen und halten des Balls,
Härte – körperlicher Einsatz bei Angriff und Verteidigung,
Köpfchen – blitzschnelles Erfassen der Situation,
Fitneß – Schnelligkeit und Ausdauer:
American Football!

Canadian Football

Das ist im Prinzip das gleiche Spiel mit einigen Änderungen. Hier tummeln sich jeweils 12 Spieler auf dem Feld, und dieses ist größer als beim American. Besonders wichtig: Es gibt jeweils nur drei Downs, um die 10 m (10 Yards) zu gewinnen. Die Torpfosten stehen auf der Torlinie, beim American auf der Grundlinie.
Dann gibt es noch einige kleine Abänderungen der Regeln, die man aber erst dann verstehen kann, wenn man mit dem gesamten Regelwerk des Football vertraut ist. So vermessen aber wollen wir nicht sein.

Australian Football

Dies ist nun wieder etwas völlig anderes. Man sieht das schon auf den ersten Blick, denn die Spieler tragen normalen Sportdreß und nicht die Marsmenschenverkleidung wie beim American. Auf ovalem Spielfeld (bis 155 × 185 m) versuchen zwei Mannschaften à 18 Spieler den ovalen Ball durch die Torstangen zu bringen. Die Tore sind dreigeteilt in Abschnitte von 6,40 m Breite; durchs mittlere getroffen bringt 6 Punkte, geht der Ball nur durch die beiden äußeren Torräume, bloß einen Punkt. Mit dem Ball darf man laufen, alle 10 m muß er jedoch den Boden berühren. Er darf getreten, nicht aber geworfen werden. Gespielt werden vier Viertel à 25 Minuten.

BADMINTON

Man möge sich davor hüten, dieses Spiel als «Tennis mit Bremse» anzusehen. Wenn man mal so in der Freizeit Federball spielt, beschränkt man sich in der Regel darauf, den Ball so zum Partner zu spielen, wie man ihn selbst gern zurückerhalten möchte. Und je ungeübter man ist, desto stolzer ist man, wenn einem das gelingt. Und selbst bei diesem artigen Hinundher gerät man schon ganz schön in Bewegung und ins Transpirieren.
Um vieles fixer müssen die Spieler beim Badminton sein, denn da legt es der böse Gegner darauf an, den Ball so zu servieren, daß man ihn nicht zurückschlagen kann. Und da liegt auch nun schon die ganze Würze des Spiels, die sicher nicht weiter erläutert zu werden braucht. Badminton ist ein Rückschlagspiel. Der Ball bleibt so lange im Spiel, bis eine der Parteien einen Fehler macht. Was ein Fehler ist, sehen wir später, jetzt erst einmal das Spielfeld.

Das Spielfeld

Länge 13,40 m, Breite 6,10 m für das **Doppel** (also zwei gegen zwei). Für das **Einzel** ist das Feld schmaler, und zwar um je 0,46 m auf beiden Seiten. Darum die doppelten Seitenlinien. In der Mitte quer übers Feld spannt sich das Netz mit einer Höhe von 1,524 m, das ist 76 cm breit, darunter ist es offen. Parallel zum Netz laufen die Aufschlaglinien, in der Mitte 1,98 m vom Netz entfernt, hinten unterscheiden wir wieder Einzel und Doppel: Fürs Doppel sind sie 0,76 m weiter vorn, die Aufschlagfelder sind also kleiner als die fürs Einzel. Eine Mittellinie teilt die Aufschlagfelder in rechte und linke Seite.

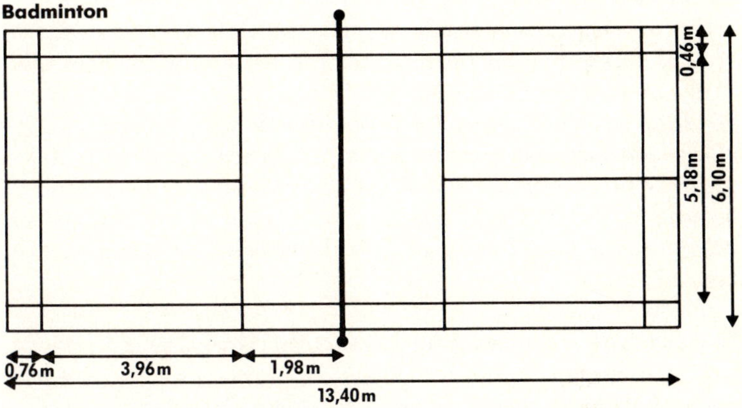

Am besten ist es, wir fangen mal an zu spielen und sehen dann, was alles so passieren kann.
Zuerst wird gelost, der Gewinner kann bestimmen, ob er den ersten Aufschlag macht oder nicht, oder er wählt sich die Seite. Nachdem er sich für eine dieser drei Möglichkeiten entschieden hat, wählt der Losverlierer eine der verbleibenden zwei Alternativen.
Wir spielen jetzt ein Doppel. Inzwischen steht fest, welche Partei den ersten Aufschlag hat, und es beginnt auf der rechten Seite. Der Spieler muß den Ball über das Netz in das diagonal gegenüberliegende Feld

(von ihm aus gesehen also das linke) spielen. Dabei müssen sowohl der Aufschläger als auch der Rückschläger innerhalb der Grenzen ihrer Aufschlagfelder stehen.
Die Linien dürfen nicht berührt werden. Und mindestens ein Fuß (von jedem Spieler, versteht sich) muß in ruhiger Stellung am Boden bleiben, bis der Aufschlag ausgeführt ist. Der Aufschlag sieht ganz anders aus als beim Tennis. Er muß nämlich «von unten» ausgeführt werden. Das bedeutet, daß der Schlag unterhalb der Gürtellinie des Aufschlagspielers erfolgen muß. Selbst der Schläger muß im Moment des Aufschlages unter der ihn haltenden Hand sein. Da gibt es also kein Hochwerfen und Schmettern, der Ball muß ganz brav übers Netz gelöffelt werden. Die beiden anderen Partner können beim Aufschlag jede gewünschte Stellung einnehmen. Und noch etwas, was anders ist als beim Tennis: Der Aufschlag braucht nicht wiederholt zu werden, wenn der Federball die obere Netzkante berührt. Wenn sonst alles klar war, ist der Aufschlag gültig.
Der Rückschläger hat den Ball erwischt und schlägt ihn zurück. Solange das jetzt hin und her geht und kein Fehler gemacht wird, wollen wir uns einen Begriff merken, der beim Badminton angewandt wird: **Innenseite**. Diesen Begriff finden Sie nicht auf der Skizze des Spielfeldes. Innenseite heißt nichts anderes als die Seite, die den Aufschlag hat.

Nachdem wir das wissen, können wir einen Fehler einbauen, damit das Spiel nicht zu lange dauert:
– Der Ball kommt außerhalb der Spielfeldgrenze runter;
– er saust ins Netz oder unter durch;
– er wird von einem übereifrigen Spieler zurückgeschlagen, bevor er das Netz überquert hat;
– das Netz bzw. die Haltevorrichtung wird mit dem Körper oder dem Schläger berührt;
– der Ball wird auf einer Seite zweimal geschlagen – entweder von einem Spieler mit zwei Schlägen oder von ihm und seinem Partner;
– ein Spieler wird vom Ball berührt, egal, ob inner- oder außerhalb des Spielfeldes.

Das alles sind Fehler, die einen Punkt kosten können. Dabei ist Grundbedingung, daß der Ball nicht den Boden berührt. Sobald er niederkommt, ist Sense. Dann kommt's nur darauf an, wo schlug er auf; ist es innerhalb meines Feldes, bin ich der Dumme, ist es aber außerhalb, dann ist es ein Fehler meines Gegners.

Zur besseren Übersicht nennen wir die beiden Mannschaften Team A und Team B. Team A – Innenseite – hat den Aufschlag ausgeführt, jetzt geht es darum, wer den Fehler macht. Wenn dieses Pech Team B passiert, gewinnt Team A einen Punkt.
Anders ist es, wenn Team A den Fehler auf dem Gewissen hat. Dann gibt es nämlich keinen Punkt, dann wechselt nur das **Aufschlagrecht**. A verliert den Aufschlag, B schlägt auf und erwirbt sich damit das Recht, einen Punkt zu machen. Punkten kann also nur die aufschlagende Mannschaft.
Lassen wir Team B einen Fehler machen – Team B ist übrigens die Außenseite –, so gewinnt die Innenseite, also Team A einen Punkt. Daraufhin wechseln die Spieler der Innenseite von einem Aufschlagfeld zum anderen. Der nächste Aufschlag erfolgt also jetzt von der linken Seite nach drüben rechts. Das wechselt hin und her, solange der Aufschlag bei Team A bleibt. Angefangen wird immer auf der rechten Seite.
Das gleiche gilt für das Einzelspiel, auch hier wird rechts begonnen. Es gibt eine ganz einfache Regel: Rechts aufschlagen, wenn die eigene Punktzahl gerade ist (0,2,4 usw.), und nach Adam Riese ist ja wohl einleuchtend, daß links aufgeschlagen wird, wenn die eigene Punktzahl ungerade ist (1,3,5 usw.).

Die Wertung

Um einen Satz zu gewinnen, müssen Spieler oder Mannschaft 15 Punkte erreichen. Man kann sich auch auf Spiele mit bis zu 21 Punkten einigen. Die Ausnahme ist das Dameneinzel, hier wird nur bis 11 Punkte gespielt. Das gesamte Match geht über zwei Gewinnsätze, das heißt wenn jede Mannschaft einen Satz gewinnt, ist ein dritter, entscheidender Satz nötig. Ein Unentschieden gibt es nicht.

Und jetzt kommt eine Besonderheit des Badminton. Es kann **gesetzt** werden. Was heißt das?
Nehmen wir an, es wurde festgelegt, daß der Satz mit 15 Punkten gespielt wird. Und nun steht es 13 zu 13. Jetzt kann verlängert werden, und zwar um 5, und das wiederum bedeutet, wer jetzt zuerst 5 Punkte macht, hat den Satz gewonnen.
Immer ab 2 Punkten unter der ursprünglich angesetzten Punktzahl ist die Möglichkeit des Setzens gegeben. Bei Spielen bis 11 Punkten beim Gleichstand mit je 9 Punkten (Verlängerung um 3 Punkte), mit je 10 Punkten Verlängerung um 2 Punkte.
Analog dazu:
Spiel mit 15 Punkten
Verlängerungsmöglichkeit bei 13:13 um 5 Punkte
bei 14:14 um 3 Punkte
oder:
Spiel mit 21 Punkten
Verlängerungsmöglichkeit bei 19:19 um 5 Punkte
bei 20:20 um 3 Punkte
Setzen ist kein Muß, nur ein Kann, es ist *der* Partei freigestellt, die als erste die erforderliche Punktzahl erreicht hat.

Um noch mal auf die Ähnlichkeit mit dem Tennis zurückzukommen: Die verschiedenen **Schlagarten**, wie z.B. Vorhand, Rückhand, Lob, Schmetterball usw., sind dort ausführlich behandelt, warum alles doppelt sagen, als sportlich Interessierte werden Sie ja sicher gern ein bißchen blättern.

BASEBALL

So verwirrend, wie das Spiel erscheint, wenn man es erstmals am Fernsehschirm erlebt, so kompliziert ist auch der Versuch, es erklären zu wollen. Es laufen da so viele Dinge durcheinander, daß man nicht recht weiß, womit man beginnen soll. Versuchen wir es mit dem, was man sieht, wenn noch nichts los ist. Und das ist das Spielfeld.

Das Spielfeld

Da haben wir erst einmal auf dem Rasen einen großen rechten Winkel, dessen beide Schenkel **Foullinien** heißen. Die beiden anderen Begrenzungslinien gehen von den Enden der Foullinien im rechten Winkel ab und treffen sich in einem großen Bogen. Die ganze Fläche sieht also aus wie ein mißglücktes Quadrat mit drei Ecken und einem Bogen. Innerhalb dieses Spielfeldes liegt nun das Innenfeld – hier passiert das meiste, und das ist nun ein richtiges Quadrat, das mit einer Ecke in der Ecke des großen Spielfeldes liegt. Zwei Seiten laufen parallel mit den Foullinien, dazwischen bleibt nur ein schmaler Weg – eine Laufbahn.

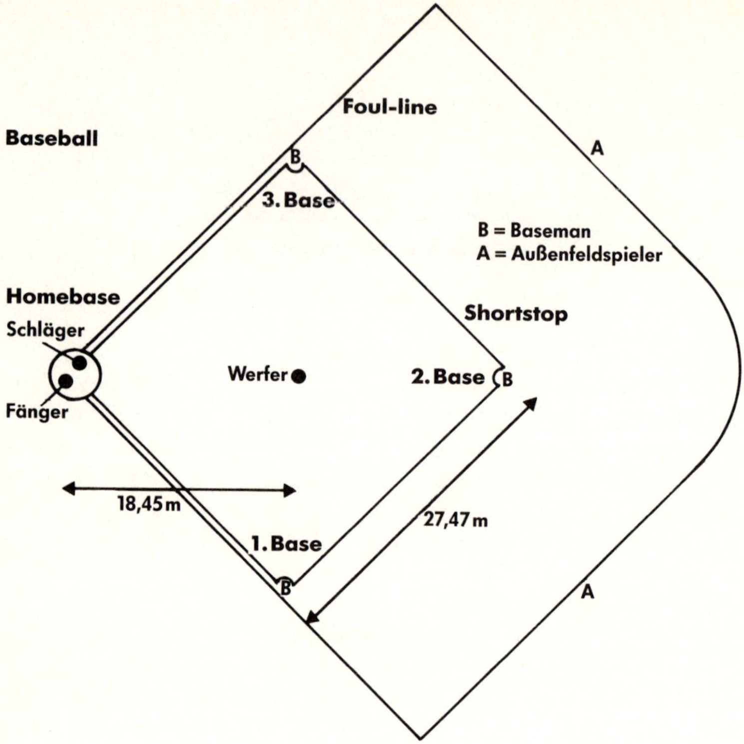

Die Spieler

Zwei Mannschaften treten gegeneinander an, jede Mannschaft hat neun Spieler. Erst spielt eine den Angreifer und die andere den Verteidiger, anschließend geht's andersrum: Die Angreifer müssen verteidigen, die Verteidiger gehen in den Angriff. Diesen Durchgang nennt man ein **Inning**. Normalerweise dauert ein Spiel neun Innings.
Und jetzt kommt das Überraschende: Die angreifende Partei hat nur einen einzigen Spieler im Feld. Das ist der Schläger oder **Batter**, der Mann mit der Keule. Die verteidigende Mannschaft hat alle neun Mann im Spiel, und wir wollen sehen, was die im einzelnen zu tun haben.

Die Aufgaben im Spiel

Man muß dazu – allerdings grausam verkürzt – erst einmal den Grundgedanken des Spieles ins Bild bringen, dann kann man alles folgende besser verstehen. Ein Mann wirft einem anderen einen Ball zu, den dieser fangen muß. Zwischen den beiden steht einer «von der anderen Seite», der das verhindern muß. Das ist der Schläger. Er steht vor dem Fänger und wird versuchen, den herankommenden Ball möglichst weit und plaziert zurückzudonnern. Gelingt ihm das, kann er, solange der Ball nicht wieder im Besitz der werfenden Partei ist, in Aktion treten.

Nun dasselbe etwas genauer. Die angreifende Partei besteht, wie schon gesagt, nur aus dem Schläger. Der steht in der Ecke, wo Spiel- und Innenfeld zusammenstoßen. Die neun Spieler der verteidigenden Partei sind wie folgt verteilt: In der Mitte des Innenfeldes steht der Werfer oder **Pitcher**; der Fänger, **Catcher** genannt, steht im Winkel des Innenfeldes hinter dem Schläger der angreifenden Partei. An den drei übrigen Ecken des Innenfeldes stehen drei weitere Verteidiger, das sind die **Basemen**. Ein weiterer Spieler hält sich zwischen Baseman zwei und drei auf, den nennen wir **Short-stop** (frei übersetzt mit Stopper für kurze Bälle). Nun bleiben noch drei Mann übrig, das sind die Außenfeldspieler, die sich, wie schon der Name sagt, weiter draußen tummeln, um weit geschlagene Bälle erwischen zu können.

Nochmals zum Innenfeld. In der einen, der wichtigsten Ecke befinden sich, wie wir schon festgestellt haben, der Schläger und der Fänger. Hier ist aber auch die **Home-Base**, die hat im übertragenen Sinne etwa die gleiche Bedeutung wie das Tor beim Fußball. Der Schläger, also der Angreifer, muß nämlich versuchen, über die anderen drei Ecken zurück zur Home-Base zu kommen. Er muß also einmal rund ums Innenfeld. Das ist der ganze Sinn und Zweck des Spiels. Dazu muß er natürlich laufen, und das möglichst fix.

Die verteidigende Partei setzt alles daran, ihn an diesem Lauf zu hindern. Und das kann sie nur mit dem Ball. Der Schläger muß nun nicht in einem Rutsch ums ganze Feld sausen, es genügt, wenn er bis zur nächsten Ecke kommt, die wir als **erstes Base** bezeichnen. Hat der Schläger nun das erste Base erreicht, und er sieht, daß ein weiterer Lauf zum zweiten nicht mehr zu schaffen ist, bevor die Verteidiger mit dem Ball angerückt kommen, bleibt er einfach auf dem ersten Base stehen, wo er in Sicherheit ist. Aus der angreifenden Partei muß jetzt der nächste Spieler nachrücken und den Schläger machen.

Wir lassen jetzt den Werfer wieder in Aktion treten, und es soll dem Schläger noch einmal gelingen, den Ball zu treffen. Dieser segelt durch die Lüfte. Der Schläger saust los in Richtung erstes Base. Da ist aber schon einer, nämlich sein Teamkollege, der als erster Schläger fungierte und den Ball ebenfalls traf. Niemals dürfen sich zwei Spieler der angreifenden Partei auf demselben Base aufhalten, deshalb muß sich dieser im selben Moment wie sein Partner auf die Socken machen, um seinerseits mindestens ein Base weiter zu kommen. Beide werden weiterlaufen, was das Zeug hält, solange der Ball nicht in Händen der verteidigenden Partei ist. Ziel ist nach wie vor die Erreichung des Home-Base, denn das bringt jedesmal einen Punkt. Oder auch einen **Run** (Lauf), wie der Amerikaner sagt.

Den Ball hatten wir eben verlassen, als er durch die Lüfte flog, das dauert naturgemäß nicht lange, schon kommt er wieder runter. Besonders gespannt haben ihn vier Leute beobachtet, der Short-stop und die drei Außenfeldspieler. Wer am günstigsten steht, versucht nun, den herankommenden Ball in seinen Besitz zu bringen. Hat er ihn, wird der Ball sofort einem der drei Basemen zugeworfen. Sie erinnern sich, das sind die Leute, die an den drei Ecken des Innenfeldes stehen.

Fängt der Baseman den Ball, und hat er einen Fuß am Base, ist der auf ihn zueilende Spieler der angreifenden Partei **Aus**. Genauso Aus ist der Läufer, wenn er unterwegs vom Ball berührt wird. Besonders wichtig ist logischerweise, den Läufer auszuschalten, der kurz vorm Home-Base ist. Sie versuchen ja auch beim «Mensch ärgere Dich nicht» die gegnerischen Figuren auszuknipsen, die kurz vorm rettenden Hafen stehen.

Es ist durchaus möglich, daß alle drei Bases besetzt sind und alle drei beim nächsten Schlag loslaufen. Wird dabei einer Aus gemacht, gilt das nur für diesen einen, die anderen können weitermachen. Das schließt aber nicht aus, daß bei blitzartiger Reaktion der Verteidiger ein weiterer Angreifer ausgeschaltet wird. Es braucht ja nur ein Base-

man zu fangen, seinen Läufer damit ausschalten und dann den Ball einem anderen Baseman zuspielen, auf den ein Läufer zukommt.
Ein Läufer kann sich dem drohenden Aus entziehen, wenn er wieder an sein Base zurückläuft. Das aber setzt voraus, daß nicht sein Kollege hinter ihm aufs selbe Base zuläuft, denn, wie gesagt, zwei auf einem Base ist nicht drin.
Sind drei Spieler der Angreifer Aus, wechselt die Partei in die Verteidigung. Haben sie dann ihrerseits drei Gegner «ausgemacht», ist ein Durchgang – ein Inning – beendet.
Aus gibt es für einen Spieler noch auf eine andere Weise. Wenn der vom Schläger kommende Ball von einem der Verteidiger aus der Luft gefangen werden kann, ist der Schläger aus. Haut er dreimal in die Luft – oder, korrekter gesagt, trifft er dreimal die vom Werfer vorschriftsmäßig geworfenen Bälle nicht –, ist er ebenfalls draußen.

Zwischendurch nochmals die Kurzfassung

Die angreifende Partei muß durch den Schläger die verteidigende Partei so lange vom Ball fernhalten, bis es gelungen ist, das Innenfeld zu umrunden und zur Home-Base zurückzukehren. Die drei Ecken des Innenfeldes geben den Angreifern Asyl, außerhalb der Bases sind sie vogelfrei und können durch Ballberührung von der verteidigenden Partei Aus gemacht werden.
Die Verteidiger müssen den Ball schnellstmöglichst unter Kontrolle bringen, um mit ihm die auf dem Weg befindlichen Läufer auszuschalten. Bei dreimal Aus ist Wechsel der Parteien, das dritte Aus nach dem Wechsel beendet ein Inning. Gewöhnlich werden neun Innings gespielt. Gewonnen hat, wer die meisten Punkte (Runs) hat. Bei Unentschieden wird um ein Inning verlängert; steht's dann immer noch gleich, wird gespielt, bis eine Partei mehr Punkte hat als die andere.

Nun gibt es dazu natürlich noch viele Einzelheiten und Regeln, die die ganze Geschichte in einen bestimmten Rahmen bringen.
Der Werfer z. B. muß den Ball so werfen, daß er in einer Höhe zwischen Knie und Achselhöhle den Schläger passiert. Drüber weg oder unter durch geht nicht, das hat Folgen. Bringt er viermal den Ball außerhalb der vorgeschriebenen Zone rüber, darf der Schläger zum

ersten Base vorgehen. Da ist also keine Eile mehr geboten, er kann in aller Ruhe rübermarschieren zum Base eins. Das ist ein **Walk** (Gang).

Nun gibt es bei dieser Regel aber auch taktische Kniffe. Es kann ja sein, daß ihm ein ausgesprochen guter Schläger gegenübersteht. Dem ist zuzutrauen, daß er einen solchen Schlag anbringt, daß die Außenfeldspieler eine erhebliche Zeitspanne brauchen, um den Ball unter Kontrolle zu kriegen. In dieser Zeit könnte der Schläger dann das ganze Innenfeld umrunden, auf einen Schlag also ins Home-Base laufen. Das übrigens nennt man **Home-Run**. Da ist es besser, man gestattet dem Schläger den Walk zum Base eins, indem man sich halt viermal verschmeißt.

Normalerweise setzt der Werfer aber seinen Ehrgeiz in einen Wurf, bei dem der Ball schnell und mit Drall dem Schläger Schwierigkeiten macht, damit dieser nicht zu einem plazierten Schlag kommt. Kraft und Können sind da gefordert.

Für den Schläger wiederum ist es gar nicht so einfach, den Ball überhaupt zu treffen. Die Keule ist ja nur knapp sieben Zentimeter breit. Saust die Keule ins Leere, ist der Fänger dran, der hinter dem Schläger steht. Fängt er den Ball, spielt er ihn sofort seinem Baseman zu, damit dieser einen eventuell vorwitzig gestarteten Läufer Aus machen kann.

Fängt er den Ball nicht, ist Action angesagt. Alle auf den Bases befindlichen Spieler – es können drei sein, auf jedem Base einer – laufen los, sie haben Zeit, bis der Fänger den Ball wieder unter Kontrolle hat. Dann wird es Zeit, wieder ein schützendes Base aufzusuchen. Wenn der Schläger einen richtig geworfenen Ball verfehlt, nennt man das einen **Strike**. Drei Strikes, also dreimal in den Wind geschlagen, bedeuten das Aus für den Schläger.

Ein gut getroffener Ball segelt hoch und weit über die Spielfeldgrenze hinaus und ermöglicht so dem Schläger einen Home-Run. Solch einen Schlag nennt man auch einen **Hit**. Wenn Sie hören, daß jemand als Hitter bezeichnet wird, dann wissen Sie künftig, daß dieser Schläger mehr als die Hälfte der geworfenen Bälle auf diese Weise zurückschlagen konnte.

Der Idealfall: Alle drei Bases sind besetzt, dem Schläger gelingt solch ein Hit, er startet zum Home-Run, und natürlich starten alle anderen auch. Es gelangen vier Spieler zur Home-Base und bringen damit vier Punkte für ihre Mannschaft nach Hause. Das ist ein **Grand-Slam-Home-Run.**

Da alle Spieler jederzeit ausgewechselt werden können – auch eine Besonderheit beim Baseball –, ist es in einer solchen Situation zweckmäßig, einen besonders guten Schläger ins Spiel zu bringen, also einen Spezialisten für Home-Runs, das ist dann ein sogenannter **Pinch-Hitter.**

Und nun noch ein paar technische Einzelheiten.

Das gesamte Spielfeld ist bis zu 175 m lang und bis zu 125 m breit. Das Innenfeld ist ein Quadrat mit einer Seitenlänge von 27,45 m. In der einen Ecke befinden sich das Home-Base und das abgegrenzte Schlägerfeld von 122 × 183 cm, und an den anderen drei Ecken sind die Bases, das sind Bodenmarkierungen in Kissenform mit 38,1 cm Seitenlänge. Der Werfer steht in der Mitte des Innenfeldes auf einer leichten Erhöhung, 18,45 m vom Schlägerfeld entfernt.

Die seitlichen Spielfeldbegrenzungen kennen wir schon, das sind die Foullinien, dahinter halten sich die Mannschaftsbetreuer auf.

Alle Spieler tragen Bundhosen (Knickerbocker) und als Blendschutz Kappen mit langem Schirm. Alle Verteidiger haben einen großen, gepolsterten Fanghandschuh.

BASKETBALL

«Basket» heißt Korb, aber «Basketball» heißt nicht Korbball.
Es gibt da zwar Ähnlichkeiten, aber doch sind beide ganz unterschiedliche Spiele. Wir bleiben beim Basketball, einem der schnellsten Spiele überhaupt, wenn man dabei berücksichtigt, daß nur Mann und Ball im Spiel sind und keine weiteren Hilfsmittel, wie Schläger oder ähnliche Gerätschaften. Neben der Natur der Sache sorgen auch noch etliche Regeln dafür, daß schnell und zügig gespielt wird, dazu kommen wir später. Erst einmal der Platz.

Das Spielfeld

Es kann auf harten, festen Böden gespielt werden, überwiegend kennen wir Basketball jedoch in der Halle, darum wollen wir uns darauf beschränken.
Das Feld ist 24 bis 28 m lang und 13 bis 15 m breit. Die Mittellinie teilt das Feld quer in zwei Hälften. Man nennt die Seite, in der sich die eigene Mannschaft aufhält, das **Rückfeld**, das gilt es, zu verteidigen; die andere, die gegnerische Hälfte, ist das **Vorfeld**. Im Zentrum des Gesamtfeldes ist der Mittelkreis, Durchmesser 3,60 m, oder, wenn Sie es lieber haben, Radius 1,80 m.
Das Ziel sind die «Körbe», hier hinein muß der Ball. Wenn wir die Körbe in Anführungszeichen setzen, hat das einen Sinn, es sind nämlich im Sinne des Wortes keine Körbe, die Dinger sind unten offen. Es

Basketball

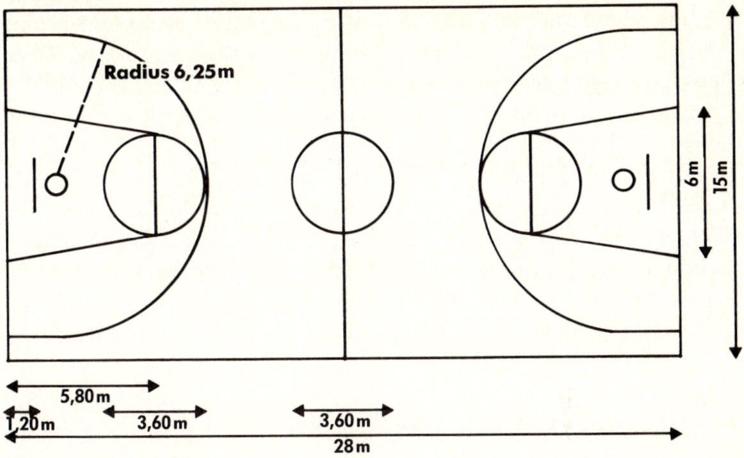

wäre ja auch ziemlich umständlich, wollte man jedesmal den Ball wieder herausoperieren, immerhin hängen die Körbe 3,05 m über dem Boden. Befestigt sind sie an den sogenannten Spielbrettern. Das sind Platten von 1,20 × 1,80 m. Unmittelbar über dem Korb ist eine Zielmarkierung angebracht, das ist ein Rechteck von 59 × 45 cm. Der Korb besteht aus einem Ring, hübsch orangerot, Innendurchmesser 45 cm (der Ball hat ca. 25 cm Durchmesser), und an diesem Ring hängt ein unten offenes Netz, das so gearbeitet ist, daß der Ball gerade noch durchgeht. Er kommt, leicht gebremst, mit kleiner Verzögerung runter, das ist wichtig, weil man sich sonst leicht darüber streiten kann, ob er drin war oder nicht.

Unter den Körben sind die **Freiwurfräume**. Diese sind an der Endlinie 6 m breit und werden in Richtung Feldmitte schmaler. Sie gehen bis zur **Freiwurflinie**, diese wiederum läuft parallel zur Endlinie im Abstand von 5,80 m. Der Freiwurfraum hat hier an der Freiwurflinie eine Breite von 3,60 m. Er ist also ein Trapez, hinten 6 m und vorne 3,60 m breit.

Die Körbe sind nicht über den Endlinien angebracht, sie ragen 1,20 m ins Spielfeld hinein. Von den Punkten direkt unter dem Korb denken wir uns jetzt mit einem riesigen Zirkel Kreise geschlagen von 6,25 m Radius. Diese Halbkreise (jeweils die eine Hälfte liegt ja außerhalb des Spielfeldes) mit einem Durchmesser von 12,50 m sind die **Drei-Punkte-Linien.** Drei Punkte – das bringt uns schon zum Thema Wertung. Darum fangen wir ganz vorne an: Worum geht's denn eigentlich?

Der Ball muß in den gegnerischen Korb, und das möglichst oft. Schafft man das nun von einem Standpunkt aus, der außerhalb der eben genannten Drei-Punkte-Linie ist, gibt es – nun raten Sie mal –, richtig, 3 Punkte. Ein geglückter Korbwurf innerhalb dieses Sektors bringt 2 Punkte. 1 Punkt bringt ein verwandelter Freiwurf. Verwandeln heißt: erfolgreich ausführen.

Die Spieler

Zwei Mannschaften mit je fünf Feldspielern stehen sich gegenüber. Dazu kommen bis zu fünf Auswechselspieler, das können aber auch bei Turnieren bis zu sieben sein. Zwei Schiedsrichter überwachen das Ganze. Den Spielbeginn leitet der erste Schiedsrichter mit einem Sprungball ein, und zwar im Mittelkreis. Natürlich springt nicht er, er wirft den Ball zwischen zwei Spielern hoch, was meinen Sie wohl, wie die dann springen. Und auf geht's.

Das Spielfeld ist relativ klein, und Angriff und Abwehr wechseln in schneller Folge. Hier ist es sehr wichtig, daß der Grundgedanke des Basketballspiels ständig befolgt wird, und der heißt: **körperloses Spiel**. Das könnten böswillige Zeitgenossen als Spiel der Geister interpretieren, gemeint ist damit aber, daß weitestgehend der körperliche Kontakt mit dem Gegner zu vermeiden ist. Im Gegensatz zum Handball – oder noch krasser zum Eishockey, wo viel mit dem Einsatz des Körpers beim Zweikampf mit dem Gegner gespielt wird –, hält man sich beim Basketball tunlichst zurück. Jeder Körpereinsatz wird als **Foul** bestraft. Hat ein Spieler davon fünf auf dem Kerbholz, muß er ausscheiden, egal, ob es technische oder persönliche Fouls sind. Nachdem innerhalb einer Halbzeit von einer Mannschaft sieben Fouls begangen wurden, gibt es für jedes weitere einen **Freiwurf** für

Solche Schuhe sollte man verbieten!

den Gegner. Dieser darf dann, ohne jede Behinderung, von der Freiwurflinie aus den Ball in den Korb werfen. Meistens trifft er auch – wieder 1 Punkt.
Während dieser Aktion stehen die übrigen Spieler an der Seitenlinie, dafür gibt es extra Markierungen, so streng sind da die Bräuche.
Bei **technischen Fouls** gibt es zwei Freiwürfe. So was wird gepfiffen bei unsportlichem Verhalten oder bei Mißachtung der Ermahnungen der Schiedsrichter.
Und das gibt's auch außerhalb des Spielfeldes, wenn nämlich Trainer oder Ersatzspieler den Hals zu voll nehmen oder sich nicht lupenrein aufführen.
Im Anschluß an die Freiwürfe folgt dann noch ein Einwurf von der Mittellinie aus durch die Partei, die gerade die Freiwürfe ausführte, das ist ein weiterer Vorteil für die Gegner der Übeltäter.

Wir sprachen davon, daß Basketball ein schnelles Spiel ist, und daß die Regeln dazu beitragen. Dazu gehört erst einmal, daß die Spieler mit Ball nur zwei Schritte machen dürfen, dann muß der Ball weg, also Zuspiel zu einem anderen Spieler, oder es muß **gedribbelt** werden. Darunter versteht man das mehrfache Auftippen des Balles mit einer Hand. Aufnehmen mit beiden Händen kann man ihn dann erst zum Abspielen. Nochmals dribbeln ist nicht, dafür gibt es einen Einwurf für den Gegner. Erlaubt ist auch der **Sternschritt**, dabei muß das Standbein am Boden bleiben, mit dem anderen macht der Spieler Schritte nach allen Richtungen (als wäre ein Fuß angenagelt). Insider nennen das **pivotieren**.

Die Spielzeit

Die reine Spielzeit besteht aus 2 × 20 Minuten, die Pause zwischen den Halbzeiten beträgt 10 bis 15 Minuten. Verlängerung – bei Gleichstand – nach zwei Minuten Pause um jeweils fünf Minuten, bis eine Mannschaft mit mindestens einem Punkt führt.
Die eigentlichen Beschleuniger des Spiels sind die **Zeitregeln**. Da gibt es gleich eine ganze Reihe, nämlich die 30-, 10-, 5- und 3-Sekunden-Regel.

Fangen wir vorn an. Innerhalb von 30 Sekunden muß die Mannschaft, die im Ballbesitz ist, einen Korbwurf ausgeführt haben. Nach 10 Sekunden muß der Ball aus der eigenen Spielhälfte herausgespielt sein, das gilt während der letzten drei Spielminuten und während aller Verlängerungen.
Ein- und Freiwürfe müssen innerhalb von 5 Sekunden ausgeführt sein, sonst geht der Ball an den Gegner.
Die 3-Sekunden-Regel endlich besagt, daß sich ein Angreifer nicht länger als drei Sekunden im gegnerischen Freiwurfraum aufhalten darf, wenn seine Mannschaft im Besitz des Balles ist. Wenn doch – Einwurf für die anderen.
Das alles wird Ihnen als Zuschauer klarmachen, weshalb die Burschen so hurtig durcheinanderquirlen.

Verständlich, daß zur Überwachung dieser vielen Einzelheiten, und besonders der Einhaltung der verschiedenen Zeitregeln, einige Augen und Ohren gebraucht werden. Die zwei Schiedsrichter werden von einem Kampfgericht unterstützt. Dazu gehören zwei Zeitnehmer und ein Anschreiber. Dieser verzeichnet am Anschreibetisch das laufende Ergebnis, aber auch die **Auszeiten** und alle begangenen Fouls. Übrigens Auszeit, das sind Pausen, die nicht zur Spielzeit gehören. Jede Mannschaft kann in jeder Halbzeit bis zu zwei Auszeiten von höchstens einer Minute nehmen. Das kann aus technischen Gründen notwendig sein, man kann aber auch den Gegner aus dem Rhythmus zu bringen versuchen, wenn dieser gerade so schön im Zuge ist.
Von einer großen, für alle gut sichtbaren Spieluhr ist die reine Spielzeit – also ohne die Auszeiten – ablesbar, daneben der jeweilige Stand der Dinge, und außerdem hat sie eine optische Vorrichtung für die 30-Sekunden-Regel.

BILLARD

«Zauberei auf grünem Filz», so könnte man es beschreiben, wenn man einen Hang zur Lyrik hat und beim Dreiband-Karambol-Billard zusieht. Aber wie bei so vielem, was unter der Bezeichnung Zauberei abläuft, ist auch hier keine Magie im Spiel, sondern eine ganz reale Technik, die aber vom Feinsten. Wenn auf der Bühne eines Zauberkünstlers eine lebendige Taube aus dem zerknüllten Taschentuch hervorflattert, dann sagt uns das, was wir Verstand nennen, daß das ja wohl auf irgendeine Art real machbar sein muß. Bloß, Himmel und Zwirn, wie das nun wirklich gemacht wird, das sagt uns kein Mensch. Sollte nicht doch ein ganz klein wenig Magie...?

Ähnlich ist es beim Billard. Da wird eine Kugel gegen eine andere gestoßen, prallt von dieser ab, läuft kreuz und quer über den Tisch, und dann, also das ist doch wirklich stark, trifft sie tatsächlich eine dritte Kugel.

Kluge Menschen haben einmal gesagt, Billard im Fernsehen ist die Kammermusik des Sportes. Und wenn Sie sich einmal eine solche Übertragung ansehen, wo in vornehm gedämpfter Atmosphäre Zauberkunststücke mit Queue und Kugeln vorgeführt werden, dann geben Sie uns sicher recht.

Wir wollen uns nun, um den Genuß bei kommenden Sendungen zu erhöhen, mit den verschiedenen Disziplinen und den Regeln vertraut machen. Vorweg aber noch ein paar Einzelheiten zur Technik.

Allen Disziplinen, so verschiedenartig sie auch sind, ist eines gemeinsam: Man schickt eine Kugel auf die Reise, und zwar so, daß sie eine andere trifft, die dann ihrerseits einen ganz bestimmten Weg einschlagen muß. Aber nicht nur das, auch die erste Kugel soll nach dem Aufprall in einer exakt vorausberechneten Bewegung bleiben. Der Laie ist schon glücklich, wenn er mit der ersten die zweite Kugel trifft, was dann passiert, ist mehr oder weniger Zufall. Nicht so bei den Profis. Da ist der **Stoß** – so nennt man das, was die erste Kugel in Bewegung setzt – das wichtigste technische Element.
Eine Hand liegt auf dem Tisch, das ist der **Bock**, unter dem Zeigefinger als Führung gleitet der Billardstock, das **Queue**, zwei-, dreimal hin und zurück, dann der Stoß, die Kugel rollt. Kugel oder Ball, das ist dasselbe, man nennt z. B. die Kugel, die man anstößt, den **Spielball**, die andere, die getroffen werden soll, ist der **Zielball**.

Wichtig ist nun, wie gestoßen wird. Ob sanft oder mit Kraft, das sieht man wohl. Was man aber nicht sieht, sind die technischen Finessen, nämlich *wo* wird die Kugel getroffen. Passiert das genau im Mittelpunkt, also bei einem **Mittelstoß**, dann bremst die Kugel nach dem Aufprall auf eine andere ab, sie bleibt stehen, wenn sie die angespielte Kugel «voll» trifft, und nur diese rollt weiter; trifft sie nur «halb», rollen beide weiter.
Trifft man die Kugel dagegen im unteren Drittel, das ist ein **Tiefstoß**, bekommt sie Energie mit, die praktisch gegen ihre eigene Drehbewegung geht, dadurch verringert sich ihr Tempo bis zum Auftreffen, und das wird beabsichtigt, wenn es darauf ankommt, daß sie weich und sanft an ihrem Zielball landet.
Genau entgegengesetzt ist es beim **Hochstoß**, die Kugel wird im oberen Drittel getroffen, sie erhält eine hohe Laufgeschwindigkeit. Das ist gut, wenn sie einen weiten Weg zurückzulegen hat. Diese drei Stöße richten sich alle gegen die senkrechte Achse, trifft man die Kugel dagegen rechts oder links von dieser Mitte, dann ist es ein **Effetstoß**, die Kugel erhält Effet, also einen Drall, rechts oder links herum, unabhängig von der Laufrichtung.
Beim Auftreffen auf eine andere Kugel überträgt sich dieser Drall, geht sie gegen die Bande, verändert sich dadurch der Winkel des Abpralls.

Es gibt dann noch schwierigere Stöße, z. B. den **Kopfstoß**, der kann eine Kugel zum Rückwärtslaufen bringen, aber das geht dann schon in die Richtung **Kunststoß**, und da bleibt uns sowieso nichts anderes als verständnisloses Staunen.

Ausrüstung

Die Seele des Billardtisches ist eine Schieferplatte, die absolut plan geschliffen ist. Dieses Material hat sich am besten bewährt, weil es seine Form bei Temperatur- oder Feuchtigkeitsschwankungen behält, und es ist ja verständlich, daß Verwerfungen, Risse oder Beulen im Untergrund beim Billard völlig unmöglich sind. Die Tische gibt's in verschiedenen Größen, aber immer im Verhältnis 2:1, das heißt immer doppelt so lang wie breit.

Der offizielle Tisch mißt 2,845 × 1,4225 m. Bespannt ist die Schieferplatte mit einem feinen, grünen Kammgarntuch, und um die Spielfläche herum laufen die Banden, das sind Gummileisten, die mit dem gleichen Tuch bespannt sind.

Für verschiedene Spielarten gibt es Tische mit sechs Löchern, vier in den Ecken und zwei je Mitte lange Seite.

Soviel über die Gemeinsamkeiten, jetzt die einzelnen Spielarten. Nehmen wir erst einmal den Tisch ohne Löcher. Da ist das bekannteste, das Karambol.

Karambol-Billard

Zwei Spieler treten gegeneinander an. Dazu gehören drei Bälle, und zwar ein roter, ein weißer und ein weißer mit Markierung, das kann aber auch ein gelber sein, auf alle Fälle muß man die drei auseinanderhalten können.
Dem Spieler A teilen wir den weißen Ball zu, das ist künftig sein Spielball. Diesen muß er so stoßen, daß er die beiden anderen berührt. Beim ersten Stoß muß er erst den roten erwischen, später ist die Reihenfolge egal. Hat er das geschafft, hat er eine Karambolage erzielt, das ist ein Punkt für ihn. Das setzt sich nun fort bis zum ersten Fehler, damit ist diese Serie, oder auch **Aufnahme**, beendet, und der zweite Spieler ist dran.
Was sind nun Fehler? Der häufigste logischerweise: Der zweite Zielball wird nicht getroffen. Aber natürlich gibt es auch andere technische Schnitzer, die die Aufnahme beenden. So gilt es als Fehler, wenn man einen Stoß macht, wenn einer der Bälle noch in Bewegung ist. Oder man berührt den Spielball mit dem Stock vor dem eigentlichen Stoß. Nimmt man sich die falsche Kugel als Spielball vor, ist das ebenfalls verkehrt, und weitere Möglichkeiten sind: das Herunterschießen des Balles vom Tisch oder ein Stoß, bei dem nicht mindestens ein Fuß am Boden ist, oder man hat den Stock noch am Ball, wenn dieser schon einen anderen berührt hat.

Das bisher Beschriebene läßt einen Profi nachsichtig lächeln, so was macht er in Narkose mit links. Er würde die beiden Zielbälle in eine Ecke plazieren und mit dem Spielball ganz sacht und mit viel Gefühl auf kurze Distanz eine Karambolage nach der anderen machen. Es werden daher, um den Fähigkeiten dieser Künstler gerecht zu werden, Schwierigkeiten eingebaut, die ein solches Marathon-Punkten verhindern.

Die freie Partie

Hierbei kann in keiner Ecke pausenlos gepunktet werden. In den Eckbezirken gelten nämlich andere Gesetze. In jeder Ecke ist nur ein Stoß erlaubt. Man rechnet als Ecke ein Dreieck, das entsteht, wenn man die zwei Punkte verbindet, die auf der Längsseite 71 cm und in der kurzen Seite 36 cm vom Eckpunkt entfernt sind.
Also: Karambolagen soviel wie möglich mit der Einschränkung, daß in den Ecken jeweils nur eine erlaubt ist.

Einband-Karambol

Der Spielball muß vor der Karambolage mindestens einmal eine Bande berührt haben. Dabei ist es egal, ob erst die Bande, dann die beiden Zielbälle, oder erst ein Zielball, dann die Bande, dann der zweite Zielball gespielt werden.

Dreiband-Karambol

Das ist die absolute Spitze, das, was uns schon eingangs an Zauberei denken ließ. Der Spielball muß hierbei vor der Karambolage drei Banden berühren. Mindestens drei, es können gern mehr sein, und das sind es auch meistens – irre, wie das manchmal so läuft. Die Reihenfolge ist auch hierbei egal, man kann also durchaus auch mit Vorbande spielen, das heißt dreimal gegen eine Bande, dann gegen die Zielbälle.

Cadre

Hier gibt es so viele Bezeichnungen mit verschiedenen Zahlenkombinationen, daß wir uns auf die wichtigsten beschränken, zumal die hier nicht aufgeführten praktisch das gleiche bedeuten, nur die Zahlen sind anders, weil sie von den unterschiedlichen Tischgrößen abhängig sind. Wir nehmen uns nur die vor, die auch bei nationalen und

Billard

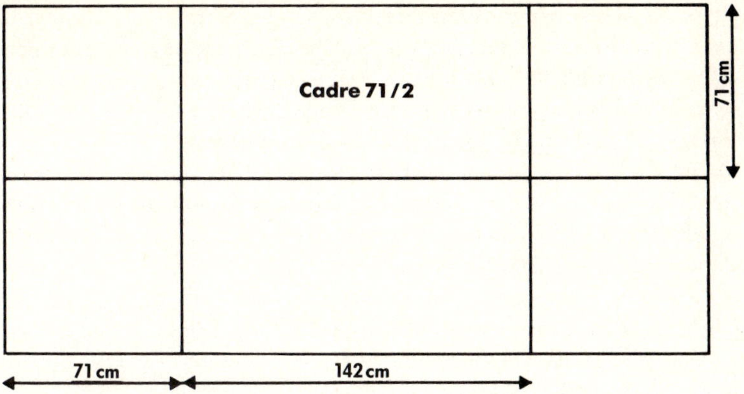

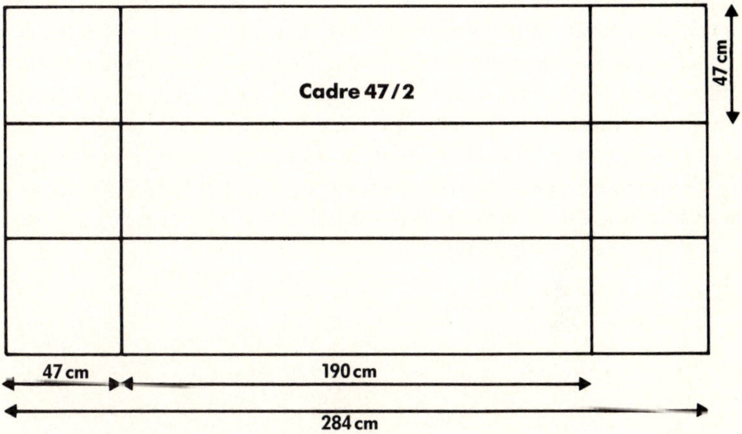

internationalen Meisterschaften eine Rolle spielen. Das sind Cadre 47/1, 47/2 und 71/2.

Der Grundgedanke bei diesen Spielen ist ebenfalls nur eine Erschwerung der sonst zu leichten Karambolage-Möglichkeiten. Das Spielfeld wird eingeteilt in verschiedene Quadrate und Rechtecke. Die Breite des Tisches ist 142,25 cm. Diese Strecke teilen wir auf in drei

gleiche Teile von ziemlich genau 47 cm. Von diesen beiden neuen Punkten ziehen wir zwei Parallelen zur langen Seitenlinie, damit teilt sich das Feld in drei gleich große Rechtecke. Jetzt noch zwei Linien quer, also parallel zu den kurzen Seiten, von diesen im Abstand von 47 cm, und schon haben wir sechs Quadrate von 47 × 47 cm und dazwischen drei lange Rechtecke von 47 × 190 cm.
Damit ist die erste Zahl in der Bezeichnung Cadre 47/1 erklärt, es ist der Abstand von 47 cm der gezogenen Linien, von den Seiten des Spieltisches.
Beim Cadre 71/2 haben wir den Tisch in der Mitte in der Längsrichtung geteilt, das ergibt zwei Rechtecke von 71 cm Breite, und die 71 cm nehmen wir nun auch, um an den kurzen Seiten Querlinien zu ziehen. Wir haben vier Quadrate von 71 × 71 cm und zwei Rechtecke in der Mitte von 71 × 142 cm.
Und nun zur zweiten Zahl, die hinter dem Schrägstrich steht. Wenn es eine 1 ist, muß bei jeder Karambolage mindestens einer der angespielten Bälle aus dem entsprechenden Feld hinausgespielt werden. Bei der 2 darf man im Feld zweimal punkten, also zwei Karambolagen ausführen, dann aber muß einer raus ins feindliche Leben und das Glück auf einem anderen Feld suchen.
Kurz zusammengefaßt: Die erste Zahl bezeichnet die Einteilung in Felder, die zweite Zahl gibt an, wie oft in einem Feld eine Karambolage erfolgen darf. Ganz schön kompliziert, gell? Aber das ist noch harmlos gegen das folgende.

Fünfkampf

Dieser besteht aus den Spielarten Freie Partie, Cadre 47/1, Einband, Cadre 71/2 und Dreiband.

Kunststoß

Hier geht es nun nicht Spieler A gegen Spieler B, sondern da kämpft jeder für sich allein, und da geht es darum, ein Programm hinter sich zu bringen, bei dem 76 verschiedene, genau vorgeschriebene Figuren gespielt werden müssen.
Dabei gibt es unterschiedliche Schwierigkeitsgrade, die jeweils mit einer entsprechenden Punktzahl versehen sind. Da ist es in der Praxis, ähnlich wie beim Schießen, ziemlich undenkbar, daß jemand die theoretisch mögliche Punktzahl erzielt.

Billard-Kegeln

Dieses soll noch kurz am Rande erwähnt werden. Fünf kleine Kegel stehen in der Mitte des Spielfeldes, just so weit auseinander, daß ein Ball hindurchlaufen kann. Die Technik ist etwa die gleiche wie beim Karambol, man spielt jedoch etwas härter, weil man zu den Karambolagen möglichst viele Kegel umwerfen möchte. Ein umgeworfener Kegel zählt einen Punkt, den erhält man auch für eine Passage, wenn also der Spielball durch die Kegel läuft, ohne einen umzuwerfen. So, und nun wechseln wir zu den Tischen mit Löchern.

Pool

Hier gibt es unterschiedliche Tischgrößen, die häufigsten sind 112 × 224 cm und 152 × 305 cm. Sechs Löcher, oder Taschen genannt, vier in den Ecken, jeweils eins in der Mitte der Längsseiten. Es können zwei Spieler gegeneinander antreten, aber auch zwei Paare oder Mannschaften.
Auf dem Tisch ein weißer Spielball – dieser für beide Parteien – und 15 Zielbälle, die fortlaufend numeriert sind. Um einen Punkt zu erzielen, muß man mindestens einen Zielball in einem Loch versenken. Der Clou der ganzen Sache: Es wird vorher vom Spieler angesagt, welche Nummer man in welche Tasche hineinbringen will.
Zu Beginn des Spiels werden die Zielbälle mit einem Hilfsmittel aufgestellt, das ist ein dreieckiger Holzrahmen, in den die Bälle in einer bestimmten Reihenfolge gelegt werden. Nr. 15 liegt an der dem Spieler zugewandten Spitze. Beim ersten Stoß hat der Spieler die Wahl, entweder einen bestimmten Ball in eine bestimmte Tasche zu spielen, oder so in den Pulk hineinzuschießen, daß sein Spielball und zwei beliebige Zielbälle an eine Bande gehen. Eine der beiden Möglichkeiten muß er schaffen, bringt er das nicht, ist er schon zwei Punkte los. Seine Gegner können dann bestimmen, ob er noch mal mit neu aufgebauten Bällen anfangen muß, oder ob der Platz machen muß für die andere Mannschaft. Macht er weiter, und geht's wieder daneben, kostet es wieder zwei Punkte.

Das Pool-Billard ist recht verbreitet, deshalb gibt es auch viele Spielvariationen, die nicht alle aufgeführt werden können. So muß zum Beispiel im nationalen Wettbewerb jede Partei die Kugeln von 1 bis 7 und 9 bis 15 in anzusagende Taschen bringen, die Kugel Nr. 8 darf dann der Spieler ins Loch bringen, der alle Kugeln seiner Gruppe zuerst versenkt hat.
Geht ein Ball nicht ins angesagte Loch, oder – was besonders schmerzlich ist – geht einem der Spielball in eine Tasche, ist das ein Fehler, und wenn man den dreimal hintereinander macht, kostet das sage und schreibe 15 Punkte.

Snooker

Dieses Wort bedeutet «üble Lage» oder «in der Patsche sitzen», ein unangenehmer Titel für ein so hochinteressantes Spiel. Es geht um Punkte; Punkte, die man erzielt, indem man die Kugeln in die Löcher bringt. Das aber muß nach einem ganz bestimmten System erfolgen, dazu kommen wir gleich.

Vorweg: Es sind noch mehr Kugeln im Spiel als beim Pool, diese sind etwas kleiner, dafür aber ist der Tisch eine ganze Ecke größer, dieser hat eine Länge von 3,65 m und eine Breite (2:1) von gut 1,82 m. Bei einer solchen Fläche sind bei manchen Stößen die Beine auch der längsten Spieler zu kurz, Sie wissen ja, ein Fuß muß am Boden sein, und darum gibt es ein Hilfsmittel: ein langer Stock, am Ende ein Kreuz senkrecht daran befestigt. Zwei Beine vom Kreuz stehen auf dem Tisch, zwischen den beiden anderen, V-förmig stehenden Beinen gleitet das Queue. Diese Hilfe braucht man, wenn man in normaler Haltung nicht mehr vernünftig hinter den Spielball kommt.

Dieser ist weiß, für beide Parteien der gleiche. Dazu kommen 15 rote und sechs farbige. Alle roten haben den Wert von einem Punkt. Die anderen sind teurer: gelb 2 Punkte, grün 3, braun 4, blau 5, rosa (pink) 6 und schwarz 7.

Zu Beginn des Spiels stehen gelb, braun und grün vorne auf dem Tisch nebeneinander, die blaue in der Mitte des Tisches, hinten stehen alle roten im Dreieck eng aneinander, Spitze nach vorn, davor die rosa und hinter dem roten Pulk steht die schwarze.

Bei jeder Aufnahme muß nun erst einmal eine rote Kugel versenkt werden. Der Spieler, der beginnt, hat nun dazu wirklich keine Chance, es wäre Zufall, wenn er seine weiße Kugel in den Haufen donnert, und eine der auseinanderspritzenden roten Kugeln würde in irgendein Loch laufen. Darum geht er auf Sicherheit, er spielt eine rote leicht an, und zwar so, daß die weiße möglichst wieder ganz nach vorn kommt. Dann hat es der Gegner auch nicht viel leichter.

Geht keine rote Kugel ins Loch, ist der nächste Spieler dran. Wurde eine rote versenkt, muß eine farbige gespielt werden, welche, ist egal. Natürlich wird man sich die teuerste, die schwarze, vornehmen, wenn diese so liegt, daß man sie in ein Loch bringen kann. Abwechselnd

wird rot und farbig gespielt, so lange, bis die Serie (Fachleute sagen dazu **break**) abreißt, man also nicht die richtige Kugel in ein Loch gebracht hat.
Etwas Theorie, bitte, rechnen Sie mit: Die höchstmögliche Punktzahl ist 147. Ein Übersuperspieler der Sonderklasse schafft rot-schwarz, rot-schwarz usw. fünfzehnmal, dann sind das 1 + 7 = 8 mal 15 = 120, dann folgen die sechs farbigen mit 2+3+4+5+6+7 = 27, zusammen also 147 Punkte. Das soll tatsächlich schon vorgekommen sein, das ist dann jeweils die Geburt eines neuen Nationalhelden, jedenfalls in Snookerkreisen. Breaks über 100 Punkte jedoch sieht man bei den Meisterschaften schon des öfteren.

Wir waren aber mit dem System noch nicht ganz fertig. Rot als erste ist klar, dann eine farbige nach Wahl. Die roten bleiben nach der Versenkung aus dem Spiel, die farbigen aber werden sofort wieder aus dem Loch geholt und aufgestellt. Das geht so lange, bis die letzte rote vom Tisch ist, nach der noch eine farbige zum Aussuchen, dann aber müssen die farbigen in aufsteigender Reihenfolge gespielt werden, also zuerst gelb, bis zur schwarzen als letzter.
Sieht der Spieler, der zurückliegt, daß er den Vorsprung des Gegners nicht mehr aufholen kann – er kann ja ausrechnen, wieviel Punkte noch auf dem Tisch liegen –, kann er aufgeben, und das Spiel oder **Frame** ist beendet.
Die Punktzahl, die noch auf dem Tisch liegt, ist nicht gleichzusetzen mit den Punkten, die noch erzielt werden können. Das klingt etwas eigenartig, aber hier kommt zur Erklärung der **Snooker** ins Spiel. Einen Gegner «snookern» heißt soviel wie «ihn in die Patsche bringen», und das macht man häßlicherweise so, daß man die Kugeln so plaziert, daß der andere nicht an eine rote herankommt. Meistens geschieht das so, daß man die weiße hinter eine Mauer von mehreren farbigen rollen läßt. Wenn nun beim Versuch, diese Barriere zu umspielen, eine farbige Kugel getroffen wird, dann hat der Gegner, der diesen Snooker legte, Mühe, seine Schadenfreude zu verbergen, denn das kostet 4 Strafpunkte mindestens, die er lächelnd auf seinem Konto als Guthaben verbucht. Wurde eine teurere Kugel getroffen, zählt das entsprechend, also bei pink streicht der Gegenspieler satte 6 Punkte ein.

Strafpunkte gibt es auch, wenn eine farbige Kugel – die nicht dran ist – irrtümlich versenkt wurde, oder wenn einem die weiße Spielkugel ins Loch geht.
Beim Spiel ist ebenso wichtig wie das Versenken der angespielten Kugel, daß die weiße nach getaner Arbeit so rollt, daß für den nächsten Stoß eine gute Ausgangslage geschaffen wird. Man versucht also, die weiße so zu «stellen», daß sich eine möglichst gerade Linie ergibt aus Spielball–Zielball–Loch. Sieht man keine Möglichkeit, mit dem nächsten Stoß eine Kugel zu versenken, spielt man einen Sicherheitsball, das heißt man stellt die Kugeln so, daß der Gegenspieler es möglichst schwer hat. Auf alle Fälle aber muß man dabei eine Kugel, die dran ist, treffen, schafft man das nicht, läuft also die weiße ungeküßt durch die Menge, kostet das 4 Punkte.
Die Anzahl der Frames, die A gegen B im Turnier auszutragen hat, wird festgelegt, immer ist es eine ungerade Zahl, Unentschieden gibt es nicht. Bei den großen Turnieren geht es rauf bis zu 17 Spielen, wer neunmal gewinnt ist Sieger und kommt eine Runde weiter.

BOXEN

Das ist die christlichste aller Sportarten, denn wo sonst gilt so vordringlich die Maxime «Geben ist seliger denn Nehmen» als bei diesem, den Männern vorbehaltenen Wettkampf. Andererseits kann man natürlich auch sagen, daß nirgendwo sonst das oberste Ziel eines Wettbewerbs ist, den Gegner kampfunfähig zu machen. Wir wollen an dieser Stelle nicht in den Streit der Meinungen eintreten, erstens ist das nicht unsere Aufgabe, und zweitens ändern wir eh nichts daran. Lassen wir also das Für und Wider und beschränken uns auf das, was uns per TV ins Haus gesendet wird.

Der Ring

In der Mitte der Arena befindet sich auf einem Podest der Ring. Dieses Ding muß früher rund gewesen sein, daher der Name. Und die Floskel «In den Ring steigen» bezeichnet eine Situation, bei der man sich auf einen harten Kampf gefaßt macht – das braucht nichts mit Boxen zu tun haben. Der Boxring jedenfalls, ca. 1 m höher als die Umgebung, ist ein Quadrat mit einer Seitenlänge zwischen 4,90 und 6,10 m. Begrenzt wird er durch drei Seile mit 40, 80 und 130 cm Höhe vom Boden aus. Diese sind nicht unmittelbar an den Eckpfosten befestigt, sondern an Versatzstücken, und zwar so, daß der mit einem elastischen Belag versehene Boden noch 75 cm über den Ring hinausragt. Alles ist gepolstert, damit Verletzungen vermieden werden.

Training

Bevor wir nun in den Ring steigen, müssen wir hart trainieren, denn neben einer gehörigen Portion Mut braucht der Boxer Kraft und Ausdauer, aber auch Gewandtheit und Konzentration.

Gymnastik zur Stärkung der Bauchmuskeln, Waldlauf oder Seilspringen, Schattenboxen und Schlagübungen an Geräten, es gibt eine ganze Reihe von Requisiten, die zur Erhöhung von Reaktionsgeschwindigkeit und Schlaghärte dienen.

Der **Punchingball** oder Plattformball zum Beispiel hängt in Kopfhöhe wie eine reife Birne. Er ist mit Leder überzogen und überaus schnell, denn er ist ohne Zwischenseil direkt über dem Hals der «Birne» angebracht.

Der **Punktball** ist kaum größer als ein Tennisball und hängt an einer Leine, gar nicht so leicht, diesen im Fluge mit der Faust zu erwischen.

Die **Maisbirne** gibt uns durch ihren Namen Auskunft über Form und Inhalt. Sie erfordert neben der Treffsicherheit schon ganz schöne Schlagkraft.

Noch mehr davon will der **Sandsack**. Der hängt in Höhe des Oberkörpers und bringt bei einer Länge von ca. einem Meter den gegen ihn geführten Schlägen einen spürbaren Widerstand entgegen. Er eignet sich vorwiegend für das Erlernen von Schlagserien.

Schließlich noch der **Doppelendball**, der an Boden und Decke mit elastischen Seilen befestigt ist. Das ist natürlich durch diese Aufhängung ein ganz fixer, und man braucht eine erhebliche Geschwindigkeit, um diesen wirbelnden Ball zu treffen.

Nun hat man aber noch kein Gerät erfunden, das den Schlägen ausweicht oder womöglich zuruckschlägt. Das kann eben nur ein Mensch, und den nimmt man sich dann als Trainingspartner. Diese Kämpfe nennt man **Sparring**, und die werden natürlich nur mit gebremstem Schaum ausgeführt, denn sonst würde die Suche nach neuen Sparringpartnern sicher zu lange dauern. Die Handschuhe bei beiden Kämpfern sind wesentlich dicker, und beide tragen Kopfschützer.

Vor dem Kampf

In früheren Zeiten (hüten wir uns vor dem Ausdruck «gute, alte Zeit») waren die Bräuche ungleich härter, da gingen die Boxkämpfer mit bloßen Fäusten aufeinander los. Das ist nun schon lange vorbei, geboxt wird nur noch mit gepolsterten Handschuhen. Bei den Amateuren wiegen sie 8 Unzen, das sind 228 Gramm, die Profis sind da härter (die kriegen auch mehr dafür), ihre Handschuhe haben meistens nur 6 Unzen, bei uns in Deutschland 8. Falls es Sie interessiert: Eine Unze (oz – von engl. ounce) sind 28,35 g. Nicht nur die Handschuhe haben sich streng an das limitierte Gewicht zu halten, auch die Boxer sind haargenau in Gewichtsklassen eingeteilt, man kann ja schließlich nicht Goliath gegen David in den Ring steigen lassen. Da kann nur in der Sage der kleinere und leichtere gewinnen.
Bei den Gewichten und auch bei den Klassen gibt es kleine Unterschiede zwischen Europa und der übrigen Welt. Aber wenn sich die EBU – European Boxing Union – und die WBA – World Boxing Association – nicht ganz einig sind, uns genügt zu wissen, daß es vom Halb- oder Junior-Fliegengewicht bis rauf zum Schwergewicht geht.
Die Kampfdauer ist unterschiedlich. Eine Runde geht über 3 Minuten, dann folgt eine Pause von einer Minute. Profikämpfe bei Europameisterschaften sind auf 12 Runden angesetzt, bei Weltmeisterschaften müssen durchweg 15 durchgestanden werden.

In den USA ist übrigens der Faustkampf ein wesentlich stärkerer Publikumsmagnet als hierzulande. Boxen ist dort ein hart umkämpftes Geschäft, der Dollar heiligt die manchmal recht finsteren Mittel, und was da so an Börsen für die Top-Kämpfe ausgeschüttet wird, läßt unsere Großverdiener, selbst beim Fußball oder gar beim Tennis, in die Nähe von Sozialhilfeempfängern rücken. Nun sind aber die Einnahmen besonders durch den Verkauf der Fernsehrechte in die Höhe gestiegen, so daß man dort teilweise mit zweistelligen Millionenwerten rechnet.
Aber bitte, kein Neid, es sind ja nur einige wenige, die den Mammon schaufeln, der große Rest bleibt im Dunkeln und muß sich anstelle des vergoldeten Lorbeers mit deformiertem Nasenbein und Blumenkohlohren begnügen.

Aber nun zum Kampf

Je nach Stellung und Haltung des Boxers sprechen wir von Rechts- und Linksauslagen. Häufiger ist der Linksausleger, der die Rechte eng vorm eigenen Kinn hat und mit der ausgestreckten Linken, dem Gegner zugewandt, die Lage sondiert, um eine Lücke zu finden, in die er dann mit der Rechten stoßen kann. Ein Linkshänder, und die sind ja seltener, wird demnach in Rechtsauslage boxen. Wichtig für die Beweglichkeit ist die Beinarbeit, ständig tänzeln sie hin und her, mit kleinen, kurzen Schritten, um dem Gegner kein ruhendes Ziel zu bieten.

So wie Wilhelm Tell in seinem Köcher verschiedene Pfeile mit sich führte, hat auch der Boxer diverse Schlagarten in seinem Repertoire. Die **Gerade** soll mit praktisch gestrecktem Arm den Gegner treffen, da liegt dann die ganze Wucht des Körpers drin, weil die Schulter des Schlagarms mitschwingt.
Beim **Haken** ist der Arm angewinkelt, meistens kommt er von rechts oder links oder von unten nach oben und ist wohl der am meisten angewandte Schlag. Mit stark gewinkeltem Arm, vorwiegend im Nahkampf und dann steil nach oben geschlagen, ist es der Aufwärtshaken oder **Uppercut**.
Der **Schwinger** setzt einen gekrümmten, starr gehaltenen Arm voraus und braucht dazu den Körperschwung. Wenn er trifft, hebt er den Gegner aus den Schuhen, wenn nicht, ist es ein Heumacher.
Von **Cross** spricht man, wenn es gelingt, über den abwehrenden Arm des Gegners hinweg die entgegengesetzte Körper- oder Gesichtshälfte zu treffen. Also von rechts nach links oder andersrum. Ein **Jab** ist ein Schlag aus kurzer Distanz, ahnlich einem Haken.
Der Abstand der Kämpfer voneinander heißt **Distanz**, wenn beide ihre volle Reichweite ausnutzen, so, daß man den anderen just noch mit ausgestrecktem Arm erwischen kann; dichter ran an den Gegner nennt man **Halbdistanz**, und unmittelbar voreinander steht man beim Nahkampf oder – auf Neudeutsch – im **Infight**. Noch näher dran ist nicht mehr regelgerecht, das ist dann der **Clinch** oder die Umklammerung, in die sich der eine oder andere zu einer kurzen Verschnaufpause zu retten versucht. Wirkungsvolle Aktionen sind dabei nicht zu

erwarten, beide stehen Brust an Brust, die Arme zum Teil eingeklemmt, und anstelle von Schlägen gibt es dann meistens nur noch fruchtloses Gezucke.
Der Ringrichter trennt diese Stellung dann mit dem Kommando **break**, daraufhin haben sich beide wieder auf Distanz zu begeben.

Die Ziele des Boxers sind ein Kapitel Anatomie. Der Herzenswunsch jedes Faustkämpfers ist ja bekanntlich, den Kontrahenten dort zu treffen, wo es die größte Wirkung erzielt, und wo es ihn möglichst schnell dazu bringt, die Lust am weiteren Kampf zu verlieren. Und nun hat man ja am Körper etliche Stellen, die man selbst sorgsam behütet, weil eine unsanfte Berührung die Lebensfreude drastisch mindert. So sind das Kinnspitze und -winkel, Herzspitze, Solarplexus (das ist in der Mitte der Brust das Loch, wo die Rippen zu Ende sind), Aorta und Halsschlagader, Leber und Magen und dann das Gesicht, besonders aber die Schläfenpartien. Ein mit Schmackes geführter und genau plazierter Schlag auf eine dieser Stellen kann durchaus das Ende des Kampfes bedeuten.

Und wenn wir gerade beim Ende sind: Es gibt verschiedene Arten der Kampfentscheidung.
Am bekanntesten, und beim Zuschauer am beliebtesten (nein, nicht gerade bei Ihnen, aber denken Sie nur an die vielen anderen), ist der Knockout, kürzer: K. o. Das ist der Fall, wenn der Angeschlagene zu Boden geht und innerhalb von zehn Sekunden nicht wieder aufsteht. Sieg nach Aufgabe ist es, wenn der Gegner freiwillig aufgibt, so ganz freiwillig ist das aber meistens nicht, denn vielfach zwingt ihn eine Verletzung dazu.
Auch der Ringrichter kann den Kampf beenden, wenn er sieht, daß der Unterlegene stark angeschlagen ist, mancher Boxer steht zwar noch wie eine Eins, ist aber schon nicht mehr Herr seiner Sinne und agiert praktisch nur noch im Unterbewußtsein. Hier wäre es mehr als fahrlässig, den Kampf fortzusetzen, da ist die Gesundheit des Kämpfers wichtiger, der Kampf endet durch Abbruch. Den realitätsfernen Zustand des angeschlagenen Boxers nennt man **groggy**.
Dann gibt es das Ende des Kampfes durch Disqualifikation, diese erfolgt nach dreimaliger Verwarnung eines Kämpfers, kann aber

auch in schwerwiegenden Fällen ohne jede Vorwarnung ausgesprochen werden.
Der Sieg nach Punkten wird von den Punktrichtern entschieden, das kann allerdings auch zu einem Unentschieden führen, entweder wenn die Mehrheit der Richter dafür ist, oder wenn drei verschiedene Urteile abgegeben werden. Damit sind wir bei der Wertung.

Die Wertung

Zwei bis fünf Punktrichter verteilen Punkte und Hilfspunkte. Im Ring überwacht der Ringrichter den Kampfverlauf. Bei internationalen Meisterschaften kann er allein urteilen. Gepunktet wird von den Richtern nach vorschriftsmäßig gelandeten Treffern, auch erfolgreiche Verteidigungsmaßnahmen bringen Punkte aufs Konto, der Gesamteindruck wird bewertet, und besonders im Nahkampf kann man sein Konto nach oben bringen. Auch Verwarnungen des Gegners schlagen zu Buche.
Am Ende des Kampfes werden die Punkte zusammengezählt, war einer deutlich besser, gewinnt er mit fünf zu null Stimmen. Ein K. o.-Sieg geht natürlich vor, da spielt es keine Rolle mehr, wenn der Unterlegene vorher haushoch nach Punkten geführt hatte.
Ein Ringarzt ist immer dabei, er kann den Kampf unterbrechen lassen, um die Boxer auf weitere Kampffähigkeit zu untersuchen. Nach jedem K. o.-Schlag wird der Boxer unmittelbar danach vom Arzt in die Mangel genommen, außerdem gibt es Schutzbestimmungen, die je nach Amateur- bzw. Profistatus längere Fristen vorschreiben, die die Boxer abwarten müssen, bevor sie wieder in den Ring dürfen.

Die Taktik des Boxkampfes erschöpft sich nun keineswegs darin, den Gegner durch Schläge auf die Bretter zu schicken, sondern ebenso wichtig ist es, sich so geschickt zu verteidigen, daß man die Angriffe des Widersachers unwirksam werden läßt. Das geschieht durch Blokken, Ausweichen und Kontern. Beim **Blocken** deckt man mit Händen, Unterarm, Ellenbogen und Schulter seine eigenen empfindlichen Stellen ab.
Beim **Ausweichen** spielt wieder die Fußarbeit eine große Rolle, dazu

pendelt der Oberkörper hin und her, alles ist in Bewegung. Das Abducken, bei dem der Körper nach rechts oder links vorwärts geneigt wird, und das Tauchen, bei dem die Knie gebeugt werden, gehören zu den Ausweichmanövern, man will dem Gegner kein ruhendes Ziel bieten, und außerdem kann man damit einem Schlag einen Teil seiner Wirkung nehmen.

Den Angriff unmittelbar aus einer Ausweichbewegung heraus nennt man **Kontern**. Das ist dann die aktive Verteidigung, von passiv spricht man, wenn der eine der Kämpfer sich einzig und allein darauf beschränkt, die gegnerischen Treffer zu vermeiden. Das kann auch in der Bewertung eine Rolle spielen.

Treffer sind vorschriftsmäßig, wenn sie mit dem vorderen Teil der geschlossenen Faust erzielt werden. Und dann gilt auch nur die vordere Hälfte des Gegners, und das nur bis zur Gürtellinie. Die Zone darunter ist tabu, Tiefschläge sind verboten. Von dieser Tatsache ist sogar unser allgemeiner Sprachgebrauch befruchtet worden, jeder kennt den Schnack «Das traf ihn unter der Gürtellinie».

Dem Boxer stehen zwei Mann zur Seite, sein Sekundant, das ist der, der in der Ruhepause von einer Minute beim Kämpfer im Ring sein darf, um ihn zu betreuen, und ein Helfer, der muß draußen bleiben. Der Sekundant übrigens ist auch derjenige, der den Kampf beenden kann, indem er das Handtuch in den Ring wirft.

Während des Kampfes dürfen keinerlei Hilfeleistungen erfolgen, auch irgendwelche Ratschläge oder Verhaltensmaßregeln haben zu unterbleiben. Das alles passiert nur in den Pausen, und dann reden die Leute oftmals im Stakkato auf die Boxer ein und versuchen, ihnen klarzumachen, was in der folgenden Runde besser gemacht werden muß. Und der Heros sitzt dann in seiner Ecke auf seinem Schemel, und man weiß nicht so recht, ob er das alles wie erwartet zur Brust nimmt. Er schaut blicklos in die Ferne, läßt sich abwischen und bereden und denkt an die endlos langen nächsten drei Minuten, in denen er, wieder von aller Welt verlassen, nur auf sich allein gestellt, seinen einsamen Kampf bestreiten muß.

CATCHEN

Sport oder Show? Die Frage sollte man so nicht stellen, denn dann sieht es so aus, als hätte man nur die Alternativen schwarz oder weiß, gut oder schlecht, und zwangsläufig würde dabei dann, da wir ja den Sport von vornherein als gut bezeichnen, für die Show nur das Prädikat schlecht bleiben. Das nun wäre wirklich hochgradig unfair, denn, bleiben wir einmal ehrlich, was wäre der Sport ohne die Show?
Fragen Sie mal einen Fußballspieler, der in einem leeren Stadion kicken mußte, weil sein Verein aus irgendwelchen Gründen verurteilt wurde, ein solches Geisterspiel zu absolvieren. Sport und Show gehören nun einmal zusammen, das wird auch der letzte Träumer zugeben müssen, der den Sport nur in den hehren Sphären der Antike angesiedelt sehen möchte.
Der Sportler, und besonders der Spitzensportler, braucht als Stimulans die Reaktion der Menge auf das, was er zeigt, also auf seine «Show», der Beifall treibt ihn zu noch besserer Leistung. Das allein kann eigentlich auch nur die Erklärung dafür sein, daß mehr «Heimspiele» gewonnen werden als Spiele auswärts, wo der Applaus dem Gegner gilt.
Und nun hat ja auch das Bestreben der Sportler, eine möglichst vielzählige Zuschauermenge zu begeistern, einen durchaus realen, nämlich finanzpolitischen Hintergrund. Je mehr Zuschauer, desto mehr Einnahmen, desto bessere Verstärkungsmöglichkeiten, desto stärkere Mannschaft, desto bessere Leistungen, desto mehr Zuschauer, desto…

Nun, das Thema verführt zu leicht zum Abschweifen in das Thema Sport und Geld, das ist aber nicht unser Bier.

Wir wollen uns ja über das Catchen unterhalten. Daß hierbei die Show überwiegt, wird niemand bestreiten wollen. Genauso klar ist aber auch, daß eine erkleckliche Portion Sport nötig ist, um eine solche Show auf die Beine stellen zu können. Wenn wir sehen, was diese Knaben mit ihren Gegnern anstellen, und was sie mit sich selbst anstellen lassen, dürfte einleuchten, daß so etwas ohne erhebliches Training nicht machbar ist. Es ist also schon Sport mit im Spiel, auch wenn dieser durch die theatralische Brutalität im Dienste des Showgeschäfts restlos überlagert wird.
Nehmen wir es so, wie es gedacht ist: als unterhaltsames Spektakel, das nicht mehr will, als uns die Möglichkeit zu geben, entweder unsere Rambo-Instinkte schadlos ins Freie zu lassen, oder, für die gemäßigten Naturen, zu bewundern, wie man es fertigbringt, nach diversen Schlägen auf den Hinterkopf und zahlreichen Krachern auf den Ringboden, nach Beendigung der Schlacht fröhlich ins Publikum zu winken, um dann anschließend seelenruhig mit dem bösen Gegner ein Bier zu trinken.
Macht weiter, ihr blutrünstigen Gladiatoren des TV-Zeitalters, denn wir wissen ja, daß ihr auch nicht halb so böse sein könnt, wie ihr aussehen möchtet.

Die Kampfregeln

Wir haben sie bisher noch nicht entdeckt.
Vielleicht lauten sie: Erlaubt ist, was gefällt!

CURLING

Da rutscht doch tatsächlich ein Mensch über das Eis, nicht etwa auf den Füßen, nein, der Länge nach liegt er flach am Boden, den einen Arm nach vorn ausgestreckt, damit scheint er sich an einer Art Wärmflasche festzuhalten. Ob er hingefallen ist? Mitnichten, er gibt mit viel Gefühl dem Gegenstand in seiner Hand die letzte Richtungs- und Geschwindigkeitsanweisung, läßt diesen dann los, rappelt sich auf und schaut gespannt hinterher, wie dieser zielstrebig davongleitet. Wir sind Zuschauer beim Curling.

Curling ist ein **Zielspiel**, bei dem zwei Mannschaften versuchen, ihre Steine näher an den Mittelpunkt des Zielkreises – des **Hauses** – zu bringen, als die des Gegners.

Die Spielfläche

Ebenes und glattes Eis, 44,50 m lang und mindestens 4,75 m breit. Die Bahn ist symmetrisch aufgebaut, das heißt sie sieht oben aus wie unten. Die Zentren der beiden Zielkreise sind 34,75 m voneinander entfernt. Die Häuser bestehen aus verschiedenen Kreisen, das Zentrum hat einen Radius von 15 cm, dann folgen drei Kreise mit 61, 122 und 183 cm. Sie sind farblich voneinander abgesetzt, von innen nach außen meistens in den Farben Weiß–Rot–Weiß–Blau. Zu den verschiedenen Querlinien kommen wir gleich.

Curling

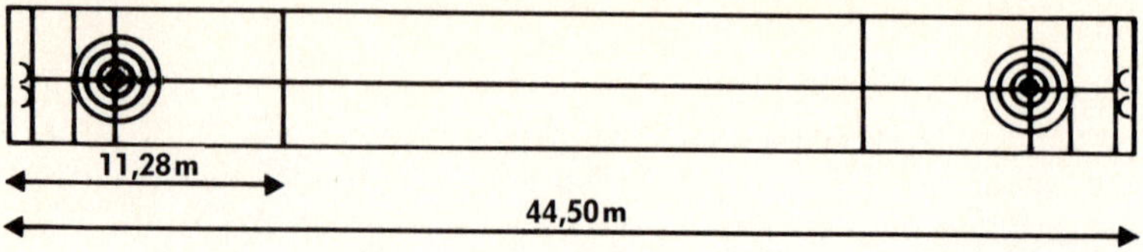

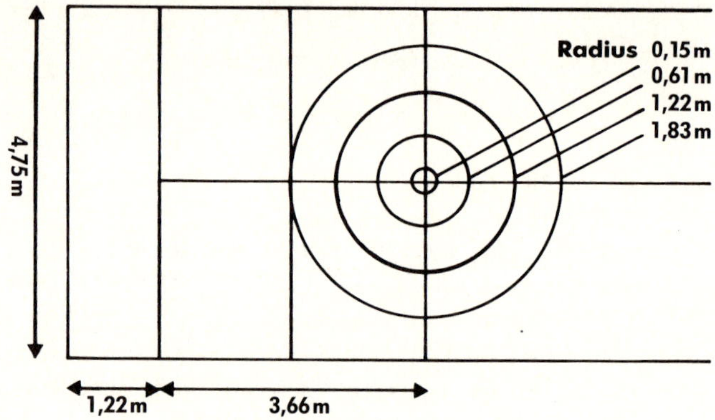

Die Mannschaften

Zwei Vierergruppen treten an. Jeder Spieler hat zwei Steine von knapp 30 cm Durchmesser und einem Gewicht von etwas unter 20 kg. Oben haben die Steine einen gebogenen Griff, und die Curling-Fans mögen es uns verzeihen, wenn wir der Anschaulichkeit halber den Curlingstein vergleichen mit einer Kreuzung zwischen Wärmflasche und Bügeleisen.

Gespielt wird bei nationalen und internationalen Meisterschaften über 9 Durchgänge oder **Ends**, und es kann bei unentschiedenem Stand bis zum Sieg einer Mannschaft verlängert werden.
Andersherum kann aber auch ein Spiel vorher abgebrochen werden, wenn eine Mannschaft uneinholbar führt.
Wechselweise wird von den gegnerischen Mannschaften gespielt, und es gibt einen Punkt für jeden Stein, der näher am Mittelpunkt des Zielkreises, dem **Tee**, liegt als der Stein des Gegenspielers.

Die Regeln

Was wir am Anfang sahen, als der Spieler voller Konzentration über das Eis rutschte, ist das, was beim Fußball der Schuß, beim Handball der Wurf oder beim Hockey der Schlag ist. Dafür gibt es beim Curling keinen Namen, vielleicht können wir uns hier auf «Schub» einigen. Dieser nun erfolgt so: Der Spieler, dessen Schuhe glatte Sohlen haben – Spikes sind absolut verboten –, findet Halt auf der A-Linie, oder auch **Foot-Line** (Fußlinie) genannt, denn hierin sind Fußstützen eingearbeitet. Er gibt dem Stein den nötigen Schwung und die richtige Richtung und muß höllisch aufpassen, daß er den Stein vor der D-Linie, der **Hog-Line**, losläßt.
Nun ist ja auf der anderen Seite des Spielfeldes ebenfalls eine D-Linie, und sein Stein muß auf alle Fälle über diese Linie gleiten. Verhungert er unterwegs, schafft er also nicht den Weg über diese Linie, ist er ungültig und wird entfernt.
Die Fahrt des Steines muß so exakt dosiert sein, daß sie vor der gegenüberliegenden B-Linie, der **Back-Line**, zu Ende ist. Geht der Stein rüber, ist er ungültig, und dasselbe Schicksal hat er, wenn er die Seitenlinien anläuft.
Punkte gibt es für jeden Stein, der das Haus berührt und dem Zentrum näher liegt, als der nächste Stein des Gegners.

Und nun haben wir noch die C-Linie, die durch das Zentrum, durch das Tee geht, deshalb nennt man sie **Tee-Linie**, aber auch **Sweeping-Line**, das heißt soviel wie Fegelinie. Das ist nämlich das Besondere beim Curling, daß bei diesem Spiel zum Teil sehr eifrig gefegt wird. Nun wird diese im Sport recht ungewöhnliche Beschäftigung nicht etwa deshalb ausgeführt, um die Bahn zu säubern – Sie können sicher sein, daß da kein Geröll herumliegt –, sondern die Fegerei, die mit blitzartigen Bewegungen erfolgt, hat einen physikalischen Hintergrund. Durch das Reiben der Besen auf dem Eis wird dieses kurzfristig erwärmt, es bildet sich dabei ein hauchdünner Wasserfilm, der anschließend natürlich sofort wieder gefriert. Dadurch wird aber die Oberfläche für Sekundenbruchteile ungemein glatt, und der Stein findet weniger Widerstand und läuft deshalb weiter. Bei geschickter Handhabung – und die Spieler sind darin geschickt – kann man sogar durch das Fegen die Richtung des Steines geringfügig beeinflussen. Aufpassen muß man allerdings, daß man den Stein nicht mit dem Besen berührt, denn dann ist dieser sofort ungültig und wird aus dem Spiel genommen.

Verwandt mit dem Curling ist das **Eisschießen**. Auch hier kommt es darauf an, ein Ziel zu erreichen. Der «Schuß» erfolgt jedoch aus dem Stand, und das Gerät, das man auf die Reise schickt, der Eis-Stock, ist wesentlich leichter, er wiegt nur bis zu ca. 6 kg. Der Griff ist ein senkrecht nach oben zeigender, leicht gebogener Stiel.

EISHOCKEY

Es ist eigentlich schade, daß dem Fernsehzuschauer bei diesem interessanten Spiel Einzelheiten entgehen oder nur schemenhaft deutlich werden, weil der **Puck** – das ist der «Ball» – zum Teil mit Geschwindigkeiten von über 100 km/h durchs Bild saust, und da ist mancher Bildschirm überfordert. Der Puck übrigens ist eine kleine Hartgummischeibe, ein Zoll dick, das sind genau 2,54 cm, Durchmesser 7,62 cm. Vielleicht erfindet ja ein netter Zeitgenosse mal einen Puck, der erleuchtet ist, oder der durch andere technische Tricks auf dem Bildschirm eine sichtbare Spur hinterläßt. Oder man müßte alle Mannschaften dazu bewegen, in Zeitlupe zu spielen, aber daran vermag wohl so recht keiner zu glauben.

Das Spielfeld

Auffallend sind die abgerundeten Ecken und – was aus der Skizze nicht ersichtlich ist – die Bande, die um das ganze Spielfeld läuft. Das ist eine zumeist hölzerne Einfriedigung in einer Höhe zwischen 1 m und 1,22 m. Diese hat zum einen den Zweck, den Puck im Spiel zu halten, sie sorgt aber auch dafür, daß die Spieler nicht im Eifer des Gefechtes von der Eisbahn herunterschießen, denn das könnte bei der Geschwindigkeit, mit der sich die Burschen bewegen, üble Folgen haben.

Eishockey

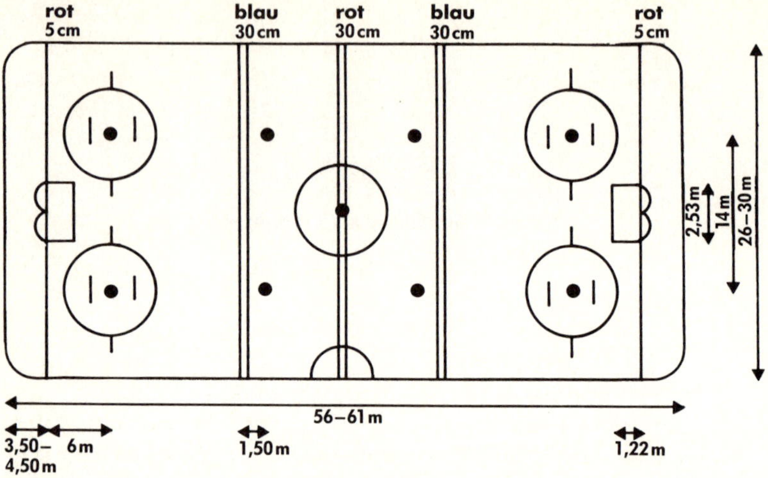

Quer über das Spielfeld sind fünf deutlich sichtbare Linien gezogen, zwei blaue und drei rote. Fangen wir auf einer Seite an – 3,50 bis 4,50 m von der kurzen Bande entfernt läuft die erste rote Linie, diese ist 5 cm breit: die **Torlinie**. Das gleiche Spiel natürlich auf der anderen Seite. Den Raum zwischen diesen beiden Torlinien teilen wir jetzt in drei genau gleiche Felder. Die Grenzen dazwischen sind blaue Streifen von 30 cm Breite. Die drei Felder haben folgende Bezeichnungen: **Verteidigungszone – Neutrale Zone – Angriffszone.** Das sehen beide Mannschaften naturgemäß unterschiedlich, was dem einen die Verteidigungs-, ist dem anderen die Angriffszone. Jetzt bleibt nur noch die 30 cm breite rote Linie in der Mitte. Sie werden es erraten, das ist die **Mittellinie.**

Diese insgesamt fünf Querlinien werden an der Bande bis zum oberen Rand hochgezogen.

Die kleinen **Tore** (1,83 m breit und nur 1,22 m hoch) sind in der Mitte der Torlinien im Eis befestigt. Davor der **Torraum**, ein Rechteck von 1,22 × 2,53 m.

Damit die Sache ein bunteres Gesicht bekommt, brauchen wir noch ein paar hübsche Kreise. Einen genau in der Mitte in Blau, vier in Rot, zwei links, zwei rechts, jeweils mit einem Mittelpunkt sechs Meter von den Torlinien entfernt. Diese fünf Kreise haben jeweils einen Durchmesser von 9 m, die Mittelpunkte haben einen Durchmesser von 30 cm. Das sind die sogenannten **Anspielpunkte**. Doch damit nicht genug. Es gibt vier weitere rote Anspielpunkte in der neutralen Zone, diese allerdings ohne den 9-m-Kreis um sich. Der Schiedsrichter hat auch einen Kreis, allerdings nur einen halben, ein Halbkreis in Rot, 3-m-Radius, am Ende der Mittellinie.

Die Mannschaft

Sie besteht aus achtzehn Spielern – bei internationalen Spielen können auch zweiundzwanzig nominiert werden –, aber es dürfen zur gleichen Zeit nur sechs Spieler pro Mannschaft auf dem Eis sein, ein Torwart und fünf Feldspieler. Eine Auswechslung kann jederzeit erfolgen, und zwar nicht nur einzelner Spieler, sondern ganzer Gruppen. Das hat taktische Vorteile, denn so kann man eingespielte Teams zusammen ins Gefecht schicken.

Die Spielzeit

Gespielt wird sechzig Minuten, wobei nur die effektive Spielzeit gerechnet wird. Alle Unterbrechungen, die vom Pfiff der Schiedsrichter angezeigt werden, stoppen die Zeit, sie werden also nicht mitgerechnet. Gespielt werden dreimal zwanzig Minuten, nach jedem Drittel werden die Seiten gewechselt.
Die zwei Schiedsrichter werden unterstützt von Spielzeitnehmer, Strafzeitnehmer und offiziellem Punktrichter, und sie haben alle Hände voll zu tun, denn bei der Schnelligkeit des Spiels sind sehr schnelle Entscheidungen nötig, und vor allen Dingen ist es wichtig, daß das von Natur aus harte Spiel in den Grenzen der Regeln gehalten wird. Sonst wird es leicht zum Catch-as-catch-can.
Die Regeln und die Strafen für Regelverletzungen sind ein ausführlicher Katalog für sich.

Die Strafen

Es gibt sehr unterschiedliche Strafen, je nach Art der Verfehlung.

Die kleine Strafe
(das ist die häufigste)
Der Übeltäter muß für zwei Minuten raus.

Die kleine Bankstrafe
Hier liegt eine Kollektivschuld der Mannschaft vor, der Kapitän bestimmt einen Spieler, der für zwei Minuten vom Eis muß. Beide Strafen sind sofort beendet, wenn während dieser Strafzeit der Gegner ein Tor erzielt.

Die große Strafe
Hier muß der Sünder für fünf Minuten auf der Bank pausieren – wohlgemerkt, effektive Spielzeit –, und er darf nicht ersetzt werden. Handelt sich der gleiche Spieler ein zweites Mal die große Strafe ein, so wird die Zwangspause auf fünfzehn Minuten verlängert. Dabei kann allerdings nach fünf Minuten ein Ersatzmann ins Feld geschickt werden. Beim drittenmal von großer Strafe kommt er nicht wieder aufs Eis, er kann nach fünf Minuten ersetzt werden.

Die Disziplinar-Strafe
Sie zieht einen Ausschluß von zehn Minuten nach sich, der Spieler kann aber unmittelbar ersetzt werden. Eine zweite im gleichen Spiel wird umgewandelt in eine **Spieldauer-Disziplinar-Strafe**, der Übeltäter kann also in die Garderobe oder unter die Dusche gehen, ins Spiel greift er nicht mehr ein.

Match-Strafe
Das bedeutet sofortigen Ausschluß für den Rest des Spieles. Der Fall geht an die zuständigen Verbandsstellen, und bevor die Sache von dort nicht erledigt ist, darf der Spieler an keinem weiteren Spiel mehr teilnehmen.
All das gilt für die Feldspieler, der Torhüter wird anders behandelt. Bis einschließlich Disziplinarstrafe kann man ihn nicht vom Feld

schicken, sondern einer seiner Kollegen, und zwar ein Spieler, der zur Tatzeit auf dem Eis war, muß für ihn den Kopf hinhalten bzw. sich auf die Bank setzen. Kommt es jedoch zur Spieldauer-Disziplinar-Strafe oder zur Match-Strafe, muß auch der Torwart raus, und für ihn muß ein Feldspieler seinen Platz einnehmen. Der hat dann zehn Minuten Zeit, um sich die gesamte Torhüterausrüstung um die Figur zu hängen.

Auf der Strafbank herrscht manches Mal ein gar reges Treiben. Sie liegt in angemessener Entfernung von den Sitzgelegenheiten der Ersatzleute. Der Strafzeitnehmer überwacht die Einhaltung der vom Schiedsrichter verordneten Zwangspausen.

Die Anspielpunkte

Nach jeder Unterbrechung muß ja der Puck wieder ins Spiel gebracht werden. Hierfür gibt es die schon erwähnten neun Anspielpunkte. Der Schiedsrichter bestimmt, an welchem Punkt das Spiel wiederaufgenommen wird. Dieses geschieht durch den Einwurf – auch **Bully** genannt –, und zwar stehen sich zwei Spieler am Anspielpunkt gegenüber, und der Schiedsrichter wirft den Puck zwischen ihre auf dem Eis aufliegenden Schläger.

Alle anderen Spieler müssen mindestens 4,50 m entfernt sein, dafür sind die 9-m-Kreise.

Abseits

Wenn ein Spieler in das gegnerische Verteidigungsdrittel eindringt, bevor der Puck die blaue Linie überquert hat, steht er im Abseits. Eine weitere Variante ist das **Zwei-Linien-Abseits**. – Das ist der Fall, sobald der Puck über zwei Linien der Mittelzone gespielt wird.

Durchaus möglich ist es, bei Druck im eigenen Verteidigungs-Drittel, daß ein Spieler den Puck bis über die gegnerische Torlinie feuert, nach der Melodie, erst einmal weg mit dem Ding. Das ist dann ein Befreiungsschlag oder aber auch «unerlaubter Weitschuß». Der Engländer sagt dazu **Icing**. Das kostet dann ein Bully vor dem eigenen Tor.

Sollte jedoch bei einem solchen «unerlaubten Weitschuß» – und das könnte ja durchaus vorkommen – der Puck ins gegnerische Tor gehen, dann gilt das als Tor. Selbst wenn der Puck nur den Torraum passiert, gilt die Aktion nicht als unerlaubter Weitschuß.

Es sind wohl so an die hundert Regeln zu beachten, die bei Nichtbefolgung eine Strafe nach sich ziehen, hier eine kleine Auswahl davon:

Kontakt mit dem Gegner beim Einwurf, körperlicher Angriff mit mehr als zwei Schritten, absichtliches Umstoßen des Tores, Fouls mit Knie oder Ellenbogen, absichtliches Fallen auf den Puck, Aufnehmen des Pucks mit der Hand, Halten des Stockes über Schulterhöhe, Festhalten des Gegners, Behinderung des Torwarts usw. Das alles zieht die kleine Strafe von zwei Minuten Strafbank nach sich.

Es kann aber auch eine große werden, je nach Schwere des Vergehens. Wenn z. B. mit dem Stock gegen den Gegner angegangen wird – man kann ihm auch ein Bein stellen – oder an der Bande mit Ellenbogen oder Stock «checken», d. h. angreifen. Man kann überhaupt durch grobes Schlagen mit dem Stock den Gegner am Vorwärtskommen hindern oder sich durch übertriebene Härte von der feinen englischen Art entfernen. Das artet dann manchmal in eine grobe Keilerei aus, die mit Sport nun wirklich nichts zu tun hat.

Die kleine Bankstrafe hat nicht einen einzelnen Schuldigen. Wenn von einer Mannschaft das Spiel absichtlich verzögert wird, oder man hört Beschimpfungen aus der Crew auf der Bank – egal, ob vom Trainer oder von Spielern –, die sich gegen die Offiziellen richten, dann muß eben einer der auf dem Eis befindlichen Spieler das Kreuz auf sich nehmen und zwei Minuten die Bank drücken.

Die große Strafe gibt es für das Anspringen von hinten, körperlichen Angriff auf den Torhüter im Torraum, für Verletzung eines Gegners bei regelwidrigen Handlungen, aber auch bei Revanche-Fouls, wo ein Spieler – wie du mir, so ich dir – nach einem Foul seines Gegners zurückschlägt.

Eine Disziplinarstrafe kann man sich verdienen durch disziplinloses Benehmen, durch Beschimpfungen der Offiziellen, oder man braucht nur die Entscheidung eines Schiedsrichters während des Spiels nicht anzuerkennen.

Eine Spieldauer-Disziplinar-Strafe hat man am Hals, wenn man als Spieler an einer Schlägerei außerhalb des Spieles teilnimmt.

Eine Match-Strafe gibt es für Faustschläge oder Tritte oder bei absichtlicher Verletzung anderer Mitmenschen. Da ist selbst der Versuch strafbar.

Wenn man in der Verteidigung absichtlich auf den Puck fällt oder ihn an den Körper zieht oder ihn mit der Hand vom Eis aufhebt, während er sich im Torraum befindet, gibt es einen Strafschuß.

Man kann auch den Stock innerhalb der Verteidigungszone gegen den Puck werfen, um sich einen Strafschuß einzuhandeln. Eine weitere Möglichkeit: Der Angriffspieler kommt angefegt und hat nur noch den Torwart vor sich. Er wird von hinten gefoult und dadurch an einem Schuß aufs Tor gehindert. Kein Disput: Strafschuß.

Und dieser Strafschuß – auch **Penalty-shot** genannt – ist eine interessante Angelegenheit. Wie im Fußball beim Elfmeter stehen sich jetzt zwei ganz einsame Menschen gegenüber, der Torwart und der gegnerische Angreifer. Dieser läuft, von der Mitte kommend, mit dem Puck auf das Tor zu. Der Puck muß dabei ständig in Bewegung gehalten werden, und der Torhüter darf seinen Torraum nicht verlassen, bevor der Puck die blaue Linie überquert hat.

Sobald ein Schuß abgegeben worden ist, ist der Strafschuß abgeschlossen, ein Nachschuß ist nicht drin. Kommt also ein Abpraller vom Torhüter oder vom Torgestänge zustande, kann der Angreifer diesem nur traurig nachblicken, ins Tor schießen darf er nicht mehr.

EISKUNSTLAUF

Das ist eine hinreißende Augenweide, ein TV-Festessen und, da Musik dabei ist, auch ein Ohrenschmaus. Es gibt Leute, die kennen Tschaikowsky nur vom Eislauf her.
Die Rede ist hier natürlich nur von der **Kür**, bei der **Pflicht** ging es ziemlich dröge zu, aber da waren wir ja auch nicht dabei.

Erst einmal die grobe Unterteilung:
- Einzellauf
- Paarlauf
- Eistanz

Der Einzellauf

Der Einzellauf bestand bisher aus Pflicht, Kurzprogramm und Kür. Im Kurzprogramm werden sieben vorgeschriebene Eiskunstelemente innerhalb von zwei Minuten gezeigt.
Bei der Kür ist nur die Laufzeit vorgeschrieben, viereinhalb Minuten für die Herren und vier Minuten für die Damen. Die Musik ist selbst gewählt wie auch die Sprünge, Pirouetten, Schrittwechsel und verschiedenen Figuren.

Das Paarlaufen

Hierbei dreht es sich, wie Sie unschwer erraten haben, um eine Dame und einen Herrn. Paarlaufen besteht aus einem Kurzprogramm mit sechs vorgeschriebenen Elementen und der Kür, und beim

Eistanzen

Beim Eistanzen – logischerweise ebenfalls zu zweit – wird nach den Pflichttänzen (das sind vorgeschriebene Tanzgruppen) ein Spurenbildtanz absolviert, wobei ein bestimmter Rhythmus vorgegeben ist. Das Kürtanzen besteht aus einem Vier-Minuten-Programm, in dem die Läufer nach selbst ausgewählter Musik einmal so richtig zeigen können, wie sie die Sache sehen.

Die Kampfrichter

Es sind neun bei internationalen, und sieben (mindestens aber fünf) bei nationalen Wettkämpfen, und sie geben uns immer wieder Grund zu Diskussionen. Aber wie sollte es auch anders sein, schließlich gibt es ja keine exakte Methode, um den Wert der Darbietung zu bestimmen. Da ist es beim Hochsprung leichter, entweder fällt die Latte runter, oder sie bleibt oben, und die Höhe kann man haarscharf bestimmen.

Beim Eiskunstlauf dagegen müssen viele Einzelheiten genau beobachtet und bewertet werden, da sind die armen Richter auch nur Menschen. Vielleicht fließt ja hier und da doch etwas davon in die Wertung ein, ob man den einen Läufer lieber mag als den anderen, auch die Nationalität mag eine Rolle spielen, vielleicht auch ein besonders hübsches Kostüm. Das sind nun natürlich ganz und gar ketzerische Gedanken, die jeder Richter weit von sich weist. Nach seiner Meinung ist er völlig objektiv, aber wir merken es doch an uns selbst, daß uns der eine besser gefällt als der andere; uns wird allerdings die Ausrede zugestanden, daß wir letztlich die Schwierigkeitsgrade nicht so genau unterscheiden können und deshalb mehr nach Gefühl bewerten.
So soll es auch bleiben, denn wir wollen den Eiskunstlauf nur schlicht genießen und nicht sezieren.

Was wir von den Kampfrichtern sehen sind die Punktzahlen, die sie mit jeweils zwei Tafeln anzeigen. Die Noten gehen von 0 bis 6, wobei 0 «nicht gelaufen» heißt und 6 vollkommen fehlerfrei, also absolute Spitze. Zwischen den Punkten gibt es Zehntelpunkte, die eine weitere Differenzierung erlauben. So heißt es beim Eislauf z. B. 5,6 (Fünf-Komma-Sechs). Das Hochhalten der Punktetafeln durch die Kampfrichter, das in spannenden Situationen oft ein Raunen im Publikum hervorruft, erfolgt bei Kurzprogramm und Kür jeweils zweimal.
Beim erstenmal – man nennt das die A-Note – wird der rein technische Wert beurteilt, kurz gesagt, *was* gezeigt wurde, beim zweitenmal – bei der B-Note – entscheidet der künstlerische Gesamteindruck, *wie* wurde gelaufen.

Inzwischen hat natürlich auch bei der Punktrichterei die Technik zugeschlagen, da gibt es elektronisch gesteuerte Anzeigentafeln, die rechnen das Ergebnis gleich selbst aus. Zum einen geht das schneller, zum anderen braucht mancher Richter dann nicht mehr unter den bösen Blicken der Zuschauer rot zu werden.

Die Pflicht

Diese gab es bis 1990, dann wurde sie abgeschafft. Für das Fernsehen war dieser Teil des Eiskunstlaufens sowieso recht uninteressant, man hat es sehr selten gezeigt. Die Läufer dagegen sahen das je nach Können anders. Wer hierin gut war, konnte sich schon mit einem guten Punktepolster versehen, aber die Läufer, denen z. B. die Sprünge mehr lagen, hingen nach einer hingequälten Pflicht punktemäßig hintendran und konnten nur mit wirklich spektakulären Leistungen wieder an die vorderen Plätze kommen. Der Zuschauer war dann manchmal verwundert, daß A gewonnen hatte, obwohl doch B eigentlich viel schöner gelaufen war.
Man mußte in der Pflicht eine Anzahl von Figuren dreimal laufen. Dabei war genau vorgeschrieben, wie zu laufen war.

Etwas zur Technik. Die Kufe des Schlittschuhs hat einen Hohlschliff. Dadurch gibt es zwei Kanten. Auf einer davon wird gelaufen, und je nach Verlagerung des Körpers spricht man von **einwärts** und **auswärts**. Die Bezeichnung **Front** gilt für vorwärts oder rückwärts. Aus der Kombination dieser beiden Begriffe entstehen vier Möglichkeiten, wie gelaufen werden kann, nämlich

va vorwärts auswärts
ve vorwärts einwärts
ra rückwärts auswärts
re rückwärts einwärts

Zu schwierig zu verstehen? Kommen Sie doch einfach einmal mit aufs Eis. Theoretisch machen wir das doch leicht. Sie schließen die Augen, dann können Sie sich das besser vorstellen. Doch nein, so geht's nicht, dann können Sie ja nicht weiterlesen. Also, auswendig lernen und dann im Sessel zurücklehnen und Eislauf träumen. Sie stehen auf dem rechten Bein (rechts ist jetzt Standbein, links ist Spielbein) und gleiten traumhaft rückwärts mit Schwung über die blanke Fläche. (Keine Angst, im Traum sind wir unschlagbar.) Sie laufen einen Bogen im Uhrzeigersinn, also rechtsrum. Die innere Schulter, die linke, ist tiefer als die rechte. Sie laufen re, rückwärts einwärts. Schön machen Sie das. Und jetzt verlagern Sie Ihr Körpergewicht auf die andere Seite, wie beim Radfahren, da lenken Sie ja auch mit dem

Körper (Könner können dabei den Lenker loslassen). Jetzt haben Sie den Körper nach rechts verlagert, die rechte Schulter ist niedriger, der Bogen geht jetzt linksherum. Nach wie vor stehen Sie auf dem rechten Fuß, auch die Front ist gleich geblieben, nur die Fahrtrichtung hat sich geändert. Aber nicht nur diese, auch die Kante haben Sie gewechselt, Sie laufen jetzt rückwärts auswärts.
Das war also ein zusammengesetzter Bogen, der auf einem Bein mit Wechsel von Laufrichtung und Kante gelaufen wurde, bei dem aber nicht die Front gewechselt wurde.

Bei der Pflicht, wie gesagt, müssen verschiedene Figuren gelaufen werden, da gibt es Bogen und Schlingen, Dreier, Doppel- und Gegendreier, Wenden, Gegenwenden und Paragraphen und Verbindungen dieser Figuren miteinander. Und alle mit exakter Vorschrift mit welchem Bein, welcher Kante und welcher Front. Alle Figuren dreimal, beim erstenmal geht's ja ganz gut, aber dann wird es kritisch, denn die beiden anderen müssen möglichst genau in der Spur der ersten verlaufen. Jede Figur hat eine bestimmte Wertzahl, danach wird dann von den Kampfrichtern festgelegt, wieviel Punkte dem Kandidaten zugesprochen werden.
Die vielen Pflichtfiguren schenken wir uns, lediglich der **Dreier**, der bei den Sprüngen erwähnt wird, soll hier noch kurz beschrieben werden.
Es wird ein Kreis gelaufen, und in der Mitte des Kreisbogens wird blitzartig eine Wendung von vorwärts nach rückwärts gemacht. Erst rechts-vorwärts-auswärts, dann rechts-rückwärts-einwärts. Die Figur sieht aus wie ein Apfel von der Seite, rund, mit einer Einbuchtung nach innen, die in einer flachen Spitze ausläuft. Am Ausgangspunkt angekommen, wechselt der Läufer dann den Fuß, und es geht dann weiter mit 1va/1re. Der «Apfel» erhält dadurch sein Spiegelbild.
Beim Gegendreier biegt die Spitze dann nicht nach innen in den Kreis, sondern nach außen, und da wir gerade beim Obst sind, vergleichen wir diese Figur mit der Seitenansicht einer Zitrone. (Oder für die Skatklopper: die obere Hälfte von Pik-As.)

Die Sprünge

Wir wollen hier (mal wieder) sehr vereinfachen, um die Übersicht zu behalten und uns nicht in Einzelheiten zu verlieren. Die Namen haben die Sprünge meistens von den Erfindern, von den Läufern also, die diese zuerst ausführten und bekannt machten. Allerdings gab es keinen Herrn **Flip**, das ist einfach aus dem Englischen übernommen, wo es soviel bedeutet wie «kurzer Rundflug»! Auch **Toe-Loop** kommt daher. Toe heißt nichts anderes als Zeh, den Loop kennen wir als Überschlag (Looping); das beides in ein vernünftiges Wort zu bringen, überlassen wir Ihrer Phantasie.
Um nun mit unserer Simplifizierung anzufangen, teilen wir die Sprünge in zwei Abschnitte ein, in den Absprung und das Aufsetzen.
Fangen wir hinten an: das Aufsetzen, also die Landung, ist bei allen Sprüngen gleich, nämlich runter kommen auf dem rechten Fuß, und zwar rückwärts auf der Außenkante.
Damit sind wir schon ein ganzes Stück weiter, und jetzt sehen wir uns an, wie die Eislaufkünstler in die Höhe kommen.

Der Salchow

Beim Salchow schließt sich an den Anlauf ein Auswärts-Dreier an, danach schwingt das rechte Bein gestreckt im Kreisbogen um das linke herum, Absprung links-rückwärts.

Der Flip

Nach einem Dreier tiefe Kniebeuge des linken Standbeins, das rechte Bein greift in Fahrtrichtung vor und hakt mit der Säge des Schlittschuhs kurz ins Eis. Gleichzeitig werden die Beine geschlossen und die Arme angezogen. Absprung links-rückwärts-einwärts.

Der Rittberger

Start mit Anlauf auf rechts-rückwärts-auswärts, ebenfalls aus tiefer Kniebeuge rechts, wobei das linke Bein gestreckt hochgerissen wird. Die Arme liegen oben dicht am Körper.

Der Lutz
Beginn mit einer längeren Spirale, auch hier das Standbein stark gebeugt, rechts kurz mit Säge eintippen, Beine zusammen und Rumpfdrehung von rechts nach links oben. Auslauf wieder in einer Spirale.

Der Axel
Der Absprung erfolgt vorwärts von der Außenkante des linken Fußes. Die Arme werden ruckartig an den Körper gerissen.

Toe-Loop
Anlauf vorwärts-einwärts. Nach einem Dreier wird mit linkem Spielbein ins Eis getippt, Absprung rechts-vorwärts.

Lassen Sie den Kopf nicht hängen, wenn Sie als Zuschauer bei diesen hochkarätigen Darbietungen diese verschiedenen Wirbel nicht auseinanderhalten können, Sie befinden sich dabei in recht zahlreicher Gesellschaft. Und letztlich wollen wir ja auch nur das Zuschauen genießen und uns nicht darüber in die Haare kriegen, ob das nun ein Flip oder ein Salchow war.

EISSCHNELLAUF

Mit einem Auto 70 km/h zu fahren kostet nur ein müdes Lächeln – Komplikationen können erst dann auftreten, wenn man es im Stadtgebiet tut und ein «Schutzmann» in der Nähe ist.
Falls Sie diese Geschwindigkeit mit einem Fahrrad erreichen wollen, müssen Sie schon ein ausgebuffter Profi sein. Nun stellen Sie sich bitte vor, Sie hätten keinerlei rollende Hilfsmittel, und Sie sollten nur mit Hilfe Ihrer Körperbewegungen solch eine Geschwindigkeit erlangen – nur kurzfristig als Spitze, aber immerhin soll doch ein Schnitt von gut 40 km/h bleiben. Ob Sie wohl, ohne die Überschrift, das für möglich gehalten hätten?
Die Eisschnelläufer schaffen das. Sie profitieren von der Tatsache, daß die bremsende Reibung zwischen Fuß und Boden praktisch völlig aufgehoben wird und die gesamte Bewegungsenergie in Fahrt nach vorn umgesetzt wird.
Der hemmende Faktor Reibung macht das Gehen erst möglich, das merken wir beim Betreten einer glatten Fläche. Andererseits kostet sie aber einen Haufen Energie. Wenn man nun aus der Not eine Tugend macht und die sowieso schon geringe Reibung zwischen Fuß und Eisfläche dadurch fast ganz aufhebt, daß man einen Schlittschuh dazwischenbringt, dann erreicht man zusätzlich, daß der Bewegungsablauf in eine Richtung gezwungen wird, in die der Kufe. Es genügt jetzt schon ein leichter Anstoß, und der Körper gleitet in Richtung der Kufe über die Fläche.

Los geht's

Beim Eisschnellauf ist der Start wichtig, wie bei allen anderen Läufen auf normalen Böden auch. Je schneller der Lauf, desto wichtiger der Start. Beim **Tretstart** trippelt der Eisläufer mit einigen schnellen Schritten nach vorn, Körpergewicht auf die Spitzen der Schlittschuhe verlagert. Nach ca. 25 m findet er dann den für den Eisläufer normalen Gleitschritt.
Beim **Gleitstart** geht es gleich in dieser Schrittweise los, wichtig ist bei beiden Arten des Startes, daß der Körper von kräftiger Armarbeit – exakt im Rhythmus der Schritte – unterstützt wird. Da wird ganz schön kräftig gerudert.

Beim Lauf unterscheiden wir zwei ganz verschiedene Phasen. Das Laufen auf der Geraden: tief gebeugt, Oberkörper fast waagerecht, das Stoßbein (mit dem man sich nach vorn abstößt) wird fast ganz gestreckt, das Körpergewicht wird auf das andere, das Standbein verlagert, ein langes Gleiten, dann geht es auf der anderen Seite weiter.

Eisschnellauf

Das Laufen in der Kurve: Stoßbein nach vorn, dicht am Standbein vorbei, Fuß nach außen, weit vorne aufsetzen. Das Standbein bewegt sich immer nur auf dem Kreisbogen der Kurve, das Übersetzen kann immer wieder aufs neue ausgeführt werden.

Die Strecken

Bei den sportlichen Wettbewerben geht es über Distanzen von 500 – 1000 – 1500 – 3000 und 5000 m. Dazu kommt für die Herren noch der 10 000-m-Lauf.
Diese Entfernungen werden auch bei den Olympischen Spielen gelaufen. Ausnahmen: 3000 m Herren und 5000 m Damen.
Anders ist es bei Europa- und Weltmeisterschaften. Da werden die Läufe nicht einzeln gewertet, sondern es zählt die Mehrkampfwertung, das ist die Summe der Ergebnisse über vier Distanzen. So laufen die Herren an einem Tag über 500 und 5000 m, am nächsten Tag 1500 und 10 000 m. Bei den Damen werden am ersten Tag 500 und 3000 m zurückgelegt und am zweiten Tag 1500 und 5000 m. Beim Sprinter-Vierkampf werden zweimal die Sprintstrecken 500 und 1000 m gelaufen. Die vier Zeiten, die sich daraus ergeben, werden auf jeweils 500 m umgerechnet (also die Zeit für die 1000 m wird durch zwei geteilt) und addiert.
Beim Kleinen Vierkampf laufen die Herren 500 und 3000 m am ersten Tag und 1500 und 5000 m am zweiten Tag. Beim Großen Vierkampf 500 und 5000 am ersten und 1500 und 10 000 m am zweiten Tag.

Die Standardbahnen sind darauf abgestellt, daß jeweils zwei Läufer gegeneinander antreten. Die Bahn ist 400 m lang, sie hat zwei Geraden von je ca. 100 m Länge. Deutlich markiert sind zwei Laufbahnen von ca. 4–5 m Breite. Je nach der zu laufenden Strecke, sind die Startpositionen verschieden. Diese befinden sich aber immer auf einer der beiden Geraden. Auf der anderen Geraden, also dem Start gegenüber, gibt es die **Kreuzungsstrecke** von ca. 70 m Länge.
Das ist eine überaus wichtige Einrichtung, denn hier wird bei jedem Umlauf die Bahn gewechselt. Sie wissen ja, daß die äußere Bahn län-

ger ist als die innere, beide Läufer müssen aber die gleiche Strecke hinter sich bringen. Um das zu erreichen, läuft man abwechselnd mal außen, mal innen, und der Wechsel der Bahn erfolgt nun auf dieser Kreuzungsstrecke. Dabei gilt die Regel, daß beim Einlaufen in diesen Kreuzungsbereich der Läufer Vorfahrt hat, der von der Außenbahn kommt. Sollte es hier tatsächlich mal zu einem Zusammenstoß kommen, trägt der Läufer der Innenbahn die Verantwortung, er wird disqualifiziert.

Warum macht man es nicht einfach so wie auf der Aschenbahn, wo bei längeren Läufen, bei der jeder Wettkämpfer in seiner Bahn zu bleiben hat, die Außenläufer einen Vorsprung haben?

Beim Eisschnellauf muß man der beträchtlichen Geschwindigkeit Tribut zollen. In der Außenbahn laufen ist leichter, denn hier ist die Kurve etwas gemäßigter als in der engeren, inneren. Jetzt kommt die Fliehkraft ins Spiel, die den Läufer in jeder Kurve nach außen drückt. Und diese ist größer, je enger die Kurve ist.

Ein weiterer Faktor, der dem Tempo der Läufer Rechnung trägt, ist die Kleidung. Sie liegt eng an, da der Luftwiderstand hier schon eine Rolle spielt.

Als I-Punkt sitzt dann noch obendrauf die Teufelskappe, und uns bleibt nur zu sagen: Teufel auch, ihr seid doch die Schnellsten.

FECHTEN

Diese wunderschöne Sportart, in der schnell, geschickt und graziös gekämpft wird und bei der wir so richtig an die alten Mantel-und-Degen-Filme erinnert werden, hat nur den einen großen Nachteil: Sie ist einfach zu schnell, um richtig telegen zu sein.
Aber nicht nur der Fernsehzuschauer hat hier Schwierigkeiten, auch die Schiedsrichter kämen arg ins Schwimmen bei der Entscheidung, ob es nun ein Treffer war oder nicht. Schließlich wäre es ja zu aufwendig, jedesmal abzuwarten, ob Blut fließt – außerdem gäbe es dann Probleme in der Frage des Nachwuchses für diese Sportart –, darum hat man die Technik zu Hilfe gerufen und einige Hilfsmittel eingebaut, die die Entscheidung über Sieg und Niederlage erleichtern. Doch dazu später.

Die Waffen

Wir unterscheiden beim Fechten drei Waffen: **Florett**, **Degen** und **Säbel**. Und soviel wissen wir als Kinogänger auch, mit den beiden ersten wird nur gestochen, wogegen man den Säbel dem Gegner schon mal quer über die Figur ziehen kann.
Drücken wir es etwas fachlicher aus: Florett und Degen sind **Stoßwaffen**, der Säbel ist eine **Stoß- und Hiebwaffe**. Worin unterscheiden sich die beiden Stoßwaffen? Das Florett ist leichter, es wiegt bis zu 500 Gramm. Der Degen ist etwas schwerer, er kann bis 770 Gramm

wiegen. Diese Unterschiede sieht man als Zuschauer natürlich nicht, aber es gibt ein besseres Unterscheidungsmerkmal, das sind die **Trefferflächen**, also die Flächen am Körper, die es zu treffen gilt, um Punkte zu erhalten.

Florett: Oberkörper ohne Arme und Kopf
Degen: der ganze Körper
Säbel: Oberkörper einschließlich Arme und Kopf

Wenn Sie also sehen, daß der eine dem anderen ins Knie piekt, dann wissen sie, das kann nur Degen sein. Beim Säbel wird auch der Hieb mit der Klingenschneide gewertet, und auch die Rückschneide zählt mit dem oberen Klingendrittel.
Übrigens ist der Säbel auch nur bis 500 Gramm schwer, man denkt immer, das Ding müßte viel schwerer sein, vielleicht kommt das von den Figuren wie Trenck, dem Panduren oder ähnlichen martialischen Gestalten.

Regeln und Wertung

Nun kommen wir noch einmal zur Schwierigkeit, Treffer zu erkennen und zu werten. Hier hat das Kampfgericht wirklich eine schwierige Aufgabe. Da ist erst mal der Obmann, der die Kommandos erteilt und der darauf achtet, daß das **Gefecht** den Regeln entsprechend verläuft. Gefecht ist die offizielle Bezeichnung für den Kampf (eigentlich auch nur hier wirklich logisch), man sagt aber auch **Gang**.
Dann gibt es beim Säbelfechten noch vier Seitenrichter, jeder der beiden Fechter wird von beiden Seiten beobachtet. Bei Florett und Degen werden diese Seitenrichter durch die elektrische **Trefferanzeige** ersetzt. Oben an der Spitze der Stoßwaffen sitzt ein kleiner Nippel, der bei einem bestimmten Druck Meldung macht. Beim Florett braucht man 500, beim Degen 750 Gramm Druck, um die Trefferanzeige aufleuchten zu lassen. Vorbedingung hierfür ist eine leitende Matte, das ist ein Kupfergeflecht mit einer Länge von 18 m (Florett 14 m). Die Breite ist 1,80 bis 2,00 m. Diese Matte bedeckt die Fechtbahn, französisch **Planche**, das ist für die Fechter das, was für den Boxer der Ring ist.

Der Kampf spielt sich nur auf dieser Fechtbahn ab. Ausweichen über die Seiten oder Zurückweichen über das Ende der Bahn sind Regelverstöße. Übertritt ein Kämpfer rückwärts eine bestimmte Stelle der Bahn – die Warnlinie –, wird er durch Zuruf gewarnt, dann ist es Zeit, den Vorwärtsgang einzulegen, um im Spiel zu bleiben.

Andere **Regelverstöße**: Einsatz der unbewaffneten Hand zur Ablenkung der gegnerischen Waffe oder zur Abdeckung des eigenen Körpers, sogenannte Gewaltakte mit Waffe oder Körper, selbst absichtliche Körperberührung gehört nicht zum Fechten. Beim Degen, der robuster ist als das Florett, kann das schon mal sein, hier ist nur die «brutale Heftigkeit» nicht erlaubt. Unstatthaft ist auch der Handwechsel der Waffe innerhalb eines Gefechts.

Ein Gang dauert höchstens sechs Minuten reine Kampfzeit (beim Damenflorett nur fünf Minuten). Beendet ist das Gefecht, wenn einer der Kämpfer fünf Treffer gesetzt hat. Ist das nach dieser Zeit noch nicht soweit, wird die Zahl der Treffer so weit erhöht, daß einer der beiden auf fünf kommt. Beispiel: Stand 3 : 1, Erhöhung um je zwei auf den Endstand 5 : 3. Steht es Unentschieden, erhöht man auf 4 : 4, der nächste Treffer entscheidet.
Beim Degen ist es härter, steht es da nach den sechs Minuten unentschieden, wird das Gefecht für beide als Niederlage gerechnet.

Als Laien sind wir geneigt, Florett und Degen über einen Leisten zu schlagen und dem Kampf mit Säbeln eine Sonderstellung einzuräumen. Das mag daran liegen, daß man zum einen, wie schon gesagt, dem Säbel mehr Gewicht zuschätzt, und zum anderen, daß man mit dieser Waffe im Gegensatz zu den beiden anderen auch Hiebe austeilen kann.
Richtiger ist jedoch, dem Degen diese Sonderstellung einzuräumen, und das nicht nur, weil im modernen Fünfkampf beim Degen bereits der erste Treffer über den Ausgang des Gefechts entscheidet. Vielleicht kann aber doch schon dieses Beispiel die Besonderheit des Degenkampfes etwas erklären.
Der Gang mit dem Degen hat aus früheren Zeiten etwas von dem in die Jetztzeit mitgebracht, was man, wenn man es einmal pathetisch

ausdrücken will, als Kampf um Leben und Tod bezeichnen kann. Dieses Gefecht ist, wenn Sie so wollen, rücksichtsloser als die beiden anderen. Zwar kommt es bei allen drei Kampfarten darauf an, den Gegner zu treffen, ohne selbst getroffen zu werden, aber beim Degen heißt es: «Ran an den Feind und möglichst schnell treffen», selbst auf die Gefahr hin, anschließend selbst noch einen Treffer einzufangen (man ist Sieger, wenn man eine fünfundzwanzigstel Sekunde früher trifft als der andere). Hier gelten ganz andere Gesetze bei Florett und Säbel, denn das sind sogenannte **konventionelle** Waffen.

Die Konvention

Die Konvention, die im Reglement festgehalten ist, hat sehr strenge Grundsätze und wird selbst beim schärfsten Kampf niemals außer acht gelassen. Die Wahrung der Form ist oberstes Gebot, und für Fehler, wie z. B. ein Treffer auf ungültiger Fläche, entschuldigt man sich. Die wichtigste Konvention jedoch ist das **Treffervorrecht**. Das kann man übersetzen mit einer Art Vorfahrt, die derjenige hat, der im Kampf die Initiative ergreift.

Bevor wir zu den Einzelheiten kommen, wollen wir uns diesen Punkt noch etwas näher ansehen, denn die Konvention ist es wert, daß man sie kennt, auch wenn man mit dem Fechten sonst nichts am Hut hat.

Bei konventionellen Waffen, also bei Florett und Säbel, muß jeder Angriff, der den Regeln entsprechend vorgetragen wird, erst einmal pariert werden, sei es nun mit der Waffe oder mit einer Ausweichbewegung des Körpers. Erst dann hat der Angegriffene das Recht, selbst anzugreifen. Es geht also nicht an, daß man in die gegnerische Aktion blind hineinschlägt oder -stößt. Nun gibt es trotzdem Doppeltreffer, aber diese werden unterschieden in gleichwertige und solche, bei denen einer der Kämpfer unrecht hatte. Im ersten Fall waren beide Aktionen gleichzeitig geplant und ausgeführt, und dann werden beide Treffer annulliert. Im zweiten Fall hat einer der beiden eine falsche Aktion vorgenommen und wird dafür dann als getroffen erklärt. Den Punkt hat sein Gegner gewonnen. Das Urteil wird klaglos hingenommen, auch das gehört zur Konvention.

Wenn Sie es etwas lyrischer haben möchten, dann können Sie das Gefecht mit einem Wortgeplänkel vergleichen, bei dem einer das Gespräch eröffnet und der Partner erst einmal zuhört, was gesagt wird. Ausgesprochen unhöflich wäre es, ihm ins Wort zu fallen.
Hat der erste aber krauses Zeug geredet, oder sind seine Argumente widerlegbar, kann der andere seinen Faden spinnen, und der erste muß zuhören.
Ach, wie wäre es schön, wenn wir etliche unserer Mitmenschen überreden könnten, Florettfechten zu lernen, und sei es auch nur, um die Konvention intus zu bekommen.

Ein Experiment: Fragen Sie einmal einen Bekannten, was er sich unter dem Begriff **Mensur** vorstellt. In vielen Fällen wird der Gefragte dann im Gesicht herumfummeln und etwas murmeln von Schmiß oder Narbe, von der Verletzung durch Säbel, von alten studentischen Gebräuchen und von Statussymbolen für Akademiker, vergleichbar mit den Monokeln für Offiziere.
Das alles ist kalter Kaffee. In schlagenden Verbindungen der Studentenschaft, bei der Kämpfe mit blanker Waffe ausgetragen werden, ist das Wort Mensur für den Zweikampf gebräuchlich, die ursprüngliche Bedeutung jedoch – und das ist das, was uns hier interessiert – ist schlicht und einfach der Abstand der beiden Fechter voneinander.
Enge Mensur: Arm strecken genügt, um den Gegner zu treffen; mittlere Mensur: ein Ausfallschritt ist nötig; weite Mensur: mehrere Schritte müssen gemacht werden. Während des Gefechtes wird der Abstand, die Mensur, ständig geändert, und da sind die Beine gefordert. Denn, ob Abwehr einer gegnerischen Attacke oder der eigene Angriff, blitzartige Reaktion ist notwendig, und den Fechter, der in lässigem Stand nur die Klinge spielen läßt, gibt es nur im Kino.

Der Kampf

Zu Beginn des Kampfes steht man sich in Fechtstellung gegenüber, Waffenarm leicht gebeugt, Klingenspitze etwa in Augenhöhe. Und nun geht es schon los mit den Feinheiten, die uns als Laien verborgen bleiben. Man kann nämlich schon hier zwei Stellungen unterscheiden, und zwar kommt es darauf an, wohin jetzt die Spitze der Klinge zeigt. Entweder ist sie auf einen Punkt der gegnerischen Treff-Fläche gerichtet, dann steht die Klinge **in der Linie**.

Oder sie zeigt am Gegner vorbei, wobei man sich zwangsweise eine **Blöße** gibt, ein Teil der eigenen Treff-Fläche wird freigegeben. Diese Stellung ist eine **Einladung**.

Man signalisiert dem Gegner damit: «Hier, schau her, meine linke Brustseite ist frei, versuch doch mal, sie zu treffen.» Es gibt mehrere Formen der Einladung, die nach Richtung der Klinge unterschieden werden, und damit auch die entsprechende Öffnung der eigenen Blößen, und diese Einladungen hat man durchnumeriert.

Dazu bedient man sich der lateinischen Sprache, damit das international verständlich ist (und das gibt ja auch mehr her), und da heißt es also **Prim / Sekond / Terz / Quart / Quint / Sixt / Septime / Oktav**.

Für uns als Zuschauer sind diese Stellungen nicht exakt zu unterscheiden, denn wir sehen höchstens die Lage der Waffe, nicht aber die der Hand, die diese führt. Hier gibt es nun wiederum verschiedene **Faustlagen**, die man auch Motionen nennt, das ist jeweils die Position der Faust, die sich durch die Drehung des Armes um die Längsachse ergibt. Sechs unterschiedliche Stellungen gibt es, ebenfalls numeriert von eins bis sechs, manche rechnen sogar mit sieben, aber das alles geht uns zu weit, wir merken uns lediglich, daß die hübschen lateinischen Bezeichnungen nichts anderes meinen als die Stellung, die Richtung der Klinge.

Wenn von Terz oder Sixt gesprochen wird, weiß der Fachmann, daß die Waffe leicht nach rechts oben zeigt, wobei logischerweise die linke Seite ungedeckt ist, sie wird zur Blöße. Das ist die erwähnte Einladung an den Gegner, mit einem Stoß hierhin sein Glück zu versuchen. Dieser ist nun zum Angriff aufgefordert, und es ist ja nicht ausgeschlossen, daß er, schnell, wie er ist, es tatsächlich schafft, seinen Stoß auf diese Blöße zu setzen. Das ist dann ein **freier Angriff** und ganz im Sinne des Einladenden, denn dieser hat den Gegner nur herausgefordert, einen Angriff zu unternehmen, damit der sich selbst eine Blöße gibt.

Der Angegriffene wird versuchen, den Angriff durch eine Parade zu vereiteln, und diese **Parade**, also die Deckung oder Abwehr, erfolgt entweder durch Körperbewegung oder mit der Klinge. In diesem

Falle, bei der **Klingenparade**, wird die gegnerische Klinge im Stadium des Angriffs von der eigenen gebunden und von der Trefferfläche abgelenkt. Schlägt man bei einem Angriff die Klinge des Gegners beiseite, ist das ein **Klingenangriff**.

Es gibt noch eine ganze Reihe ausdrucksvoller Fremdwörter, die man sich, um Himmels willen, nicht alle merken muß, die aber zeigen, wie komplex und ausgefeilt die Fechttechnik ist, wie es auf jeden Stoß verschiedene passende Antworten gibt, und wie überhaupt das Fechten so ungeheuer vielseitig ist, daß wir immer wieder nur bedauern können, daß uns durch die extreme Geschwindigkeit soviel von dieser intelligenten Eleganz entgeht.

Battuta
Der Schlag von innen, um die gegnerische Klinge aus der Angriffslinie herauszubringen, oder um die Blöße zu vergrößern. Es folgt dann der schon erwähnte Klingenangriff.

Bindungs-Cavation
Nach der Bindung ein Scheinangriff – eine Finte –, um den Gegner zu einer Parade zu veranlassen, die man selbst zum Stoß umgeht. Die Cavation ist ein Umgehungsstoß, die Klinge wird aus der Bindung befreit, die gegnerische Klinge umgangen und der Stoß in die nächstgeöffnete Blöße geführt. Einleitung meist mit weiter Mensur, Verkürzung auf mittlere Mensur mit Beibehaltung der Bindung, dann Durchführung der Cavation.

Cedierungs-Parade
Gibt man mit der eigenen Klinge auf Druck des Gegners nach, ohne die Bindung zu verlieren, und lenkt man damit den Stoß des Gegners nach der Seite ab, so ist das eine Cedierungs-Parade.

Changement
Ein Changement ist ein Wechsel. Dabei führt man die eigene Klinge unter der des Gegners hindurch.

Klingenspiel
Das sind vorbereitende und ausforschende Bewegungen der Waffen bei Gefechtsbeginn, man möchte doch zu gern wissen, wie wohl die gegnerische Taktik aussieht.

Riposte
Der prompte Stoß oder Hieb, der einer Parade folgt. Nun ist aber ja der Gegner auch nicht faul, und wenn der das gleiche macht, also den Angriff seinerseits abwehrt und angreift, ist das eine **Contra-Riposte.**

Touchieren
Darunter versteht man das Treffen des Gegners mit der Klinge, ein angebrachter Fechttreffer ist also ein **Touché**.

Volte
Der Gegner greift an, man weicht aus, indem man aus der Gefechtslinie ausschert und hofft, daß der Gegner bei diesem Ausfall in die Waffe läuft.

Das ist nicht annähernd alles, aber wir hören hier auf, denn wir wollen Ihnen auf keinen Fall die Freude am Zusehen bei diesem herrlichen Sport nehmen.

FERNÖSTLICHE KAMPFSPORTARTEN

Eine Frage vorweg: Wie steht es mit Ihren Kenntnissen in japanischer Sprache?

Und nun hoffen wir inständig, daß nicht ausgerechnet Sie zu der Minderheit gehören, die dieser Sprache mächtig ist, denn dann ginge unsere Einleitung zu diesem Kapitel völlig ins Leere.

Nehmen wir getrost einmal an, Sie verstehen Japanisch genausowenig wie wir, dann können wir uns gemeinsam vornehmen, die unheimlich vielen Bezeichnungen in japanischer Sprache zu ignorieren, die einem bei näherer Betrachtung dieser fernöstlichen Sportarten zwangsläufig über den Weg laufen. Wenn man sich überlegt, daß es allein beim Judo über hundert Wurftechniken und über achtzig Grifftechniken gibt, alle mit japanischen Bezeichnungen versehen, dann fällt die Entscheidung leichter, hier nicht ins Detail zu gehen. Wir beschränken uns weise darauf, einen kurzen Überblick über die verschiedenen Sportarten bzw. Wettkampfarten zu geben, um diese künftig unterscheiden zu können. Bei uns haben sie unterschiedliche Bekanntheitsgrade, und da uns eine Wertung nicht zusteht, werden wir einfach in alphabetischer Reihenfolge vorgehen.

Aikido

Haben Sie hierin schon einmal einen Wettkampf gesehen? Nein? Gibt es auch nicht, sondern nur Übungen für Fortgeschrittene. Ohne die Härte der anderen kampfbetonten Sportarten beschränkt sich Aikido auf reine Verteidigung. Der Könner bringt es fertig, die vom Angreifer angewandte Kraft so umzulenken, daß dieser aus dem Gleichgewicht gebracht wird.

Dazu unser Schnellkursus in Japanisch: Ai ist Harmonie, Ki der Geist, und Do heißt soviel wie Grundsatz oder einfacher «der Weg».

Bei dieser reinen Defensivtechnik ist es das wichtigste, den Gegner zu beobachten und sich selbst zurückzuhalten. Keineswegs wird man selbst angreifen, sondern sich um den Gegner herumbewegen und seinen Bewegungen anpassen.

Der Kraft des anderen mit der eigenen zu begegnen wäre verkehrt, denn wenn dieser stärker ist, sieht man dabei in Kürze recht alt aus. Also grob gesagt: passiv bleiben, beobachten und durch Kreis- und Kugelbewegungen die Schlag- oder Stoßrichtung des Gegners so umlenken, daß dieser in die Kreisbewegung einbezogen wird, wobei sein Gleichgewicht gebrochen werden kann. Spitzenleute bringen es fertig, mehrere Angreifer nacheinander abzuwehren, und dabei kann man tolle Kreisbewegungen und sehr komplizierte Schrittbewegungen beobachten.

Budo

Das ist eigentlich die richtige Überschrift für dieses ganze Kapitel, denn Budo ist der Sammelbegriff für die japanischen Kampfformen. Da dieser Begriff aber erst ein paar Jahre bei uns bekannt ist – und was sind schon ein paar Jahre –, haben wir ihn schlicht mit in der Abc-Reihenfolge untergebracht.
Unser Japanischkurs: Bu ist der Ritter, Do, das kennen wir schon, das ist der Weg. Zusammen also «Der Weg des Ritters». Zum besseren Verständnis müßte man jetzt eigentlich in die Zen-Philosophie hinabtauchen, aber dafür fehlt uns die Zeit.
Der «Weg» führt zu dem Ziel, das eigene Selbst körperlich und geistig zu beherrschen, und um die geistige Reife zu erlangen, sind körperliche Übungen notwendig.

Die Kampfkleidung der Judoka ist aus reißfestem Material und bei allen Disziplinen ähnlich, einschließlich der Gürtel, an deren Farbe man den Grad der Kämpfer erkennen kann. Der Gürtel heißt übrigens Obi, wie die Kreuzworträtselfreunde unter uns sicher wissen.

Judo

Das «Do» übersetzen wir nun nicht mehr, «Ju» heißt sanftes Nachgeben oder Ausweichen. Das wiederum erscheint sanft geschmeichelt, denn vom Prinzip her ist das wohl richtig mit dem sanften Nachgeben in der Selbstverteidigung, aber im Gegensatz zum Aikido geht man beim Judo ganz schön zur Sache.
Hervorgegangen ist Judo aus dem Jujitsu, und das wiederum ist übriggeblieben von den Kämpfen, die früher die schwerttragenden Japaner, die Samurai, austrugen. Wahrscheinlich ist bei der Rangelei einem Sumurai mal das Schwert abhanden gekommen, und dann stand er da, und seine Erfolgsaussichten waren recht gering. Das brachte die Überlegung nahe, was man tun könne, wenn man keine Waffe zur Hand hat.
Aus dem **Jujitsu** hat man dann die Härte herausgenommen, das heißt die aus der alten Kriegskunst herrührenden, lebensgefährlichen Griffe und Schläge wurden verbannt, und so wurde ein Kampfsystem geschaffen, das auch Wettkämpfe ermöglicht.

Die Philosophie spielt eine große Rolle, es kommt nicht nur darauf an, den Gegner zu schwächen, sondern vor allen Dingen will man die eigene Kraft stärken, und Kraft bezieht sich gleichermaßen auf Körper und Seele. Selbstbeherrschung und Beobachtung des Gegners in ständiger höchster Konzentration, blitzschnelle Reaktion auf jede Situationsänderung, das sind die Grundlagen für alle Budokünste.

Judo ist für uns Fernsehzuschauer die bekannteste der Budo-Sportarten, und es ist ja auch eine olympische Disziplin. Die Kampffläche ist meistens eine Reisstrohmatte von ca. 10 × 10 m, um die eine 1 m breite, rote Zone läuft, die Gefahrenzone.
Die Kämpfe sind kurz, maximal fünf Minuten. Es kommt darauf an, den Gegner auf die Matte zu werfen, und der Kämpfer braucht eine gute Mischung aus Gleichgewichtsgefühl und Stärke. Dazu steht dem erfahrenen Judokämpfer eine ausgefeilte Technik zur Verfügung, diverse Griffe und Würfe, um den Gegner so aufs Kreuz zu bringen, daß er anschließend mit einer der zahllosen Grifftechniken wehrlos gemacht werden kann.

Vor dem Kampf verbeugt man sich gegeneinander und vor dem Mattenrichter – Japan läßt grüßen –, und dann greift man an die Jacke des Gegners, die Griffe sind genau vorgeschrieben. Jetzt folgt vielfach eine Phase, bei der wir laienhaften Zuschauer meinen, es täte sich nichts. Dem ist aber keineswegs so, denn die beiden belauern sich, um der vom Gegner geplanten Aktion entsprechend entgegnen zu können. Jeder Angriff bedingt ja eine gewisse Verlagerung des Körpergewichts, und genau darauf spekuliert der andere, um jetzt seinerseits den passenden Wurf anzubringen. Stöße, Schläge oder gar Tritte sind beim Judo verboten.

Schafft es einer der Kämpfer, den anderen so auf die Matte zu werfen, daß dieser mit Schultern und Gesäß landet – eins von beiden allein genügt nicht –, zählt das einen vollen Punkt, und der Kampf ist beendet. Dieser Wurf muß aus dem Stand erfolgt sein; bringt er den Gegner aus der Bodenlage in diese Position, gibt es nur einen halben Punkt. Wenn es gelingt, den Gegner 30 Sekunden festzuhalten, ist der Kampf ebenfalls gewonnen, denn auch das bringt einen vollen Punkt. Voraussetzung dabei ist allerdings, daß dieser Haltegriff angesagt und auch 30 Sekunden durchgehalten wird. Sind es nur 25–29 Sekunden, bringt es einen halben Punkt.

Der Unterlegene kann den Kampf aufgeben, entweder indem er das mündlich kundtut «Ich gebe auf», oder aber, wenn ihm nach Konversation aufgrund widriger Umstände nicht zumute ist, durch Abklopfen, indem er mit der Hand entweder auf Matte oder Körper (egal welchen) klopft.

Zur Gesamtwertung des Kampfes zählen aber auch Verstöße gegen die Regeln, die dem Kämpfer Vorteile bringen. Je nach Schwere des Verstoßes gibt es die Belehrung, die Ermahnung und die Verwarnung. Der Gegner profitiert davon, denn ihm werden ein Kleiner Vorteil, ein Vorteil oder ein halber Punkt zugesprochen.

Hat ein Kämpfer einen halben Punkt erzielt – z. B. Rückenwurf aus Bodenlage –, und sein Gegner kassiert eine Verwarnung, addiert sich beides zu einem vollen Punkt, und damit ist der Kampf beendet.

Jiu-Jitsu (auch Jujitsu)

Ursprünglich eine Kriegskunst (ein scheußliches Wort), deren Ziel es war, einen Gegner kampfunfähig zu machen oder ihn umzubringen. Angewendet wurden Schläge, Stöße und Tritte, Würfe, Hebel- und Würgegriffe.

Die Verteidigung eines Waffenlosen gegen einen Angreifer ist ein anderes Thema, das hat mit Sport nichts zu tun. Die Grundidee jedenfalls hat man von allen Brutalitäten gesäubert und zu den Wettkampfarten entwickelt, die unter Budo zusammengefaßt sind.

Nur um das Thema abzurunden: Alles läuft unter dem Thema Selbstverteidigung und Notwehr. Je nach Angriffssituation wird unterschieden zwischen **harten** und **weichen** Techniken, bei der ersten sind es vor allen Dingen Tritte und Stöße sowie spezielle Schläge, die sich gegen die empfindlichen Körperstellen des Gegners richten. Dieses «zivilisiert» und gesellschaftsfähig gemacht ist das, was wir heute unter Karate verstehen.

Dann gibt es die Wurftechniken, bei denen man ebenfalls einen Gegner am Boden zerstören kann, denn in der Praxis liegen ja keine Matten herum.

Die weichen Techniken beschränken sich vorwiegend auf Block- und Hebelgriffe, wie auch (und da sträubt sich schon wieder die Feder) die Würgegriffe. Auf alle Fälle soll diese weiche Technik dem Verteidiger ermöglichen, den Angreifer unter Kontrolle zu behalten.

Karate

Wie schon vorstehend erwähnt, geht es hier hauptsächlich um die Arbeit mit Hand und Fuß gegen die empfindlichen Stellen des Gegners. Kara heißt leer, und Te ist die Hand. Damit ist schon alles gesagt, es wird mit leeren Händen gekämpft, aber mit was für Händen!
Bei einem großen Teil des Trainings geht es nur um die Abhärtung. Hände und Füße, Knie und Ellbogen werden an entsprechenden Geräten abgehärtet und zu Waffen ausgebildet. Das führt dann so weit, daß ausgesprochen spektakuläre Vorführungen gezeigt werden, bei denen Bretter und Dachziegel mit Hand oder Fuß zertrümmert werden, manche machen's sogar mit dem Kopf. Über den sportlichen Wert kann man sich durchaus streiten, aber toll anzusehen ist es allemal. Man muß es ja nicht nachmachen.

Bei der sportlichen Richtung unterscheiden wir drei verschiedene Kampfarten. Da ist einmal das **traditionelle Karate**, bei dem alle Aktionen, sei es im Angriff oder in der Abwehr, so gestoppt werden, daß sie den Gegner nicht mehr berühren.
Dann gibt es das **Leichtkontakt-Karate**. Hierbei wird der Gegner so gezielt und kontrolliert berührt, daß nichts passieren kann. Dafür sorgen auch die 2–3 cm starken Schaumstoffkissen, mit denen die Kämpfer an Händen und Füßen entschärft sind.
Bei der dritten Version, dem **Vollkontakt-Karate**, wird zur Sicherheit eine volle Ausrüstung getragen, die alle edlen Teile abschirmt.

Die Kämpfe gehen meistens über zwei bis drei Minuten, und auch hier wird nach einem Punktsystem entschieden, wobei ein voller Punkt den Kampf sofort beendet.
Auch hier gibt es halbe Punkte, so zum Beispiel, wenn der Stoß nicht genau dahin kommt, wo er hin soll, oder ein nicht ganz korrekt angesetzter Schlag, der trotzdem noch sehr effektiv ist.

Kendo

Auch für Laien ist hier die Unterscheidung zu den anderen Kampfarten einfach und unverwechselbar, denn hier wird mit Knüppeln aufeinander losgegangen. Kendo ist eine traditionelle Kampfart aus Japan, bei der mit Bambusschwertern gekämpft wird. Ken ist das Schwert, Do wie bekannt, ist der Weg.
Schuld sind wieder einmal die alten Samurais, diese trugen Schwerter, und die modernen Kendokas (so nennen sich die Kendokämpfer) haben diese eingetauscht gegen Schlagstöcke aus Bambus. Dazu tragen sie eine Schutzkleidung, die aus Maske, Brustplatte, Handschuhen und Schürze besteht. Außerdem hängt ihnen ein Stoff- oder Lederstreifen über die Schultern.
Es wird drei oder fünf Minuten gekämpft. Nachdem sich die Kämpfer verbeugt und ihre Stöcke gekreuzt haben, gehen sie an den Start. Mit den Stöcken wird geschlagen und gestoßen, und es kommt darauf an, zwei Punkte zu erzielen oder zum Ende des Kampfes mehr Punkte zu haben als der Gegner. Man muß gültige Flächen für die Schläge erwischen, und das sind die beiden Hälften der Maske sowie die beiden Seiten der Brustplatte. Für die Stöße ist das Ziel der Hals. Treffer an ungeschützten Stellen anzubringen, gilt als Foul, und drei Fouls sind ein Punkt.

Taekwondo

Man kann vereinfachend sagen, das ist Karate aus Korea. Tae = stoßen oder schlagen, Kwon = die Faust, Do = der Weg. Der Unterschied zu dem sehr ähnlichen Karate besteht darin, daß beim Taekwondo mehr Sprünge und Drehungen zur Anwendung kommen, denen blitzartige Stöße folgen.
Natürlich wird auch hier jeder Schlag oder Tritt vor dem Gegner abgestoppt, 5 cm ist die unsichtbare Grenze, an der es heißt, bis hierher und nicht weiter.
Bei der Wertung läuft es anders. Der Kampf kann nicht durch einen entscheidenden Treffer beendet werden, er geht über die volle Zeit, die vorher festgelegt wird. Alle Treffer werden zusammengezählt, und die Kämpfer erfahren das Ergebnis erst nach dem Kampf. Mit dem Fuß den Gegner am Kopf zu treffen, bringt zwei Punkte, das gleiche mit der Hand – nur einen. Auch Hals und Rumpf sind Angriffsziele, punkten kann man jedoch auch durch Abwehraktionen.

Thai-Boxen

Gehören sie zu den Leuten, die schon beim Boxen gelinde Zweifel hatten, ob das in die Richtung Sport und Spiel paßt? Wenn ja – hier haben Sie eine Kampfart, die Sie mit Sicherheit auf die Barrikaden bringt. Ein Boxer hat zwei Waffen, seine beiden Fäuste, der Thai-Boxer hat dagegen acht: Fäuste, Ellbogen, Knie und Füße! Alles, fast alles ist erlaubt. Sicher, es gibt auch Regeln, die bestimmte Handlungen verbieten, aber allein schon die Tatsache, daß Tritte an den Kopf nicht nur erlaubt, sondern erstrebenswert sind, stellt diesen harten Kampfsport etwas außerhalb dessen, was für den Normalverbraucher mit Sinn für Ästhetik zumutbar ist.
Wenn alle verschiedenen Disziplinen des Budo als gemeinsamen Ursprung die Kunst der Verteidigung haben, so ist beim Thai-Boxen das oberste Ziel die Vernichtung des Gegners. Zwar ist auch hier der ursprüngliche Überlebenskampf für die sportliche Seite entschärft worden – die Fäuste stecken in Boxhandschuhen, die Füße sind mit Binden umwickelt –, aber es bleiben natürlich viel mehr Möglichkeiten als beim Boxen, schon durch die größere Anzahl von Angriffswaffen, den Gegner in das Land der Träume zu schicken. Und das soll ja wohl bei den Zuschauern, die ein Faible für Action (von anderen) haben, sehr unterhaltend wirken.

Gekämpft wird in einem Ring wie beim Boxen, meistens geht es über fünf Runden à drei Minuten, für diese Zeit jedenfalls werden die Kämpfe angesetzt, ob diese durchgestanden wird, liegt an den Kontrahenten.
Nicht erlaubt sind Angriffe von hinten, auch Tiefschläge sind nicht statthaft, und wenn mit Knien oder Ellenbogen gearbeitet wird, bitte, nur auf Brust und Bauch, aber das genügt ja wohl auch, ein Stoß mit dem Ellenbogen in den Solarplexus ist nicht dazu angetan, die Lebensqualität zu erhöhen.

Wenn wir nun schon mal bei den selteneren Exoten sind, sollten wir noch einen Abstecher nach China machen. Das Reich der Mitte beschert uns eine Sportart, die mit dem Karate verwandt ist.

Kung-Fu

Das kommt wieder mehr von der Verteidigung her, die alten Philosophen hatten ihre Hände mit im Spiel, denn hier steht das Training der inneren Ruhe im Vordergrund, neben der Kraft ist wichtig, daß man sich voll konzentriert auf einen bestimmten Ablauf der Bewegungen, die sich auf einen Brennpunkt, auf ein Ziel richten.
Kung-Fu ist eine Wissenschaft für sich, es gibt einige hundert Abarten davon. Hauptsächlich unterscheidet man jedoch nach zwei Stilrichtungen, bei der einen dominiert die Kraft, da wird, wie beim Karate, mit harten Handkanten gearbeitet, und die Fußtechnik spielt eine große Rolle. Bei der anderen Richtung überwiegt die Geschwindigkeit, und dabei geht es vorwiegend darum, die empfindlichen Stellen des Gegners zu treffen. Die erste Richtung nennt man hart, die zweite weich (na, wer sagt's denn, Kung-Fu in weich, das ist doch so richtig was zum Kuscheln).
Im sportlichen Wettkampf gibt es auch hier drei Arten.
Nichtkontakt-Kung-Fu, nur geringer Körperkontakt ist zulässig, keine Schläge zum Kopf.
Halbkontakt-Kung-Fu, das ist wohl die häufigste Wettkampfart, Fuß- und Handpolsterung sind obligatorisch und leichte Schläge zum Kopf erlaubt.
Vollkontakt-Kung-Fu, da geht es voll zur Sache, der Gegner soll außer Gefecht gesetzt werden.

Gekämpft wird zwei oder drei Minuten in einem Boxring. Falls es nicht gelingt, den Gegner aus dem Verkehr zu ziehen, wird nach Punkten abgerechnet. Dabei kann man drei Punkte ergattern, wenn man mit einem Sprungtritt den Gegner am Kopf trifft. Schafft man das nur aus dem Stand, gibt es noch zwei Punkte, und einen erhält man für jeden Treffer am Körper, egal, ob mit Fuß oder Faust.

Und nun gehen wir noch einmal kurz zurück nach Japan, denn hier erfreut sich eine Sportart besonderer Beliebtheit, die bei uns kaum eine Chance hat, ernst genommen zu werden, dafür fehlt hier die Basis einer uralten Tradition, und gerade diese hat sie in Japan in überreichem Maße.

Sumo

Schon seit vielen Jahrhunderten gibt es diesen mit vielen Ritualen befrachteten Ringkampf, bei dem die Teilnehmer von frühester Jugend an ausgesprochen hart trainieren müssen. Falls Sie da mal mitmachen wollen, haben Sie unter 90 kg nicht die Spur einer Chance, nach oben gibt's beim Gewicht keine Grenze.
Es geht darum, den Gegner zu werfen oder aus dem Ring zu drängen. Knapp fünfzig verschiedene Griffe kennt man beim Sumo, aber diese Feinheiten können wir kaum richtig einschätzen, denn es überwiegt immer nur der Eindruck, daß die zwei Kolosse lediglich auf das Beharrungsvermögen ihrer überdimensionalen Körperteile vertrauen und ihr Erfolg vom Gewicht abhängt.

Und hier eine geraffte Übersicht für eilige Überflieger:
Jiu-Jitsu, unter diesem Namen lernte Europa die waffenlose Selbstverteidigung kennen, mit der man in Fernost die Gegner unschädlich machte. Entschärft und für den Sport aufbereitet, gliedert es sich unter der Bezeichnung Budo in verschiedene Sparten wie
Judo = Werfen und Halten des Gegners;
Aikido = Ausweichen und Umlenken der Angriffskraft;
Karate = Einsatz der Hände und Füße als Waffen;
Taekwondo = Sprünge, Wendungen und blitzartiges Zustoßen;
Kendo = Kampf mit Bambusschwertern;
Thai-Boxen = oben Boxen plus unten Karate;
Kung-Fu = Karate aus China;
Sumo = japanisches Ringen der Super-Über-Schwergewichte.

FUSSBALL

Muß man eigentlich versuchen, hierzu noch etwas zu erklären? Nicht zuletzt wegen der Übersichtlichkeit der Spielanlage und der relativ einfachen Regeln ist Fußball bei uns, und nicht nur bei uns, zum meistgespielten und meistgesehenen Spiel geworden. Es ist daher zu befürchten, daß unsere Bemühungen hierzulande mit einem milden Lächeln abgetan werden. Wenn wir trotzdem einige Seiten dafür opfern, dann nicht nur, um nicht aus dem Rhythmus zu kommen, sondern weil ja nach menschlichem Ermessen dieses Buch in alle mehr oder weniger zivilisierten Sprachen übersetzt werden wird, und wir wollen doch den potentiellen Interessenten aus Samoa nicht enttäuschen.

Das Grundsätzliche vorweg: Zwei Mannschaften à elf Spieler stehen sich gegenüber und versuchen, den Ball im gegnerischen Tor unterzubringen.

Der Platz

Ein rechteckiges Spielfeld – fast immer Rasen – in einer Größe von allgemein ca. 70 × 100 m. Das kann unterschiedlich sein, die Länge variiert von 90 bis 120 m, und die Breite schwankt zwischen ca. 50 und 90 m. Ganz exakt sind dagegen die weißen Linien, die die verschiedenen Räume markieren. Da ist erst einmal das kleinere Recht-

Fußball

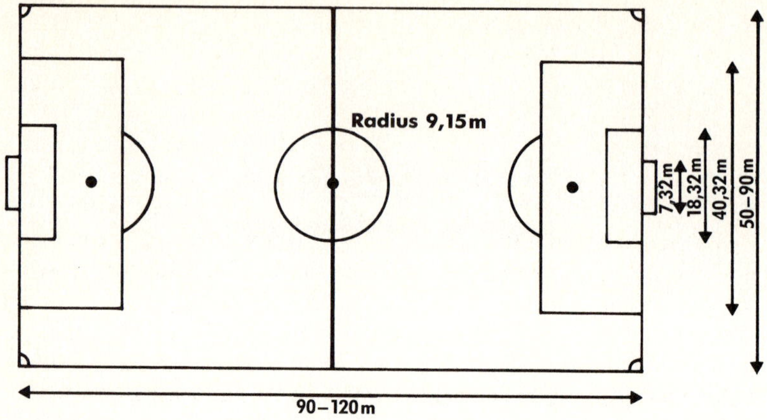

eck vor dem Tor. 5,5 m tief und 18,32 m breit, das ist der Torraum. Die krumme Zahl der Breite ergibt sich aus der Größe des Tores, dieses ist 7,32 m breit – innen gemessen – und dann noch jeweils 5,50 m nach rechts und links. Das Tor ist 2,44 m hoch – ebenfalls lichte Höhe – und wird begrenzt durch die beiden Pfosten und die darüberliegende Querlatte.

Das große Rechteck vor dem Torraum hat von diesem einen Abstand von 11 m, ragt also, von der Torlinie gemessen, 16,50 m ins Feld und ist 40,32 m breit – der Strafraum.

Wenn der Torraum die unumschränkte Domäne des Torwarts ist, in dem er nicht angegriffen werden darf, so hat der Strafraum mehr eine schützende Funktion für die ganze verteidigende Mannschaft, denn Regelwidrigkeiten, die in dieser Zone begangen werden, können üble Konsequenzen haben.

Genau 11 Meter vor der Mitte der Torlinie befindet sich ein kleiner weißer Fleck, und den kennen auch diejenigen, die sonst mit Fußball gar nichts am Hut haben – der Elfmeterpunkt. Hier liegt der Ball, wenn Strafstoß gepfiffen wurde, aber dazu kommen wir noch.

Um den Punkt herum liegt ein Kreis von 9,15 m Radius, aber diesen sehen wir nicht in voller Schönheit, nur ein kleiner Kreisbogen an der vorderen Kante des Strafraumes wird markiert, die übrige Fläche des

Kreises geht im Strafraum unter. Warum das? Beim Strafstoß müssen alle anderen Spieler mindestens 9,15 m vom Ball entfernt sein. Das zeigt der Kreis an. Außerdem darf sich aber auch keiner im Strafraum aufhalten, und da wäre es ja doppelt gemoppelt, wenn man dort nun auch noch den Kreis hinmalen würde.
Dafür gibt es aber einen voll ausgezogenen Kreis genau im Zentrum des Spielfeldes. Mittendrin der **Anstoßpunkt**. Hier liegt der Ball bei Spielbeginn und bei Wiederbeginn, nachdem ein Tor erzielt wurde. Nach Freigabe durch Pfiff des Schiedsrichters wird der Ball von hier aus in die gegnerische Hälfte gespielt, und die Gegenspieler müssen 9,15 m vom Ball entfernt sein. Dafür dieser Mittelkreis. Jetzt brauchen wir uns nur noch die Begrenzungslinien des Feldes zu merken, das sind die beiden schmalen Seiten, die Torlinien und die beiden langen, die Seitenlinien. In den vier Ecken stehen die Eckfahnen, und davor ist jeweils ein Viertelkreis mit einem Meter Radius. Von hier werden die Eckstöße getreten. Damit haben wir das Spielfeld schon restlos intus.

Die Mannschaft

Die Elf wird vor dem Spiel nominiert, d. h., es wird bekanntgegeben, wer zum Einsatz kommt. Neben den zum Spielbeginn auflaufenden elf Spielern sind auch die Ersatzleute festgelegt, und hiervon können zwei im Laufe des Spiels für andere eingesetzt werden, es kann aber auch sein, daß eine Änderung der Taktik oder bessere Einstellung auf den Gegner die Ursache der Auswechslung ist. Bei Freundschaftsspielen, wenn es also nicht um die Wurst geht, kann man sich auf eine höhere Anzahl von Auswechslungen einigen. Wer allerdings einmal rausgenommen wurde, darf nicht wieder zurück ins Spiel.

Im Laufe der Jahre hat sich nun so einiges in der Taktik und der Aufgabenverteilung der einzelnen Spieler geändert. Früher sah es einmal ganz schlicht und einfach so aus, daß vor dem Torwart zwei **Verteidiger** standen, davor drei **Läufer** und vorne fünf **Stürmer**. Diese hießen dann Linksaußen – Halblinks – Mittelstürmer – Halbrechts und Rechtsaußen. Das war einmal. Heute gibt es etliche Systeme, das wird oft von Spiel zu Spiel geändert, je nach Gegner, den man heutzutage vorher gründlich beobachtet, um seine eigene Spielweise darauf abzustellen. Wenn Sie von einem 4 – 4 – 2-System hören, dann wissen Sie, daß hier vier Mann die Verteidigung oder die Deckung übernehmen, vier Spieler bilden das Mittelfeld mit der Aufgabe, den Ball von der Verteidigung zu übernehmen und an die beiden Stürmer weiterzugeben. Bei diesen spricht man heute von **Spitzen**, das klingt moderner.

Der **Ausputzer** ist ein Abwehrspieler, der hinten als letzter Mann vor seinem Torhüter steht, meistens auf den Sturmführer des Gegners angesetzt ist und der diesen Raum kaum verläßt. Ganz im Gegensatz dazu schaltet sich der **Libero** auch mit in das Angriffspiel ein. Er ist, wie der Name sagt, ein «freier Mann», er hat nicht nur reine Abwehrarbeit zu verrichten, sondern saust auch schon mal, wenn es das Spiel erlaubt oder erfordert, mit nach vorn. Hauptsächlich ist er jedoch als Feuerwehr im hinteren Raum tätig, wo er, frei von anderen Aufgaben, bei gefährlichen Durchbrüchen des Gegners als Abfangjäger die Situation bereinigen soll.

Bei einer Vierer-Abwehrkette nennt man die Spieler, je nach Stellung, Innen- oder Außenverteidiger, vorne spricht man weniger von innen und außen, da heißt es **Mitte** oder **Flügel**. «Das Flügelspiel wurde vernachlässigt», heißt, daß alle versuchten, durch die Mitte zu kommen. Zweckmäßiger ist es, den Ball nach außen zu spielen, bis knapp an die Seitenlinie, um ihn dann von dort, kurz vor der Eckfahne, mit einer Flanke vor das Tor zu schießen.

Zur Taktik gehören noch zwei weitere Begriffe. **Manndeckung**: Die Abwehrleute haben die Aufgabe, jeweils bestimmte Gegenspieler zu decken. Diesen stehen sie dann praktisch während des ganzen Spiels auf den Hacken, lassen sie keinen Moment aus den Augen und versuchen schon beim Zuspiel, früher an den Ball zu kommen als der Gegner. Man sieht dann einen Teil der Spieler immer pärchenweise über den Rasen sausen, wo der eine ist, ist auch sein Widerpart.

Bei der **Raumdeckung** konzentriert man sich auf eine bestimmte Region innerhalb des Spielfeldes, sobald sich das Geschehen in diese Zone verlagert, wird man aktiv. Natürlich bedeutet das nicht, daß der Spieler in der übrigen Zeit tatenlos herumsteht, er wird sich auch

dann mannschaftsdienlich einsetzen, aber besondere Aktion ist eben dann gefordert, wenn es in seinem Abschnitt brennt.
Noch ein Fremdwort bei dieser Gelegenheit: **Catenaccio**. Das heißt soviel wie Riegel und bezeichnet eine besonders starke Verteidigung, bei der fast alle Spieler einen Riegel vor dem Tor aufbauen. Beliebt ist das weder beim Gegner noch bei den Zuschauern, denn diese wollen Tore sehen. Man spricht dann vom **Mauern**, wobei dieser ehrenwerten Beschäftigung ein durchaus negativer Sinn zukommt. Oder man sagt: «Die haben sich alle hinten reingestellt», das bedeutet dasselbe.

Der zwölfte Mann

Merkwürdig ist und bleibt – und bitte, erwarten Sie keine Erklärung dafür –, daß **Heimspiele** (auf eigenem Platz bzw. vor «eigenem» Publikum) und **Auswärtsspiele** (auf fremdem Platz) meistens so völlig unterschiedlichen Charakter haben. Und das wesentlich mehr Heimspiele gewonnen werden, das werden Sie als Fußball-Toto-Tipper bestätigen können, die 1 erscheint öfter als die 2. Ob das alles damit zu erklären ist, daß die heimatliche Kulisse, die Anfeuerung durch die der Mannschaft wohlgestimmte Fan-Gemeinde, Kräfte und Spielwitz freisetzen, die auf fremden Plätzen unterm Deckel bleiben? Jeder weiß, daß ein Heimspiel ein Vorteil ist, daß man vom eigenen Publikum als dem «zwölften Mann» spricht, aber daß dieser doch nur theoretische Vorsprung sogar die Trainer zu einer anderen Mannschaftsaufstellung veranlaßt, das bleibt doch etwas sonderbar. Man tönt zwar vorher, daß man sich beim Auswärtsspiel nicht verstecken und voll auf Angriff spielen wird, aber in den meisten Fällen kommt dann doch eine verstärkte Abwehr aufs Feld.

Da wir gerade vom zwölften Mann sprachen, es gibt noch eine andere, recht böswillige Verwendung dieses Ausdrucks. Man bezeichnet nämlich manchmal den Schiedsrichter so, natürlich von der unterlegenen Mannschaft, weil dieser «für die anderen gepfiffen hat». Das ist eine herbe Kritik, geboren aus der Enttäuschung über das verlorene Spiel, manchmal aber auch – das sei der Gerechtigkeit halber gesagt – nicht ganz zu Unrecht. Und damit sind wir bei den unentbehrlichen, oft geschmähten Männern in Schwarz, den Unparteiischen, den Pfeifenmännern, den Schiedsrichtern.

Der Schiedsrichter

Er leitet das Spiel, unterstützt von zwei Linienrichtern, die sich an den Seitenlinien aufhalten. Dieses Gespann überwacht das gesamte Geschehen, unterbricht bei Fouls und «Ball im Aus», entscheidet, ob Tor oder nicht, und ist für Beginn und Ende der Spielabschnitte zuständig. Gepfiffen wird natürlich nur von einem, vom Schiedsrichter, die beiden Linienrichter assistieren nur und geben durch Zeichen mit kleinen Fähnchen ihre Beobachtungen kund, bei verschiedenen Vorkommnissen holt sich der Schiedsrichter auch Rat bei seinen Kollegen, die durch bessere Postierung Genaueres gesehen haben.

Nun muß man anerkennen, daß es wirklich nicht einfach ist, bei dem turbulenten Spielgeschehen immer genau das einzig Richtige zu erkennen. Da muß man schon konzedieren, daß der Mann in Schwarz die Situation etwas anders gesehen hat als das subjektiv eingestellte Publikum.

Und man muß ihm weiter zugestehen, daß er sich auch mal irren kann, oft genug sieht man ja später bei den Fernsehaufzeichnungen, daß es doch eine Spur anders war als ursprünglich angenommen. Aber was soll denn der arme Mensch machen? Er hat ja schließlich keine eingebaute Zeitlupe, das Spiel erfordert schnellste Fortführung, da ist keine Zeit für lange Diskussionen, da muß sofort eine Entscheidung gefällt werden. Und was er dann anordnet, ist eine sogenannte Tatsachenentscheidung. Selbst wenn diese auf einem Irrtum seinerseits beruht, muß die Kröte geschluckt werden.

Vielleicht kommt es eines Tages dazu, daß auf Pfiff alles neutralisiert wird, die Fernsehmacher lassen blitzschnell zurücklaufen, die Szene wird in Zeitlupe wiederholt, kurze Benachrichtigung an den Schiedsrichter, und der spricht dann sein videountermauertes Machtwort. Zukunftsmusik? Sicher, aber nicht ganz ausgeschlossen, die technischen Möglichkeiten jedenfalls sind vorhanden.

Vorerst wollen wir uns mit der bisherigen Abwicklung begnügen, selbst auf die Gefahr hin, daß die eine oder andere Entscheidung etwas an dem tatsächlichen Geschehen vorbeischrammt.
Nebenbei gesagt sind aber auch die Spieler so schlitzohrig, daß mancher Schauspieler schamviolett werden kann. Oft sieht man einen spektakulären Sturz, der am Aufkommen des Gefallenen zweifeln läßt, und kurz darauf trabt dieser wieder frohgemut über den Rasen. Oder gar im Strafraum. Da fällt so mancher absolut bühnenreif, die Folge ist ein Elfmeter. Den gespielten Sturz, manchmal sogar ohne Zutun eines Gegners, wie die Aufnahme beweist, nennt man eine **Schwalbe**.

Das Spiel

Die reguläre **Spielzeit** beträgt zweimal 45 Minuten, dazwischen die Halbzeitpause mit ca. 15 Minuten. Eine Überziehung der Spielzeit von einigen Minuten liegt im Ermessen des Schiedsrichters, falls Unterbrechungen während des Spiels, z. B. durch Verletzungen, eingetreten waren.
Bei Spielen der Bundesliga (höchste deutsche Spielklasse) gibt es zwei Punkte für ein gewonnenes Spiel, je einen bei Unentschieden. Wer am Ende der Saison – jeweils ein Jahr – die meisten Punkte hat, ist Deutscher Meister. Bei gleicher Punktzahl mehrerer Vereine entscheidet die Tordifferenz.
Das ist die Summe aller geschossenen Tore minus der selbst kassierten. Ist auch dann noch Gleichstand, hat der Verein die Nase vorn, der die meisten Treffer erzielte.
Bei Spielen, die nicht unentschieden enden dürfen, bei denen ein Sieger her muß, so oder so, wird an die Spielzeit eine Verlängerung angehängt, und zwar zweimal fünfzehn Minuten. Wenn auch das noch keine Entscheidung bringt, folgt der Fußball-Krimi, das Elfmeterschießen. Dazu später mehr, wir müssen ja erst mal mit dem Spiel anfangen, also schauen wir doch mal.
Die Akteure sind auf dem Feld, 25 Mann, davon drei in Schwarz, zweimal zehn Mann in deutlich unterscheidbarer Spielkleidung, heutzutage so, daß auch der Schwarzweiß-Zuschauer beide Mann-

schaften auseinanderhalten kann, und zwei Spieler in anderer, farbenfroher Gewandung, das sind die beiden Torhüter.
Die beiden Kapitäne stehen sich gegenüber. Das sind die Spielführer, die Sprecher der Mannschaft, die nebenbei auch die Interessen der Mannschaftskameraden gegenüber Verein, Trainer und auch Schiedsrichter vertreten, gekennzeichnet durch eine Armbinde. Dazu gesellt sich der Schiedsrichter, und nun wird gelost, wer die Seitenwahl hat. Einer sucht sich die Seite aus, die andere Mannschaft hat dann den ersten Anstoß. Dieser wird, wie wir ja schon wissen, im Mittelkreis vom Anstoßpunkt aus ins Feld der anderen Seite getreten und ist im Spiel, sobald er einmal die Strecke seines Umfangs zurückgelegt hat.
Berührt werden darf der Ball mit fast allen Teilen des Körpers, nur die Arme sind tabu; sobald Hand oder Arm zu Hilfe genommen werden, schrillt die Pfeife, Handspiel – Freistoß. Das ist eine verhältnismäßig milde Strafe, solange es in sicherer Entfernung vom Tor geschieht. Bei der Ausführung muß die gegnerische Mannschaft einen Abstand von 9,15 m zum Ball halten. Handspiel im eigenen Strafraum – Elfmeter.
Und dann unterscheiden wir noch den direkten und den indirekten (Schiedsrichter hat den Arm hoch) Freistoß. Beim zweiten kann man nicht auf direktem Wege ein Tor schießen, da muß noch ein anderer Spieler mit von der Partie sein. Man kennt das Bild, mehrere Spieler stehen beieinander, einer tippt den Ball leicht an, ein anderer nimmt Maß und donnert aufs Tor. Manchmal läuft auch noch einer vorher über den Ball, ohne ihn zu berühren, das sind Täuschungsmanöver, die den Gegner verwirren sollen.

Was kann nun zu **Freistößen** führen? Erst mal die Abseitsstellung, aber dieser widmen wir ein paar Extratakte, weil dieser Begriff manchmal so verschwommen erklärt wird.
Dann natürlich alle **Fouls**, und davon gibt es eine ganze Reihe. Gestrecktes Bein, es ist nicht erlaubt, Aktionen mit durchgedrücktem Bein auszuführen; hohes Bein, das kann gefährlich für die Mitspieler in der Nähe sein, wer hat schon gern einen Fußballschuh mit Fuß drin in der Nähe seines Kopfes.
Rempeln mit angelegten Armen ist erlaubt, aber nicht das Halten mit

den Armen oder das Ziehen am Trikot, so manchem Spieler geht in der Hitze des Gefechtes durch Fremdeinwirkung das Hemd in die Binsen.

Auch das **Tackling** gehört zum Spiel, das ist das Grätschen gegen den Ball. Aber, wie gesagt, gegen den Ball; wenn es gegen die Beine geht, manchmal ist der Ball schon weit entfernt, dann ist das gefährliches Spiel und gehört, besonders wenn es von hinten geschieht, zu den ganz üblen Fouls, weil es in hohem Maße die Gesundheit des Mitspielers gefährdet.

In die Zange nehmen nennt man es, wenn ein Spieler von beiden Seiten zugleich hautnah angegriffen wird.

Je nach Schwere der Regelverletzung staffeln sich die Strafen. Bei einem Allerweltsfoul (eigentlich ein dummes Wort, damit verleiht man dem Foul eine gewisse Legalität) wie z. B. einer Rempelei, obwohl der Ball schon weg ist, ermahnt der Schiedsrichter mit drohendem Zeigefinger (so ungefähr: Halt dich zurück, sonst werde ich böse).

Ist es schwerwiegender, gibt es als Verwarnung die **gelbe Karte**. Dieser hübsche Karton wird dem Spieler demonstrativ mit hochgestrecktem Arm vors Gesicht gehalten, und dann wird der Sünder notiert. Wird er nämlich ein zweites Mal in diesem Spiel straffällig, gibt es nicht etwa eine weitere gelbe, dann gibt es die **rote Karte**, und das heißt Feldverweis. Der Spieler scheidet aus und darf nicht durch einen Auswechselspieler ersetzt werden. Durch diese **Rot-gelb-Variante** wird der Übeltäter automatisch für das nächste Spiel im gleichen Wettbewerb gesperrt, geschah es in einem Pokalspiel, pausiert er im nächsten Pokalspiel, war es in der Meisterschaft, muß er beim nächsten Punktspiel draußen bleiben. Diese Regelung wurde '91 eingeführt, gilt aber nur für die Profis.

Natürlich kann man sich die rote Karte auch unter Umgehung der gelben direkt verdienen. Ein besonders grobes Foul kann zur Hinausstellung führen, zumal dieses meistens die Gesundheit des Gegners gefährdet. Rot gibt es auch für das Revanche-Foul – A tritt B, B tritt zurück, B ist dran.

Ab '91 wird auch die sogenannte **Notbremse** schärfer bestraft. Wenn ein aufs Tor stürmender Gegner am sicheren Torerfolg gehindert wird, indem man ihn umsäbelt, dann ist das ein Fall für den roten

Karton. Das gleiche gilt für das Handspiel, im Strafraum sowieso, aber jetzt auch für den letzten Feldspieler der Verteidigung außerhalb des Strafraumes. Aber nicht nur für diesen, selbst der Torwart wird rausgestellt, wenn er außerhalb des Strafraumes die Hand zu Hilfe nimmt. Die einfachste Möglichkeit zum Erwerb der roten Karte: den Schiedsrichter schubsen oder anfassen.

Neben der Taktik spielt natürlich auch die Technik eine entscheidende Rolle, wie behandelt der Spieler den Ball, wie kann er mit ihm umgehen. Es ist nicht überraschend, daß bei der Beurteilung durch uns Zuschauer die Spieler vielfach nach ihrem Schußvermögen eingestuft werden, ist doch ein satter Schuß oftmals spielentscheidend, auf alle Fälle jedoch macht das was her. Ebenso bewundern sollten wir jedoch die Ballannahme, denn die ist doch eigentlich das A und O des Spiels. Da kommt mit enormer Fahrt der Ball auf einen Spieler zu, den kann er nun zwar volley, das heißt gleich aus der Luft weiterdonnern, dann bleibt aber die Endstation Zufall. Besser ist es schon, erst einmal die Fahrt aus dem Ball zu nehmen, ihn voll unter Kontrolle zu bringen, um ihn dann gezielt weiterzuspielen. Wie da die Hände fehlen! Beim Stoppen muß der Körperteil, der in Kontakt mit dem ankommenden Ball ist, weich und federnd nachgeben, sonst gibt es lediglich einen Abpraller, der leicht die Beute der anderen Seite wird.
Bei der Weitergabe des Balls, beim Zuspiel, wird vorwiegend mit der Innenseite des Fußes gearbeitet, diese relativ große Fläche bringt den Ball am besten in die richtige Richtung. Ein Schlenzer mit der Außenseite dagegen läßt den Gegner oftmals ins Leere laufen, und auch ein unerwarteter Stoß nach hinten mit der Hacke bringt die Fans zum Jubeln, vorausgesetzt, der Ball kommt dahin, wo er hin soll. Die Krone bleibt jedoch der Schuß mit dem Spann, das ist dann im Idealfall der Ballermann, der in den Torwinkel zischt, «er ließ dem Keeper keine Chance». (Keeper ist neudeutsch der Torwart.) Diese Schüsse übrigens sind die Ursache für leichte Blessuren beim Fernsehkonsum, achten Sie immer darauf, daß Sie beim Miterleben eines Fußballspiels am Fernseher keinen Tisch vor sich haben, Ihre Beine brauchen Freiheit, um alle Reflexe ohne Widerstände ausleben zu können. Es bleibt noch der Kopf zu erwähnen, der nicht nur für die Taktik gebraucht wird, sondern ebensooft für die Technik. Beim Kopfstoß soll der Ball

mit der Stirn getroffen werden, und meistens schwingt dabei auch der ganze Oberkörper mit. Vorm Tor ist es vielfach so, daß ein hoch ankommender Ball waagerecht, oder gar nach unten gedrückt, weiterfliegen soll. Dann ist es erforderlich, daß der Stoß von oben nach unten geführt wird, und das wiederum bedeutet, der Spieler muß hochsteigen, um von dort nach unten einnicken zu können. Sonst geht der Ball in die Wolken. Es gibt Spezialisten, die ein unglaubliches Sprungvermögen haben, die schrauben sich hoch, als hätten sie Sprungfedern unter den Füßen. Und das muß dann haarscharf im richtigen Moment erfolgen, denn wenn der Ball da ist, müssen sie schon oben sein. Diese genaue Abstimmung nennt man Timing, vom englischen time (= Zeit).
Das gilt natürlich auch für viele andere Aktionen, exakt im richtigen Moment den richtigen Körperteil an der richtigen Stelle zu haben. Ein Paß, also ein Zuspiel zu einem anderen Spieler, ohne das entsprechende timing, erreicht den anderen nicht, dann ist es ein Fehlpaß. Da wir gerade bei den Pässen sind: Hoch-, Flach- und Querpaß ist wohl klar, oder? Beim Doppelpaß geht der Ball von A zu B und wieder zurück zu A, der inzwischen einen Gegner umlaufen hat.

Und noch ein paar Vokabeln aus der Fußballsprache. **Dribbeln**, der Ball wird vom Spieler über eine längere Strecke eng am Fuß geführt, wer es kann, umspielt dabei noch gegnerische Spieler.
Treten zwei Spieler aus verschiedenen Richtungen gleichzeitig gegen das gequälte Leder, ist das ein **Preßschlag**.
Abgefälscht wird der Ball, wenn er auf seiner beabsichtigten Flugbahn durch irgend etwas – meistens natürlich einen anderen Spieler – abgelenkt wird. Das kommt zwar alle Naselang vor, erwähnenswert ist es aber nur, wenn bei einem Schuß aufs Tor der Ball sichere Beute des Torwarts gewesen wäre, dieser aber ins Leere greift, weil der Ball durch Abfälschen eine andere Richtung nahm. Wurde nun ein Spieler der verteidigenden Mannschaft gestreift, und der Ball ging in die Maschen, ist das ein **Eigentor**. Das zählt ganz normal, egal, wer den Ball zuletzt berührte. Die Angreifer jubeln, der Unglücksrabe, der den Ball abfälschte, sucht sich ein Loch, um drin zu verschwinden. Neben dem Eigentor gibt es noch andere Tore, die Sie allerdings vergeblich auf dem Feld suchen würden. Da ist z. B. das **Ehrentor**, das ist nicht etwa

eines mir Lorbeer drumherum, sondern eine Bezeichnung für das einzige Tor, das eine Mannschaft erzielte, die hoch verloren hat.
Das **Abstaubertor** ist eine Glückssache. Es wird erzielt, meistens aus kurzer Distanz, von einem Spieler, der nicht unbedingt selbst die größte Aktivität in dieser Situation entwickelte. Durch Fehler oder Nachlässigkeit der Gegenseite oder durch einen Abpraller bekommt er den Ball fuß- oder kopfgerecht serviert und braucht ihn nur noch ins Tor zu bringen.
In die **Gasse** spielt man, wenn man in einen freien Raum in der gegnerischen Abwehr zu einem Mitspieler paßt. Einen Spieler, der sich gerade von links nach rechts bewegt, und der jetzt den Ball links zugespielt bekommt, erwischt man auf dem **falschen Fuß**, denn er kann nicht schnell genug den Schwung bremsen und die Richtung wechseln.
Bei einem **Drop-Kick** wird der Ball unmittelbar beim Aufschlagen auf den Boden vom Fuß getroffen, er erhält dadurch eine immense Fahrt.
Ein **Fallrückzieher** ist eine besonders spektakuläre Art, den Ball zu treten. In der Luft schwebend, ballert der Spieler, praktisch waagerecht liegend, den Ball über seinen Kopf nach hinten. Wenn der reingeht, hat der Spieler alle Chancen, Torschütze des Monats zu werden. Aber in der unmittelbaren Nähe anderer Spieler kann das auch zum gefährlichen Spiel werden, und das bringt dann einen Freistoß für die Gegenseite. Ähnlich ist es mit dem **Scherenschlag**, hochspringen, mit dem Absprungbein gegen den Ball, das andere schwingt gleichzeitig nach hinten, wie bei einer Schere, toll anzusehen, aber bitte, Abstand halten.
Ein **Sonntagsschuß** hat Fortuna zur Patin. Glück muß der Mensch haben, eigentlich war es gar nicht beabsichtigt, aber wie es das Schicksal so will, dieser Schuß ist doch tatsächlich ins Tor gegangen. So manche Flanke, leicht verunglückt, hat Freund und Feind irritiert und sich zum Entsetzen der einen Seite unerwartet ins Tor gesenkt.
Eine Flanke dagegen, die nicht etwa verunglückte, wohl aber mit raffiniertem Effet getreten, den Ball nicht in gerader Linie, sondern in leicht gekrümmter Bahn befördert, nennt man **Bananenflanke**.
Eine **Kerze** ist ein Schuß steil nach oben, vielleicht ein mißglückter Befreiungsschuß, der durch irgendwelche Umstände diese statt der vorgesehenen Richtung nahm.

Eine **Rückgabe** ist ein Ball, den man aus Sicherheitsgründen zum eigenen Torwart zurückspielt.

Kick-and-rush bezeichnet eine Spielweise, bei der ohne große taktische Finessen der Ball weit nach vorn gedroschen wird, in der Hoffnung, daß ihn jemand aus der eigenen Partei erwischt. Man spielt oft so mit der Brechstange gegen Schluß der Partie, wenn man hinten liegt, also sich auf der Verliererstraße befindet. Man kann es mit «Treten und Eilen» übersetzen.

Forechecking ist Angriffsverteidigung, den Gegner früh stören, damit er nicht zum Aufbau seines Spiels kommt.

Einen **Hattrick** erzielt, wer in einer Halbzeit drei Tore hintereinander schießt.

Abseits Man soll die Erklärung nicht mit den Worten beginnen: Abseits ist, wenn..., denn dann wird es eng, weil man einerseits versucht zu erklären, andererseits jedoch darauf achten muß, den Faden nicht zu verlieren, um den Satz in halbwegs vernünftigem Deutsch zu Ende zu bringen.

Machen wir es mal anders, wir haben ja Zeit:

Wir schalten uns in das Spielgeschehen ein, just in dem Moment, in dem A den Ball zu B spielen will (oder B mit einem Paß bedienen will, ganz wie Sie möchten). A tritt also gegen den Ball, damit dieser zu B fliegen möge. Hier stoppen wir das Bild – genau wie seinerzeit bei Dornröschen, als der Koch bei seiner Watschen an den Küchenjungen einfror –, falls Sie diese Story nicht mehr in Erinnerung haben sollten, machen wir es moderner: Wir schalten auf Standbild. A steht auf dem Platz mit schwungvoll erhobenem Bein, der Ball schwebt über seinem Fuß, voller Energie, den Weg zu B anzutreten. Genau auf diesen Moment kommt es an, auf den Augenblick der Ballabgabe.

Nun schauen wir uns die anderen Figuren an, wo stehen sie? Wichtig ist, daß mindestens zwei Spieler des Gegners dichter an ihrer eigenen Torlinie stehen als einer (oder mehrere) der angreifenden Partei. Bei den Verteidigern ist ja einer der beiden der Torwart, außer ihm muß also noch mindestens ein Feldspieler näher an seiner Torlinie sein als jemand von den Angreifern. Das muß nun nicht der Angreifer B sein, der den Ball erhalten soll, jeder seiner Teamkollegen, der sich dichter an der Torlinie befindet, bringt den Linienrichter zum Winken und den Schiedsrichter zum Pfeifen. Und, wohlgemerkt, nicht der Ab-

stand zum Tor spielt eine Rolle, sondern zur Torlinie, und das ist die ganze Strecke zwischen den beiden Eckfahnen.
Bislang war es noch so, daß der Angreifer im Abseits war, wenn er mit dem letzten Mann des Gegners auf einer Linie, also auf gleicher Höhe war, das ist seit 1990 anders, «gleiche Höhe» ist nicht mehr Abseits. Aber streiten, war er nun noch, oder war er schon nicht mehr, das darf man immer noch.
Natürlich kann man diese Erklärung wesentlich kürzer fassen, aber dann macht es nicht soviel Spaß: im Abseits befindet sich ein Spieler, wenn er sich im Augenblick der Ballabgabe näher an der gegnerischen Torlinie befindet als zwei Spieler des Gegners. Keine Regel ohne Ausnahme:
Kein Abseits ist, wenn sich der Vorgang in der eigenen Hälfte abspielt, wenn der Ball zuletzt (bevor ihn B erwischt) von einem gegnerischen Spieler berührt wurde, oder wenn der Ball von einem Einwurf oder Eckstoß kommt.
Die **Abseitsfalle** ist eine zweischneidige Sache. Diese funktioniert so: Auf Zeichen eines Verteidigers, der hinten die Regie übernimmt, laufen alle Abwehrspieler so weit nach vorn, daß mindestens einer der gegnerischen Angreifer dichter an der Torlinie steht. Damit führt jeder Paß nach vorn zwangsläufig zum Abseits, und der Angriff wird durch das unfreundliche Schwenken der Fahne des Linienrichters im Keime erstickt. Wenn dieser das dann mal zufällig nicht richtig bemerkt, der Pfiff unterbleibt, und der Angriff führt zum Erfolg, also zum Tor, dann kommt Stimmung auf, prächtige auf der einen, stimmfördernd negative auf der anderen Seite.
Aber auch auf reguläre Weise kann Gefahr aus der Abseitsfalle erwachsen. Man läuft das Risiko, daß eine zu weit aufgerückte Hintermannschaft durch einen schnellen Stürmer stehengelassen wird, dieser ist fixer als die anderen, spielt sich durch die Kette der Verteidiger und taucht dann mit dem Ball vor dem einsamen Torwart auf. Dem bleiben dann zwei Möglichkeiten, entweder er sieht alt aus, oder er wird der Held von Castrop-Rauxel.

Dem **Torwart** gilt immer besonderes Interesse, seine Leistung entscheidet oft, mehr als bei jedem Feldspieler, über den Ausgang des Spiels. Ein Fehler eines Spielers kann meistens noch wieder ausgebügelt werden, patzt der Torwart, geht es meist ins Auge, das heißt der Ball geht ins Tor, und das ist schließlich das einzige, das zählt. Im Torraum ist er unumschränkter Herrscher, hier im 5-m-Raum (eigentlich müßte es 5,5-m-Raum heißen, aber wer wird schon so pingelig sein), darf er nicht angegriffen werden. Besonders das Unterlaufen – den hochgesprungenen Torwart rempeln – wird sofort geahndet. Er darf den Ball mit sämtlichen Körperteilen, also auch mit den Händen, berühren, und das gilt auch für den Strafraum. Sobald er allerdings den Ball unter Kontrolle hat, muß er ihn abschlagen, Zeitschinden, früher eine beliebte Variante der führenden Mannschaft, ist nicht mehr drin. Als Kontrolle bezeichnet man das Stoppen des Balles durch Arme oder Hände, eine Ausnahme kann es sein, wenn das während einer schwierigen Parade erfolgt oder aus einem zufälligen Abpraller resultiert. Dann darf der Torwart den Ball noch einmal aufnehmen. Mit dem Ball am Fuß darf der Torwart natürlich durch den Strafraum wieseln, aber dann nochmals hochnehmen ist nicht gestattet, er muß dann halt so agieren wie ein Feldspieler.

Wir beobachten oft ein kleines Spielchen vor dem Tor, das uns etwas unsinnig und überflüssig erscheint. Torwart kickt den Ball auf kurze Entfernung zum eigenen Spieler, dieser tritt ihn – wie beim Doppelpaß – zurück auf den Keeper. Was soll das?

Hat ein Angreifer den Ball über die Torlinie gespielt (außerhalb des Tores), gibt es **Abstoß**. Dabei wird der Ball von der Torraumlinie vom Torwart oder einem Feldspieler ins Feld getreten. Hat dagegen der Torwart den Ball vorher erwischt, kann er ihn aus der Hand heraus mit mächtigem Tritt nach vorn befördern. Das ist in vielen Fällen zweckdienlicher und wird daher vom Torwart bevorzugt. Diese Art, den Ball seinen Leuten zuzuspielen, ist der **Abschlag**. Der Torwart verwandelt also den fälligen Abstoß in einen Abschlag, indem er mit einem Mini-Abstoß dafür sorgt, daß er durch die sofortige Rückgabe nun einen Abschlag ausführen kann, denn er hat ja den Ball nun vor der Torlinie erhalten.

Sobald sich ein Torwart über die Grenze des Strafraumes bewegt, gilt für ihn das gleiche wie für alle Feldspieler, Arme und Hände sind dann absolut tabu.

Ball im Aus – da gibt es drei Möglichkeiten. Die häufigste: Der Ball geht ins Seitenaus, also über eine der beiden Seitenlinien. Da kommt es darauf an, wer den Ball zuletzt berührte. die Gegenpartei hat **Einwurf**. Füße hinter die Seitenlinie, Einwurf mit beiden Händen von hinten über den Kopf.
Der Ball geht über die Torlinie: Auch hier, wer war zuletzt dran? War es der Gegner – Abstoß, war es ein eigener Mann – **Ecke**. Korrekt heißt es Eckstoß, denn es muß mit dem Fuß geschossen werden, und zwar von der Ecke aus, die der Stelle am nächsten liegt, an der der Ball die Torlinie überflog. Auch hierbei sind, wie bei Frei- und Strafstößen, mindestens 9,15 m Abstand von allen anderen Spielern einzuhalten. Ein Eckstoß kann auf direktem Wege zum Torerfolg führen. Der Ball ist dann mit Effet getreten worden, er beschreibt eine leichte Kurve.
Das ist ja überhaupt das Verblüffende an manchen Schüssen, daß der Ball nicht in schnurgerader Richtung fliegt, sondern auf gekrümmter Bahn. Diese ergibt sich aus der Rotation des Leders, also der Drehung, die ihm durch den raffiniert etwas außerhalb der Mitte angesetzten Trittes verliehen wird. Es gibt da Meister ihres Fachs, die das in bewundernswerter Weise beherrschen, besonders bei Eckstößen und bei Flanken, die dann vom Tor wegdrehen, dem Angreifer entgegen, und dieser hat dann die Möglichkeit, den auf ihn zukommenden Ball wesentlich genauer in Richtung Tor zu treten oder zu köpfen, als das bei einem Ball der Fall wäre, der mehr rechtwinklig zu seiner Angriffsrichtung vorbeisegelt.

Und nun der **Strafstoß**. Der Schiedsrichter hat auf den Punkt gezeigt, die Menge kocht, ein Spieler legt sich den Ball sorgsam zurecht, der Torwart lauert gebeugt in der Mitte seines Gehäuses. Er darf sich nicht vor dem Schuß bewegen – sonst Wiederholung –, die anderen Spieler sind außerhalb des Strafraumes und des Kreisabschnittes, der die 9,15 m vom Punkt markiert.
Der Schuß geht am Tor vorbei, die Fans der Sündermannschaft jubeln, der Schütze gräbt sich ein.
Der Schuß geht ins Tor, die anderen freuen sich lautstark, der Schütze läßt sich mit nach oben gereckter Faust feiern.
Der Torwart hält – ein neuer Star ist geboren.

Der Torwart trifft den Ball so, daß er nicht ins Tor geht, der Ball springt ins Feld zurück. Jetzt ist er frei, gelingt es dem Gegner, ihn jetzt in den Maschen unterzubringen, so ist es ein Tor. Prallt der Ball dagegen von Pfosten oder Latte zurück ins Feld, darf er nicht vom 11-m-Schützen nachgeschossen werden, das müssen dann die anderen für ihn machen.

Im Gegensatz zum Strafstoß ist es beim Entscheidungs-Elfmeterschießen so, daß ein vom Torwart oder von Latte oder Pfosten zurückprallender Ball aus dem Spiel ist. Also entweder direkt rein oder nicht, Nachschüsse sind nicht möglich. Was aber ist nun das Entscheidungs-Elfmeterschießen? Spiele, die kein Unentschieden gelten lassen, werden ja bekanntlich erst einmal verlängert.
Zweimal fünfzehn Minuten lang haben die Akteure die Chance, das Remis zum Sieg auszubauen. Hat das nicht geklappt, muß durch die Roßkur Elfmeterschießen die Entscheidung herbeigeführt werden. Jede Mannschaft hat fünf Schuß, die abwechselnd abgegeben werden. Bei Gleichstand geht's weiter, bis eine Mannschaft ein Tor vorne liegt, wobei beide gleich viele Schüsse haben.

Meisterschaften

Spiele ohne Unentschieden gibt es im **Pokalsystem**, oder auch K.o.-System genannt.
Entweder gibt es jeweils nur ein Spiel zwischen zwei Mannschaften, wie z. B. bei den Weltmeisterschaften, da ist der Verlierer gnadenlos draußen, oder man macht zwei Spiele, jeweils ein Hin- und ein Rückspiel, also einmal auf des Gegners Platz und einmal zu Hause. Wenn nach beiden Spielen das Torverhältnis gleich ist, entscheidet die Anzahl der auswärts geschossenen Tore, die dann doppelt zählen. Beispiele: A gewinnt zu Hause 1:0 und verliert bei B 2:1.
Jede Mannschaft hat nun zwei Tore erzielt, aber A hat auswärts einmal getroffen, B nicht, A kommt weiter, B scheidet aus. Beide trennen sich zweimal unentschieden, bei A 2:2 und bei B 1:1. Jede Mannschaft schoß drei Tore, A aber nur eins auswärts, B jedoch zwei. B bleibt im Rennen, bei A gehen die Lampen aus.

Wie schon erwähnt, ist die Bundesliga die höchste nationale Spielklasse. 1991 waren es 20 Vereine, 4 mußten raus, 2 neue dazu, nach Abschluß der Saison sind es dann also 18 Vereine. Vielleicht werden es eines Tages nur noch 16 sein, darüber ist man sich noch nicht einig.
Die 2. Fußball-Bundesliga ist in zwei Gruppen – Nord und Süd – unterteilt, zu jeder Gruppe gehören 12 Vereine. Nach Abschluß der Hin- und Rückrunde spielen die sechs besten in einer Play-Off-Runde um die Möglichkeit, in die erste Liga aufzusteigen. Play-Off sind aus den USA übernommene Entscheidungsspiele der Spitzenmannschaften. Wer als erster die notwendige Anzahl von Siegen erreicht, steigt auf.
Die Stufenleiter des Erfolgs geht bei uns in dieser Form von unten nach oben:

Kreisklasse
Bezirksklasse
Landesliga
Verbandsliga
Oberliga
2. Bundesliga
1. Bundesliga

Gespielt wird jeweils um die Meisterschaft, in der 1. Bundesliga ist der beste Verein Deutscher Meister.
Daneben gibt es den Wettbewerb um den DFB-Pokal. Hierfür qualifizieren sich vierundsechzig Mannschaften, die dann im K.o.-System nach jedem Spieltag um die Hälfte schrumpfen. Schließlich bleiben dann nur noch zwei Vereine übrig, die das Finale austragen und damit den Cup-Sieger ermitteln. Unentschiedene Spiele werden wiederholt.
Hierbei haben auch die «Kleinen», die Amateurvereine, eine Chance, die Luft der großen, weiten Fußballwelt zu schnuppern, sie haben stets Heimrecht, also auf ihrem Platz wird gespielt. Dadurch bringt oftmals ein renommierter Verein Geld in die Kasse, und außerdem ist es nicht selten, daß der Kleine dem Großen ein Bein stellt; was ist das für eine Freude – nicht nur für die Gazetten –, wenn eine Schar von Nobodies gut bezahlte Kicker aus dem Rennen wirft.
Die Cupsieger spielen dann gegen die anderen europäischen Vereine, die sich ebenfalls diesen Titel erobern konnten. Ähnlich ist es beim

Fußball-Latein

UEFA-Cup, auch hier wird gegen andere europäische Vereine angetreten, das bringt zusätzliche Einnahmen. Meistens sind es vier Vereine, und zwar die, die sich bei der Meisterschaft an der zweiten bis fünften Stelle plazieren konnten. An der ersten Stelle steht ja der Meister, der hat andere Sorgen, der tritt gegen die anderen Landesmeister an. Und wenn dann noch unter den vorderen der DFB-Pokal-Sieger steht, rutscht noch ein Verein mit in den UEFA-Cup, das wäre dann die Nr. 6 des Meisterschafts-Endstandes. Im UEFA-Cup gibt es jeweils Hin- und Rückspiel (bei Gleichstand zählen Auswärtstore doppelt).

Neu ist der sogenannte Supercup. Da gibt es nur ein Spiel, Meister gegen Pokalsieger.

Das Größte für jeden Fußballer ist natürlich die Aufnahme in den Kader der Nationalmannschaft. Diese kämpft um die Europa- und die Weltmeisterschaft. Zwischendurch absolviert man «normale Länderspiele», die zwar keine Punkte oder sonstige Stufen für die Treppe nach oben bringen, die aber aufzeigen sollen, wo man international steht, und die vor allen Dingen den Zweck haben, die in diversen Vereinen beschäftigten Spieler zu einer Einheit zu machen. Man kann ja schließlich nicht eine Anzahl Spieler in ein Team stellen und ihnen dann sagen, nun siegt man schön. Das Zusammenspiel der Individualisten ist überaus wichtig, und das bringt halt nur die Praxis. Um die Wurst geht es natürlich bei den Qualifikationen für die EM und die WM.

Da sowohl bei der Europa- als auch bei der Weltmeisterschaft nur mit einer begrenzten Anzahl von Teilnehmern gestartet werden kann, muß vorher ausgesiebt werden. Und da heißt es dann, im Rennen bleiben. Wer ausscheidet, teilt unser Schicksal, der darf sich nämlich alles nur noch auf dem Bildschirm ansehen. Da ist es schon günstig, wenn man zu den Ländern gehört, die sich nicht durch die Qualifikationsspiele quälen müssen. Das sind die Meister der letzten Ausscheidung und die Ausrichter der kommenden. Um die EM und die WM geht es alle vier Jahre, und zwar zeitlich um zwei Jahre versetzt, so daß wir TV-Konsumenten alle zwei Jahre die Gelegenheit haben, unseren Adrenalinspiegel in ungeahnte Höhen treiben zu lassen.

GEWICHTHEBEN

«Wo steht das Klavier?», so scheinen die starken Männer fragen zu wollen, die in ihrer typischen Haltung, mit leicht abgewinkelten Armen, die 4 × 4 m große Plattform betreten.
Vor ihnen liegt ein Gerät, das so aussieht wie die ausgebaute Achse eines D-Zug-Wagens, eine Stange, an deren beiden Enden eiserne Scheiben angebracht sind. Das ist die **Hantel**, die Scheibenhantel. Die Scheiben sind mit ihren Gewichten markiert und sitzen der Größe nach an den Enden der Stange, wo sie mit einer Verschraubung festgemacht sind. Die größten, die roten, wiegen 25 kg, die blauen 20 kg, und so geht es abwärts nach außen, immer kleiner werdend, so daß man der Hantel jedes beliebige Gewicht verleihen kann.
Es geht nun darum, dieses Ding von unten nach oben zu bringen, oder, wie der Fachmann sagt, die Hantel aus der Bodenlage zur **Hochstrecke** zu bringen.
Nun wäre es ja sehr unfair, wenn Heber mit unterschiedlichen Eigengewichten gegeneinander antreten müßten, und darum hat man Gewichtsklassen eingeführt, damit, zumindest vom Körpergewicht, etwa die gleichen Chancen gegeben sind.
Das geht vom leichtesten, vom Fliegengewicht mit maximal 52 kg, bis rauf zum Superschwergewicht, das sind die Kleiderschränke mit über 110 kg. Insgesamt sind es zehn Gewichtsklassen, innerhalb deren die Wettkämpfe ausgetragen werden.
Wir unterscheiden zwei Teildisziplinen beim Gewichtheben, das Reißen und das Stoßen. Das wollen wir uns näher ansehen.

Reißen

Das Gewicht muß in einem Zug nach oben gebracht werden. Das kann auf zwei Arten geschehen. Der Heber zieht die Hantel etwa bis in Hüfthöhe und springt dann mit einem Ausfallschritt unter das Gewicht. Er macht also einen Schritt nach vorn, wobei natürlich das Gewicht nicht etwa zwischendurch angehalten wird, sondern in einem Schwung weiter nach oben geht. Das nennt man **Ausfallreißen**, weil der Heber während des Reißens einen Schritt nach vorn macht.

Im Gegensatz dazu steht das **Hockreißen**, das ist zwar effektiver, aber auch schwieriger, denn neben der Kraft braucht man dazu auch ein ausgesprochenes Balancegefühl. Man muß sich das so vorstellen: Die Hantel wird hochgerissen, und im selben Moment geht der Körper in die Hocke, also Gewicht hoch und Körper runter, und wenn die Hantel etwa in Augenhöhe vorbeikommt, ist der Heber in der tiefen Hocke angekommen. Er reißt die Hantel weiter, bis über den Kopf, und steht dann aus der Hocke auf. Das hört sich so ganz hübsch an, wird aber zur Nachahmung nicht unbedingt empfohlen.

Das gestörte Gleichgewicht

Stoßen

Im Gegensatz zum Reißen geht diese Übung in zwei Abschnitten vor sich. Die Hantel wird erst einmal in Brust oder Schulterhöhe genommen, und das kann man, wie vorstehend geschildert, entweder mit Ausfallschritt oder mit der Hocke machen. Jetzt steht der Heber still, er hat die Hantel vorm Hals auf den Armen, und nach dieser kleinen Pause braucht er sie nur noch nach oben zu stoßen, bis die Arme gerade ausgestreckt sind. So muß er sie dann mindestens zwei Sekunden halten, und dabei muß er stehen wie ein altes Kriegerdenkmal.
Die Kampfrichter beurteilen, ob der Versuch korrekt ausgeführt wurde, und geben dann weißes Licht, wenn es gut war, wenn es Beanstandungen gibt, leuchtet es rot.
Ungültige Versuche zum Beispiel sind es, wenn die Hantel an den Oberschenkeln verharrt – drüberweg rutschen darf sie, aber nicht anhalten –, oder wenn außer den Füßen noch andere Körperteile den Boden berühren (raten Sie mal, was da wohl vorwiegend in Frage kommt); aber auch, wenn die Hantel abgelassen wird, bevor das Zeichen des Kampfrichters erscheint, oder wenn man die Hantel fallen läßt und nicht mit beiden Händen festhält, bis sie am Boden liegt.

Nochmals zum besseren Verständnis: Reißen – in einem Zug nach oben, mit Ausfallschritt oder Hocke; Stoßen – mit Pause in Schulterhöhe. Beim Stoßen werden höhere Gewichte geschafft als beim Reißen. In beiden Disziplinen gibt es Einzelwertungen. Im olympischen Zweikampf wird zusammengezählt, was der Heber beim Reißen und Stoßen zur Hochstrecke brachte.

GOLF

Es geht darum, den kleinen Golfball mit einem Schläger in ein kleines Loch zu spielen. Das ist alles.
Wenn Sie schon einmal an einem Sonntagnachmittag Minigolf gespielt haben, bitte, vergessen Sie das im Moment einmal, denn, obwohl beide im Prinzip die gleiche Zielrichtung haben, verhält es sich zum richtigen Golf wie ein Kinderdrachen zu einem Jumbo-Jet.

Der Platz

Ein normaler Golfplatz hat achtzehn Löcher, und zu jedem Loch führt eine unterschiedlich lange Bahn.
Golfplatz ist eigentlich ein etwas irreführendes Wort, denn das ist kein Platz, das ist ein Gelände. Und zwar ein Gelände von rundweg 50 ha. Sie erinnern sich: 1 Ar sind 100 m^2, ein Hektar (ha) sind hundertmal soviel, also 10 000 m^2. Ein Fußballplatz von 50 × 100 m hat 5 000 m^2, zwei davon gehen auf einen Hektar, ein Golf-«Platz» hat somit die Fläche von hundert Fußballplätzen.
Unschwer kann man auch aus dieser Größe schließen, daß die Bahnen ganz schöne Längen haben müssen, und das ist tatsächlich so, denn die Gesamtlänge aller achtzehn Bahnen liegt zwischen 4 500 und 7 000 Metern. Nun sind die Bahnen unterschiedlich lang. Im allgemeinen sollen vier Bahnen nicht länger als 200 Meter sein, die anderen vierzehn haben dann Längen von 200 bis 500 Metern.

Natürlich gibt es auch kleinere Plätze, nicht jeder hat schließlich 50 Hektar hinterm Haus, man kann auch Plätze mit der halben Anzahl, also mit neun Bahnen, anlegen, die spielt man dann eben zweimal rum.

Sehen wir uns mal eine solche Bahn an. Wo geht's los? Natürlich am Anfang, und das ist da, wo der Ball abgeschlagen werden muß. Diese Gegend heißt daher auch Abschlag. Das Fremdwort dazu: **Tee**. Vom Abschlag aus, in Richtung auf das Loch, sehen wir eine Grasfläche, die sauber und kurz gemäht ist. Das ist die Spielbahn oder **Fairway**. Diese Spielbahn ist 20 bis 50 Meter breit. Eingerahmt auf beiden Seiten sind diese sauberen Bahnen vom **Rough** (d. h. rauh), einem ganz naturbelassenen Gelände, eventuell leicht verändert, je nach Beschaffenheit, und es besteht aus Buschwerk, Bäumen, Gräben und Bächen, ganz, wie Mutter Natur es schuf.
Boshafterweise hat man nun teilweise noch künstliche Hindernisse dazwischen gebaut, wie zum Beispiel Senken, die mit Sand gefüllt sind, sogenannte **Bunker**.
Man ist also gut beraten, wenn man versucht, den Ball über oder auf dem Fairway zu halten, denn wenn er in einem Graben oder einem Bunker mit losem Sand landet, hat man nicht nur große Schwierigkeiten, häßliche Wörter zu unterdrücken, sondern auch erhebliche Probleme, von dort den Ball einigermaßen gezielt weiterzuschlagen.
Der dritte Teil der Bahn ist das **Grün (Green)**. Das ist eine glatte, ganz penibel gemähte Grasfläche, in der sich das Ziel der ganzen Anstrengung, das **Loch (Hole)**, befindet. Hierin steht eine Flagge, die von weitem signalisiert: Hier bin ich. Entfernt wird sie, sobald der Spieler mit seinem Ball so nahe gekommen ist, daß er mit dem nächsten Schlag direkt ins Loch spielen, daß er **putten** kann. Das Putten kommt aus dem Englischen, obwohl der Gedanke an eine Wortmalerei naheliegt, nämlich an das Geräusch, das ein Huhn macht, wenn es erfolgreich ein Ei... vergessen Sie das, dafür ist Golf ein zu ernstes Spiel. Fangen wir doch mal an.

Das Spiel

Wir begeben uns zum Abschlag und legen uns den Ball zurecht. Dabei ist ein Hilfsmittel erlaubt, das es uns ermöglicht, den Ball im Gras etwas anzuheben, damit er mit seiner ganzen Rundung sichtbar und für den Schläger erreichbar ist. Dieses Hilfsmittel, auch das nennt man **Tee**, ist ein kleiner Pinökel von 3,5 cm Höhe, unten spitz, zum Eindrücken ins Erdreich, oben eine kleine Mulde, zur Aufnahme des Balles. Diesen Aufsatz piken wir in den Grund und legen den Ball darauf.

Und jetzt wird es direkt wissenschaftlich. Der richtige Schläger wird gewählt. Dabei spielt das Gelände eine Rolle, die Entfernung ist natürlich besonders wichtig, woher kommt der Wind, wie stark ist er, und wohin will ich versuchen, den Ball zu bringen. Ein unheilbarer Optimist möchte wohl gleich mit dem ersten Schlag ins Loch treffen, das soll tatsächlich auch schon vorgekommen sein – das nennt man ein As oder auch, vornehm-englisch, **hole-in-one**, aber sechs Richtige im Lotto sind dagegen eine Alltäglichkeit. Auf alle Fälle wollen wir den Ball so nahe wie möglich an das Grün heranbringen. Wir müssen einen weiten Schlag machen.

Dazu braucht man einen Schläger mit einem schweren Kopf (der Golfschläger besteht aus dem Griff; dem Schaft und dem Kopf).

Es gibt zwei Gruppen, nämlich die Holz- und die Eisenschläger (engl. wood and iron). Der Holzschläger mit dem keulenartigen Kopf hat eine Bleifüllung zur Erhöhung des Gewichtes. Der Kopf kann allerdings auch aus Kunststoff oder Leichtmetall sein, trotzdem läuft das unter der Bezeichnung Holzschläger. Über zwanzig verschiedene Formen gibt es, Sie dürfen sich hieraus für ein Spiel vierzehn als Ihr Sortiment zusammenstellen. Der Unterschied liegt jeweils im Gewicht des Kopfes und dem Winkel auf der Seite, die den Ball trifft. Dadurch wird der Abflugwinkel des Balles bestimmt, man kann den Ball flach oder hoch treiben.

Sie haben nun Ihren Schläger ausgesucht, um den Ball gut 200 m weiterzubringen, und nun folgt das, was nicht nur sehr telegen, sondern für den Erfolg von ausschlaggebender Bedeutung ist, nämlich der Golfschwung, der viel Training erfordert. Es ist dies eine

Kombination aus verschiedenen Bewegungen, die zu einer einheitlichen verschmelzen. Das beginnt mit dem **Rückschwung**, der Schläger wird hinter die rechte Schulter geführt, dann wird er am Körper vorbei nach vorne gezogen: das ist der **Abschwung** – huii zack!! –, der Ball wird getroffen, und beim **Durchschwung** saust der Schläger bis über die linke Schulter.
Selbst wenn Sie noch kein Golfspiel gesehen haben sollten, kennen Sie diese Schwungkombination sicher aus Filmen, in denen der Golflehrer, jung und dynamisch, die Schülerin, jung und hübsch, oder auch einfach nur reich, je nach Inhalt des Films, zärtlich von hinten umfängt, um mit ihr gemeinsam diesen Schwung zu üben. Mit Sicherheit ergeben sich hieraus Komplikationen, aber da diese nichts mit dem Sport zu tun haben, wollen wir die Fortsetzung der Phantasie jedes einzelnen überlassen.

Wir bleiben beim Golf, der Ball ist jetzt unterwegs und ist nicht durch Hindernisse abgehalten oder abgelenkt worden. Hindernisse sind ja über den gesamten Platz verteilte Bodenunebenheiten, die, wie z.B. Gewässer, naturgegeben sind. Auch sogenannte Hemmnisse könnten im Weg sein, das sind irgendwelche künstlichen Gegenstände, die vielleicht unabsichtlich zurückgelassen worden sind, wie z.B. Bänke oder Papierkörbe oder ähnliches.
All das hat unser Ball passiert, wir haben also Glück gehabt (Glück sagen dann die anderen, wir nennen es Tüchtigkeit). Wir suchen uns den nächsten Schläger aus, der den Gegebenheiten am besten entspricht. Sind wir auf dem Grün gelandet, haben wir also die Chance, mit dem nächsten Schlag ins Loch zu treffen, nehmen wir als Schläger den **Putter**, der hat eine senkrechte Schlagfläche. Wir brauchen dem Ball ja jetzt keine Steigung mehr zu geben, sondern einen waagerechten Weg zum Loch.
Die Strecke zwischen Ball und Loch wird nun sehr ausführlich begutachtet, wobei alle Unebenheiten berücksichtigt werden müssen. Beraten kann man sich übrigens während des gesamten Spiels mit dem Helfer, der auch die ganze Ausrüstung schleppt. Das ist der **Caddy**, praktisch der Sancho Pansa des Golfspielers. Er ist also nicht nur reiner Schlepper, sondern auch fachkundiger Berater und Beobachter, der vor allen Dingen auch den Flug des Balles verfolgt, denn den

wollen wir ja auch irgendwann wiederfinden. Es gibt zusätzlich noch einen Fore-Caddy, der gehört aber nicht zum Spieler, der wird von der Spielleitung eingesetzt, um den Spielern die Lage der Bälle anzugeben. Immerhin hat dieser kleine pockennarbige Gummiball von höchstens 46 g nur einen Durchmesser von etwas mehr als 4 cm, und auf eine Entfernung von über 200 m kann er sich leicht hinter einem Gänseblümchen verstecken.

Das Grundsätzliche vom Golf wissen wir nun, der Ball wird vom Abschlag über den Fairway bis zum Grün getrieben und dann ins Loch gespielt.
Es bleiben noch einige Ausdrücke zu erklären, die man beim Golf hört.

Ehre (engl. honour)
Die Partei A hat die Ehre – das heißt nichts anderes, als daß Partei A bei der Auslosung den Beginn gewonnen hat, also den ersten Abschlag. Man sieht daraus schon, daß beim Golf honour eine große Rolle spielt. Man hat ja auch keinen Schiedsrichter im üblichen Sinne, wo sollte der sich auch wohl aufhalten. Es gibt ein vorher bestimmtes Schiedsgericht, das Entscheidungen fällt, wenn man sich über zweifelhafte Regelfälle nicht einig werden kann. Golfspieler sind Leute, die Etikette nicht nur von Weinflaschen kennen. Unter Etikette versteht man dort die besonderen Verhaltensmaßnahmen für alle Spieler auf dem Golfplatz, und festgehalten sind sie in neun Punkten von einem schottischen Golfclub, der 1754 gegründet wurde. Und diese Regeln gelten noch heute.

Par
Das ist eine Richtzahl, die angibt, mit wieviel Schlägen ein hochklassiger Spieler diese Bahn schaffen kann. Das wird nun nicht für jede Bahn einzeln und individuell ermittelt, sondern für die Festlegung ist die Länge der Bahn entscheidend. Eine Bahn bis zu maximal 228 m ist mit drei Schlägen zu spielen, sie hat also die Bezeichnung Par 3. Bis 434 m gilt Par 4, was darüber hinaus ist, braucht fünf Schläge (wohlgemerkt, von einem Könner, man nennt ihn auch Scratch-Spieler), die Richtzahl ist Par 5. Schafft man das Einlochen mit einem Schlag weni-

ger als Par, spricht man von einem **Birdie**. Seltener ist der **Eagle**, das sind zwei Schläge weniger als Par. Der häßliche Bruder davon ist der **Bogey**, das ist ein Schlag über Par.

Standard

So wie Par die Richtzahl der Schläge für die einzelne Bahn ist, gilt Standard für den gesamten Platz. Bei uns hat ein Platz von 4207 m einen Standard von dreiundsechzig Schlägen. Die 4207 m sind die Summe aller Bahnen auf diesem Platz.

Das geht nun hinauf bis zu einer Länge von 6584 m mit einem Standard von 74.

Wie schon gesagt, liegt diesen Richtzahlen die Fähigkeit eines erstklassigen Spielers zugrunde, von dem man annehmen kann, daß er die Bahnen bzw. Plätze mit den angegebenen Schlägen spielen kann. Nun dürfen wir aber ja wohl, ohne jemandem weh zu tun, annehmen, daß es eine große Anzahl von Golfspielern gibt, die mit ihren Fähigkeiten nicht an diese First-Class-Leute heranreichen.

Wettkämpfe von Spielern mit unterschiedlichen Fähigkeiten würden ziemlich spannungslos, wenn von Start bis Ziel die gleiche Reihenfolge bliebe. Wie man hier Abhilfe schafft, steht im nächsten Abschnitt.

Handicap

Dieses Wort kennen wir im Sprachgebrauch als Benachteiligung, und so ist es auch im Sport, wo es in verschiedenen Disziplinen angewendet wird. Sinn und Zweck des Handicaps ist, einem Benachteiligten einen gewissen Vorsprung zu geben, sei es nun zeitlich, in der Strecke oder durch Punkte, um ihm dadurch die Möglichkeit zu geben, mit dem Besseren gleichzuziehen.

Wenn Sie ein primitives Beispiel erlauben: Bei einem Wettlauf zwischen einem Hasen und einer Schildkröte hat Letztere ein erhebliches Handicap, und man müßte ihr einen solchen Vorsprung geben, daß ihr Start kurz vor der Ziellinie liegt. Nehmen wir mal an, sie braucht für einen Meter so viel Zeit wie der Hase für 100 m, dann setzt man ihren Start beim 100-m-Lauf auf die 99-m-Marke. Sie hat dann für den 100-m-Lauf ein Handicap von 99.

Beim Golf wird nun die Stärke eines Spielers festgelegt, indem man seine Jahresdurchschnittsleistung errechnet. Nehmen wir einen Platz mit Gesamtbahnlänge von 5 000 m, der Spieler kommt auf einen Durchschnitt von achtzig Schlägen. Der Standard für einen solchen Platz ist 67. Unser Mann hat danach ein Handicap von 13. Spielt er gegen einen Scratch-Spieler, erhält er eine Vorgabe (das nämlich ist das Handicap) von 13.
Die Spieler werden je nach Höhe ihrer Vorgaben, also ihrer Handicaps, klassifiziert, dabei gibt es fünf Vorgabeklassen. Diese gehen von Klasse 1 – Vorgabe von plus 2 bis minus 3 Schlägen – bis zur Klasse 5 – Vorgabe minus 25 bis minus 36 Schläge.

Wettspielarten

Es gibt zwei Möglichkeiten. Da sind zum einen die **Lochspiele**: Für jeden Schlag, den man weniger für ein Loch benötigt als der Gegner, gibt es einen Punkt. Bei den Lochspielen spielen entweder zwei Wettbewerber gegeneinander oder aber zwei Parteien. Das Spiel kann vorzeitig entschieden sein, also bevor alle Löcher gespielt sind. Wenn Spieler oder Mannschaft A beim 15. Loch einen Vorsprung von 4 Punkten haben, dann ist das nicht mehr einzuholen, weil ja nur noch 3 Löcher zu gewinnen sind. Der oder die Sieger stehen fest, das Resultat heißt: 4 plus 3. Wenn Sie als Resultat lesen: «1 auf», im Ergebnis steht keine zweite Zahl, dann wissen Sie, das Spiel ging über 18 Löcher und wurde mit 1 Loch knapp gewonnen. Steht es nach dem 18. Loch unentschieden, fängt man wieder beim 1. Loch an, das ist dann das 19. Loch. Gewinnt A, sagt man: «Sieger auf dem 19. L.»
Zählspiele sind schwierigere Prüfungen, denn hier zählt auch jeder vergurkte Schlag. Nicht wie beim Lochspiel, wo ja so mancher schlechte Schlag mit dem Mantel christlicher Nächstenliebe zugedeckt wird, wenn man nur das Loch gewonnen hat.
Die Anzahl der Spieler ist unbegrenzt. Es wird festgelegt, wie viele Runden man geht, eine zu 18, zwei mit 36, drei mit 54 oder gar vier Runden mit insgesamt 72 Löchern. Nun geht es darum, dieses ganze Marathon mit möglichst wenigen Schlägen zu überstehen.

Interessant für den Zuschauer, auch für den am Fernseher, ist besonders das Spiel auf dem Grün, wenn es darum geht, den Ball einzulochen. Der Abschlag ist zwar wunderschön anzusehen, aber dann geht die Kamera in die Wolken, und wenn man Glück hat, merkt man am Beifall der Zuschauer, ob er gut oder schlecht angekommen ist.
Doch auf dem Grün hat man alles hautnah vor sich, und es ist spannend zu sehen, wie der Spieler, in der Hocke sitzend, mit zusammengekniffenen Augen die Strecke zwischen Ball und Loch fixiert, sich dann, mit dem Putter in der Hand, zentimeterweise neben den Ball vorarbeitet, um dann mit einem wohldosierten Schlag diesen in Richtung Loch zu bringen. Geht er rein oder nicht? Manchmal verhungert er unterwegs und bleibt kurz vor dem Loch stehen; manchmal macht er einen leichten Knick zur Seite, und wenn es das Schicksal ganz böse meint, läuft der Ball aufs Loch zu, rollt ein Stückchen auf dem Rand herum und bleibt dann knapp neben dem Loch liegen. Das kostet einen weiteren Schlag. So ist das Leben.

Noch ein Wort zu den kleineren Geschwistern.

Bahnengolf
Auch hier gibt es achtzehn Bahnen, die so gebaut sind, daß ein geübter Spieler mit einem Schlag einlochen kann. Das wird durch diverse künstliche Hindernisse erschwert. Der Spieler hat an jeder Bahn sechs Schläge, schafft er damit das Loch nicht, erhält er einen Zusatzpunkt, also insgesamt sieben.
Minigolf wird auf Betonbahnen gespielt, die 1,25 m breit und 12 m lang sind, dazu gehört eine 25 m lange Weitschlagpiste.
Miniaturgolf, hier sind die Bahnen 0,90 m breit und 6 m lang, auch diese Bahnen sind zumeist aus Zementplatten.
Cobigolf gibt es im Kleinformat mit 6,50 m langen Bahnen und im Großformat mit Bahnen bis 14 m Länge. Vor den Hindernissen stehen kleine Törchen, die durchspielt werden müssen.
Sterngolf hat eine Ähnlichkeit mit dem Minigolf, die Bahnen sind 1 m breit und 8 m lang. Und zum Abschluß noch das
Kleingolf, es ist dem Miniaturgolf ähnlich, hat aber eine größere Auswahl an Hindernissen bei einer Bahnlänge von 6 m.

HANDBALL

Der kleinere, jüngere Bruder hat dem größeren, älteren die Schau gestohlen: Feldhandball hat keine Chance, im Fernsehen aufzutreten, Hallenhandball um so mehr. Nun muß man allerdings zugeben, auch wenn man vom Handball (noch) nichts versteht: Es ist eine flotte Sache, wie das da so vor sich geht. Neben dem Basketball ist Hallenhandball eines der schnellsten Spiele überhaupt, wenn man berücksichtigt, daß die Spieler ohne jedes Gerät, nur mit dem Ball agieren. Neben einem erheblichen Laufpensum, das während des Spiels zu absolvieren ist, gehört die Beherrschung einer ausgefeilten Technik beim Werfen und Fangen zu den Grundbedingungen. Nun ist ja ein Wurf wesentlich präziser auszuführen als ein Schuß beim Fußball, so daß der Ball praktisch bis zum Torwurf in den eigenen Reihen gehalten wird. Beim Fußball wechselt der Ballbesitz ständig, wogegen beim Handball der Ballverlust gravierend ist. Man sieht das auch an den Ergebnissen, diese sind meistens zweistellig bei relativ geringen Differenzen.

Das Spielfeld

ist 38 bis 44 m lang und 18 bis 22 m breit, bei offiziellen Wettbewerben 20 × 40 m. Der Torraum sieht etwas eingedrückt aus, das liegt daran, daß von den Torpfosten aus Kreisbögen mit 6 m Radius geschlagen werden. Zur Feldmitte hin werden sie mit einer geraden Linie verbunden, die so lang ist wie das Tor breit, nämlich 3 m. Das Tor ist 2 m hoch. Der eingedellte Halbkreis ist die **Torraumlinie**, auch **Wurfkreis** genannt. Davor läuft eine Linie, die genau 3 m Abstand hat, das ist die **Freiwurflinie**. Dann gibt es noch die beiden **7-m-Marken** vor den Toren, diese entsprechen den bekannteren 11-m-Punkten beim Fußball.

Die Mannschaften

Sechs Feldspieler und ein Torwart sind jeweils im Gefecht. Dazu gehören vier Auswechselspieler. Ausgewechselt werden kann jederzeit und so oft, wie es nötig erscheint. Der Torwart darf nicht für einen Feldspieler eingesetzt werden, umgekehrt geht es aber. Und dieser darf dann sogar wieder aufs Feld.

Das Spiel geht über 2 × 30 Minuten, nach der Halbzeit gibt es zehn Minuten Pause. Bei Spielunterbrechungen entscheidet der Schiedsrichter, ob und wie viele davon von der Spielzeit abgezogen werden. Wenn, wie z. B. bei Pokalspielen, ein Unentschieden ausgeschlossen ist, wird nach Ablauf der regulären Spielzeit um 2 × 5 fünf Minuten verlängert. Hat dann immer noch nicht eine Mannschaft die Nase vorn, folgt eine zweite Verlängerung. Bringt auch das noch keine Entscheidung, beginnt der Nervenkrieg des Siebenmeterwerfens.

Das Spiel

Zu Beginn erfolgt der Anwurf in der Mitte. Die Mannschaften haben Aufstellung in ihrer Hälfte genommen, die Gegner der anwerfenden Mannschaft sind mindestens 3 m vom Anwerfer entfernt. Die gleiche Prozedur wiederholt sich nach jedem erzielten Tor. Der Ball darf jetzt mit sämtlichen Körperteilen, bis runter zum Knie, geworfen oder geschlagen werden. Aber natürlich wird man sich tunlichst darauf beschränken, den Wurf mit der Hand auszuführen, nur das erlaubt ein präzises Zuspiel.

Das ist nötig, und zwar recht schnell, denn der Spieler darf den Ball nur drei Sekunden in der Hand halten, selbst wenn er auf dem

Boden liegt. Auch darf er nicht mehr als drei Schritte laufen. Hier wird wieder der Unterschied zum Fußball deutlich, was man dort als Kampf im Mittelfeld kennt, gibt es beim Hallenhandball nicht. Ballbesitz für Mannschaft A und zack – alle zwölf Feldspieler tummeln sich vor dem Tor B, und der Ball flitzt von Hand zu Hand, bis einer aus dem A-Team eine Chance erspäht, den Ball einigermaßen ungehindert auf den gegnerischen Kasten zu donnern.
Das aber haben die Mannen von B gar nicht so gern, sie versuchen, den Torwurf zu verhindern und den Ball in ihren Besitz zu bringen, damit sie ihrerseits angreifen können. Gelingt das, ändert sich das Bild schlagartig, und das Getümmel brandet um das Tor A.
Lediglich die beiden Torhüter sind ortsgebunden, sie bleiben stets vor ihren Pfosten, haben aber keineswegs über Mangel an Bewegung zu klagen. Ganz im Gegenteil, es drängt sich der Gedanke auf, daß diese ein paar Gelenke mehr haben müssen als normale Sterbliche, denn mit Armen und Beinen, mit Kopf und Körper versuchen sie, den größtmöglichen Raum zwischen ihren Torpfosten abzudecken. Für den ständigen Wechsel der Spielsituationen, und das in sehr schneller Folge, braucht der Torwart blitzartiges Reaktionsvermögen.

Regeln

Nun gibt es natürlich etliche Regeln, die das schnelle Spiel in sportlichen Grenzen halten. Die **3-Sekunden-Regel** und die **3-Schritte-Regel** hatten wir schon erwähnt, und dann ist es keinesfalls erlaubt, den Gegner mit Armen und Beinen zu sperren, zu umklammern, festzuhalten oder gar zu stoßen oder zu schlagen.
Man darf mit offener Hand dem Gegner den Ball aus der Hand spielen, aber nicht den Arm blockieren oder festhalten.
Eine der wichtigsten Regeln: Der Torraum des Gegners ist vor dem erfolgten Torwurf absolut tabu. Er darf nicht betreten werden. Nur der Torwart darf sich hierin aufhalten. Sobald der Ball die Torraumlinie überquert hat, darf er nur vom Torhüter gespielt werden.
Ein probates Mittel für den Angreifer, die Entfernung von der Torraumlinie zum Tor zu verkürzen – obwohl die ja nun wirklich nicht sehr groß ist –, ist der **Fallwurf**. Dabei läßt sich der Angreifer mit dem

Ball in der Hand in den Torraum fallen, wobei während des Fallens der Wurf ausgeführt wird. Zum einen hat er mit dieser akrobatischen Aktion die Entfernung zum Tor erheblich verkürzt, und zum anderen ist er damit der gegnerischen Verteidigung entwischt.
Wenn ein Angreifer erst einmal auf diese Weise unterwegs ist, kann man nicht mehr eingreifen, alle Hoffnung liegt dann auf dem Torwart, aber wehr mal so 'n Ding ab, wo man noch nicht mal weiß, in welche Ecke es geht.
Wo der Angreifer dann mit seinem Körper landet, spielt keine Rolle, die Hauptsache ist, er ist den Ball losgeworden, bevor seine Füße irgendwo innerhalb des Schußkreises zu Boden kommen. Es gibt sogar Künstler, die fallen schon ohne Ball und kriegen erst unterwegs den Ball zugespielt, den sie dann mit einer Hand in die richtige Richtung bringen.

Geht der Ball über die Seitenlinie ins **Aus**, erfolgt der Einwurf durch die Mannschaft, die den Ball nicht zuletzt berührte.
Beim Aus über die Torlinie gibt es zwei Möglichkeiten: Hat ein Angreifer oder der verteidigende Torhüter den Ball zuletzt berührt, gibt es **Abwurf** durch den Torhüter. War der letzte jedoch ein verteidigender Feldspieler, erfolgt ein **Eckwurf** durch den Angreifer; die Verteidiger haben drei Meter Abstand vom Werfer zu halten.
Und damit wir nun auch wissen, wofür die Freiwurflinie ist: Hinter dieser Linie muß sich die Mannschaft aufstellen, der der **Freiwurf** zugesprochen wurde, die Verteidiger dürfen dabei an ihrer Torraumlinie stehen. Aus einem Freiwurf heraus darf ein Tor erzielt werden. Den Freiwurf gibt es für regelwidriges Verhalten oder Verlassen des Feldes, wenn ein Einwurf regelwidrig ausgeführt oder der Ball absichtlich aus dem Spiel gebracht wurde. Auch Behinderung des Gegners im Torraum kann einen Freiwurf nach sich ziehen, ja selbst das absichtliche Spielen des Balles in den eigenen Torraum hinein.
Etwas ernster sieht es aus für den Verteidiger, wenn gegen ihn ein **Sieben-Meter-Wurf** verhängt wird. Diesen können persönliche Verstöße des Spielers in der eigenen Hälfte verursachen, oder auch persönliche Verstöße in der gesamten Spielfläche, wenn dadurch eine klare Torchance zunichte gemacht wurde.
Ein Verteidiger, der in der Hitze des Gefechts durch den eigenen Tor-

raum saust oder den Ball dort hineinspielt, und der Ball berührt den Torhüter, kassiert einen Sieben-Meter-Wurf gegen seine Mannschaft. Bei der Ausführung dieses Strafwurfes bleibt der Raum zwischen Freiwurf- und Torraumlinie leer, die Gegner bleiben drei Meter hinter dem Werfer.

Feldhandball

Noch ein paar Takte zum großen Bruder, dem Feldhandball: Hier sind jeweils zehn Feldspieler und ein Torwart pro Mannschaft auf dem Feld, das eine Länge von 90 bis 110 m und eine Breite von 55 bis 65 m hat. Die Tore sind 7,32 × 2,44 m. Der Torraum hat einen Radius von 13 m, die Freiwurflinie einen von 19 m. Der Strafwurfpunkt ist 14 m vom Tor entfernt.

Soweit unterscheiden sich die beiden nur in Mengen- und Größenangaben, aber eine Besonderheit im Feldhandball soll noch hervorgehoben werden: Das Spielfeld wird in drei Abschnitte eingeteilt, und zwar so, daß vor jedem Tor im Abstand von 35 m eine Querlinie läuft. Der Clou dieser Sache ist der, daß sich maximal sechs Spieler einer Mannschaft im eigenen oder gegnerischen Torraumabschnitt aufhalten dürfen. Sind es mehr, bekommt der Gegner einen Freiwurf. Das ist wohl der wesentliche Unterschied im Regelwerk, denn dadurch wird die Traubenbildung vor den Toren verhindert, die Spieler sind im Feldhandball über das ganze Feld verteilt, wogegen in der Halle die Mitte des Spielfeldes wie beim Wirbelsturm relativ ruhig ist.

HOCKEY

Das ist wohl eines der ältesten Ballspiele, wenn nicht das älteste überhaupt, und man kommt in Versuchung zu sagen: «Schon die alten Römer...», aber das stimmt nicht, denn wenn schon damals gespielt wurde, dann sicher von den jungen Römern. Außerdem waren die Chinesen viel früher dran, wie ja Söhne der Mitte meistens die ersten waren, nicht nur beim Schießpulver. Hockey hat sich in vier Spielarten aufgegliedert, und ausgerechnet das jüngste Kind, das Eishokkey, hat den anderen, vom Bildschirm her gesehen, den Rang mit Abstand abgelaufen.
Eishockey behandeln wir darum separat, hier geht es jetzt um das **Feldhockey** und die Weiterentwicklung dieses Spieles, das **Hallenhockey**. Da beide von den Regeln her ziemlich ähnlich sind, widmen wir die ausführlichere Beschreibung dem großen Feld und hängen die Halle hintendran.

Feldhockey

Das Spielfeld

Das Spielfeld ist recht einfach, ein Rechteck von 91,40 × 55 m. Auffällig ist, daß parallel zur Mittellinie zwei gestrichelte Linien laufen, die das Spielfeld in vier Viertel teilen. Zwei weitere laufen vor den Seitenlinien im Abstand von 6,40 m, das sind die **Einroll-Linien**. Die **Schußkreise** vor den Toren haben einen Radius von 14,63 m, jeweils vom Torpfosten aus. Zur Mitte hin sind diese Halbkreise etwas abgeflacht, da läuft die Linie parallel zum Tor. Die Tore sind 3,66 × 2,14 m.
Gespielt wird mit dem Schläger, oder besser gesagt, mit dem **Stock**. Dieser hat unten eine Krümmung, und diese ist auf der linken Seite abgeflacht, die andere Seite ist rund. Grundsätzlich wird nur mit der linken, der Schlagseite, gespielt. (Das ist das einzige Spiel, das mit Schlagseite gespielt wird. Entschuldigen Sie bitte diesen Kalauer.)

Die Mannschaft

Die Mannschaften haben elf Spieler, und zwei können ausgewechselt werden.

Das Spiel

Die Spielzeit beträgt 2 × 35 Minuten, Halbzeit ca. 10 Minuten.
Das Spiel beginnt mit einem **Bully**, und das ist eine Zeremonie besonderer Art: Der Ball liegt auf dem Mittelpunkt zwischen zwei gegnerischen Spielern, die gebogenen Enden ihrer Stöcke am Boden. Jetzt schwingen beide Spieler ihren Stock gegen den des Gegners. Klack! Stock zurück auf den Boden. Bumm! Wieder nach oben Klack! Dieses Ritual wiederholt sich dreimal, und nach dem dritten Klack! geht's gegen den Ball. Der saust dann durch die Gegend, und ab geht die Post, das Spiel ist im Gange.

Diese possierliche Ouvertüre können wir nach jedem geschossenen Tor und noch mal zu Beginn der zweiten Halbzeit bewundern, aber auch nach einer Spielunterbrechung, dann allerdings nicht im Mittelpunkt, sondern irgendwo auf dem Spielfeld am Ort der Tat, die die Unterbrechung auslöste. Falls der innerhalb eines Schußkreises ist, muß ein Abstand von 4,55 m von der Torlinie eingehalten werden.

Noch einige grundsätzliche Einzelheiten: Erwähnt wurde schon, daß der Ball nur mit dem unteren, abgeflachten Ende des Stockes gespielt werden darf. Weiterhin darf der Stock in keiner Phase des Spiels, ob mit Ball oder ohne, egal, wo sich der Spieler befindet, über Schulterhöhe gehalten werden. Und dann ist da noch die Sache mit dem Schußkreis. Beim Hockey ist es anders als bei vielen anderen Spielen, die eine ähnliche Linie vor dem Tor haben. Ein Torschuß darf beim Hockey nur *innerhalb* dieses Raumes erfolgen. Ein Schuß aus dem Feld außerhalb des Schußkreises, der auf dem direkten Weg, ohne einen anderen Spieler zu berühren, ins Tor geht, ist kein Grund zum Jubeln, zählt nämlich nicht als Tor.

Daß präzises Zuspiel und die Annahme des Balles, also das Stoppen, das A und O der Spieltechnik sind, leuchtet wohl ein. Das Zuspiel kann in verschiedenen Arten erfolgen.
Das **Schieben** – dabei wird der Ball möglichst lange vom Stock geführt – gestattet es, den Ball sehr präzise in eine bestimmte Richtung zu bringen.
Das **Schlagen** dagegen – etwa wie beim Golf, aber Vorsicht!, mit dem Stock hübsch unten bleiben! – treibt den Ball am weitesten, und das **Schlenzen** schließlich bringt den Ball in die Höhe, dabei muß der Stock etwas unter den Ball gebracht werden.
Hierbei kommt eine Ausnahme im Regelwerk zur Anwendung, der Ball, der sich in der Luft befindet, darf über Schulterhöhe mit der Hand gestoppt werden. Er muß dann sofort ohne jede Richtungsveränderung senkrecht auf den Boden fallen gelassen werden. Da wir gerade beim Handstoppen sind, das ist auch erlaubt bei der «kurzen Ecke», zu der wir gleich kommen.

Geht der Ball über die Seitenauslinie, wird er eingerollt oder eingeschoben, die anderen Spieler bleiben auf Distanz, dafür ist die eingangs erwähnte **Einroll-Linie**.

Auch **Abseits** gibt es im Hockey, da ist es ähnlich wie beim Fußball, und es wäre nett von Ihnen, wenn Sie dort mal eben schnell nachsehen würden... Beim Hockey allerdings müssen es zwei Feldspieler sein, die der eigenen Torlinie näherstehen als der Gegner; sind es weniger, steht der Angreifer im Abseits.

Regelverstöße werden mit **Freischlägen** geahndet, und zwar jeweils dort, wo der Verstoß erfolgte, die anderen Spieler bleiben 4,55 m vom Ball. Schlenzen ist beim Freischlag nicht erlaubt.

Ecken spielen beim Hockey eine besondere Rolle, es gibt sie in verschiedenen Ausführungen. Da ist einmal die normale oder **lange Ecke**, die vom Angreifer ab der Torauslinie des Gegners geschossen wird, und zwar von einem Punkt, der nicht weiter als 4,55 m von der Eckfahne entfernt ist, also aus einer Distanz von über 20 m zum Tor.

Bei der Strafecke, oder **kurzen Ecke**, wird es schon kritischer, denn hier liegt der Punkt nur 9,14 m vom Torpfosten entfernt. Bis zu sechs Verteidiger dürfen bei dieser Prozedur hinter der Torlinie stehen, Start zur Verteidigung erst nach erfolgtem Schlag des Angreifers. Die anderen Verteidiger halten sich jenseits der Mittellinie auf. Die Angreifer müssen außerhalb des Schußkreises stehen. Direkt aufs Tor schießen darf man nicht, hat ja auch keinen Zweck, wer kann denn wohl so im Bogen schießen, daß der Ball hineingeht. Obwohl: beim Fußball geht das, so schön mit Effet – aber wir sind hier beim Hockey, und da gibt es das eben nicht. Der Ball wird also ins Feld vors Tor gespielt, dort wird er gestoppt – auch mit Hand erlaubt –, und dann erfolgt der Torschuß.

Die lange Ecke gibt es, wenn ein Verteidiger den Ball unabsichtlich von einem Punkt innerhalb des Viertels vor seinem Tor ins Toraus schlägt. Macht er das absichtlich, praktisch als Notbremse, gibt es eine kurze Ecke. Diese wird auch verhängt, wenn ein Foul innerhalb dieses Viertels vom Verteidiger begangen wird. Passiert das im Schußkreis, gibt es auch kurze Ecke, es sei denn, der Schiedsrichter erkennt auf Strafstoß, das ist noch eine Nummer härter, der direkte Schuß aufs Tor vom Strafpunkt aus, und der ist 7,31 m vor dem Tor.

Hierbei ist nur Schlenzen oder Schieben erlaubt, das leuchtet wohl ein, denn wäre hier das Schlagen erlaubt, bräuchte der Torwart eine Rüstung wie weiland der selige Ritter Kunibert.

Hallenhockey

Hier ist alles etwas gemäßigter, das Feld mißt nur 18–22 × 36–44 m, die Tore 3 × 2 m, der Radius des Schußkreises ist 9 m.
Fünf Feldspieler, ein Torwart und sechs Auswechselspieler pro Mannschaft müssen 2 × 30 Minuten ins Gefecht, das kann man bei Turnieren aber auch verkürzen.
Eine wichtige Änderung der Regeln gegenüber dem Feldhockey ist, daß niemals geschlagen, nur geschoben werden darf. Und Schlenzen ist nur innerhalb des Schußkreises beim Torschuß erlaubt, sonst bleibt der Ball immer artig am Boden. Es gibt kein Abseits, die langen Ecken entfallen ebenfalls.

Rollhockey

Das nähert sich, schon von der Art der Fortbewegung her, dem Eishockey. Glatter, fester Boden, Spielfeld 20 × 40 m, ringsum eine Bande, Tore aus Holz, 1,55 × 1,05 m. Fünf Spieler und ein Torwart, die beliebig ausgetauscht werden dürfen. Spielzeit effektiv 2 × 25 Minuten, alle Unterbrechungen werden abgezogen. Zusätzliche Regel: Der Ball darf niemals über 1,50 m hoch gespielt werden. Ansonsten gelten Regeln wie beim Eishockey, einschließlich des Penalty.

KANU

Wir wollen auf den Versuch verzichten, tiefer in die Sprachwelt der Seeleute einzudringen, wir beschränken uns auf das Nötigste. Auch Sehleute wissen, daß Seeleute nicht vorne und hinten, sondern vorn und achtern sagen, und daß vorn am Schiff der Bug und achtern das Heck ist. Auch weiß man, daß die «Wirbelsäule» unter dem Schiff der Kiel ist. Beim Begriff «Steven» wird's schon kritischer, das sind die Bauteile, die den Kiel vorn und achtern nach oben verlängern. Diese sind mitbestimmend für die Form des Bootes.

Die Boote

Damit kommen wir zum Thema, das mit der Frage beginnen soll: Was ist denn eigentlich ein Kanu?
Das sind alle kleinen Boote, die vorn und achtern auf Steven gebaut sind. Jetzt müssen wir noch zwei Grundformen unterscheiden, nämlich den **Kajak** und den **Kanadier** (Canadier).
Beim ersten haben die Eskimos Pate gestanden, die hatten sich seinerzeit Boote gebaut, bei denen das ganze Gerüst aus Tierknochen bestand (Bäume sind da oben nach wie vor recht selten), und die ganze Konstruktion war rundherum mit Tierhäuten bedeckt, lediglich oben blieb eine kleine Luke offen, in der man sitzen konnte. Dieses kleine, wendige Boot ist recht schmal gebaut und hat die fatale Neigung, leicht zu kentern (umzukippen). Dagegen wurde eine besondere

Technik erfunden, die es ermöglicht, das Boot nach dem Kentern wieder aufzurichten, ohne dabei aussteigen zu müssen. Noch heute nennt man diese Rolle um die Längsachse Eskimotieren oder **Eskimorolle**. Wir kommen darauf noch zurück. Auf alle Fälle aber ist das in den eiskalten Gewässern der nordischen Gefilde eine Art Erfrischung, die nicht unbedingt bei jedermann ungeteilte Freude aufkommen läßt.
Ein Kajak ist also ein schmales Boot mit geschlossenem Verdeck, in dem sich lediglich die Sitzluke befindet (oder auch mehrere). Der Steven ist spitz und hochgezogen.
Der Kanadier dagegen wurde zuerst von den Indianern gebaut (das Canoe). Dieses bestand aus Ästen als Gerüst und Rinde als Bootshaut. Die Steven sind vorn und achtern stark überhöht (Canadier-Steven), und das Boot ist oben völlig offen.

Auch in der Art der Fortbewegung gibt es grundlegende Unterschiede. Zum Kajak gehört das **Doppelpaddel**, das ist ein Schaft mit zwei um 90 Grad gegeneinander verdrehten Blättern. Der Fahrer sitzt mit leicht nach vorn gebeugtem Rumpf, Ober- und Unterarme etwa im rechten Winkel zueinander, die Paddelblätter werden abwechselnd rechts und links vorn ins Wasser getaucht und nach hinten durchgezogen.
Der Kanadier wird mit einem **Stechpaddel** vorwärts bewegt, am Schaft ist nur ein Blatt. Der Fahrer kniet auf einem Bein, dem Standbein, auf der Paddelseite, das andere Bein stützt nach vorn ab. Der Haken bei dieser einseitigen Antriebsbewegung ist jedoch die Einhaltung der Richtung. Der Ungeübte wird gnadenlos im Kreis schippern, das kann ja wohl nicht im Sinn der Sache sein. Das Steuern erfolgt durch den Dreh- oder Steuerschlag, dabei wird jeweils im letzten Moment die Innenkante des Paddels vom Boot weggedreht. Gewußt, wie.

Die Unterschiede dieser beiden Bootsarten kennen wir jetzt. Es gibt nun noch das **Faltboot** für ein oder zwei Personen, das ist zerlegbar und besteht aus einem Gerüst und einer Gummihaut. Das robustere Kunststoffboot hat es fast völlig ins Abseits gedrängt.
Das **Kanu-Segeln** gehört ebenfalls in diese Reihe. Ein Fahrer steuert ein Kleinsegelboot, und erstaunlicherweise kommen diese Flitzer mit

einer Segelfläche von unter 10 qm auf Geschwindigkeiten von fast 50 km/h.
Falls Sie dem Wassersport nicht grundsätzlich abhold sind, stellen Sie spätestens jetzt die Frage, wo eigentlich das **Paddelboot** bleibt? Das ist doch schließlich das Bekannteste.
Sie haben völlig recht, aber zu Ihrer Beruhigung: Es wurde bislang über nichts anderes geschrieben. Ob Kanu- oder Paddelsport, das ist Jacke wie Hose, beides ist dasselbe. Die Österreicher gebrauchen z. B. fast nur den zweiten Ausdruck. Ein Paddelboot ist ein Wasserfahrzeug, das durch Paddel bewegt wird, also Kajak, Kanadier und Faltboot.

Die Boote kennen wir jetzt, wie sieht es mit den Sportarten aus? Man kann den Kanusport hervorragend zur Erholung und Entspannung betreiben, mit Wanderfahrten über Flüsse und Seen. Dabei genießt man die reizvolle Landschaft oder stellt sich den körperlichen Anforderungen von Fahrten durch Wildwasser. Im übrigen läßt man alle fünfe gerade sein und schert sich 'nen Deubel darum, ob man zehn Minuten früher oder später ankommt. Aber, wie kann es anders sein, auch hier reizt der Wettkampf, und da wollen wir uns die verschiedenen Disziplinen ansehen.

Kanurennsport

Ein- oder mehrfach besetzte Boote, Kajaks und Kanadier fahren bei Regatten über verschiedene Distanzen. Die Strecken sind hindernisfrei und sollen auch möglichst frei von Strömungen sein. Die Bahn für jedes Boot muß 9 m breit sein, und die Wassertiefe darf nicht unter 2 m liegen.
Auf dem olympischen Programm stehen die 500 m für Kajak-Einer und -Zweier (Herren und Damen), Kanadier-Einer und -Zweier nur für Herren, 1000 m Kajak-Einer, -Zweier und -Vierer und Kanadier-Einer und -Zweier, alles nur für Herren. Zum jeweiligen Endlauf kommen neun Boote.
Bei den Weltmeisterschaften kommen dazu noch der Kajak-Vierer

über 500 m und die Langstrecke von 10 000 m, mit dem Kajak in allen drei, und dem Kanadier in zwei Besetzungsarten für Herren. Die 10 km können natürlich auf Rundstrecken oder auf Wendestrekken gefahren werden. Voraussetzung ist allerdings, daß die erste Strecke mindestens 1500, die letzte 1000 m lang als Gerade verläuft.

Kanuslalom

Neben Kraft und Technik wird hier auch Erfahrung im Wildwasserfahren verlangt, größtmögliche Beherrschung des Bootes ist Voraussetzung, denn es geht über eine Strecke von bis zu 800 m mit künstlichen und natürlichen Hindernissen, und das Wasser fließt wenigstens mit zwei Metern in der Sekunde. Da hat ein Fußgänger schon ganz schön zu marschieren, um nicht zurückzubleiben.
25 Tore müssen durchfahren werden, neben den normalen Vorwärtstoren auch Aufwärtstore, die *gegen* die Strömung durchpaddelt werden wollen. Bei den Rückwärtstoren muß man sogar falsch herum, also mit dem Rücken voran, hindurch. Und dann gibt es noch die Team-Tore, die im Mannschaftsrennen von allen drei zusammengehörenden Booten innerhalb von 15 Sekunden passiert werden müssen. Mindestbreite eines Tores ist 1,20 m, Höchstbreite 3,50 m. Die Torstäbe hängen an Drahtseilen herab bis unmittelbar über der Wasseroberfläche.

Gewertet wird die erzielte Fahrzeit, und dazu kommen die Fehlerpunkte, die in Sekunden umgerechnet werden. Bei Einzelrennen macht jeder Fahrer die Tour zweimal, das beste Ergebnis wird gewertet. Bei Mannschaftsrennen zählt man alle Punkte der drei Fahrer zusammen.
Wird eine Torstange von innen berührt, gibt es fünf Strafpunkte, bei beiden Stangen sind es gleich zehn. Wenn man aber ein Tor berührt, ohne gleich durchzufahren, oder saust man gegen die vorgeschriebene Fahrtrichtung hindurch, hat man gleich fünfzig Punkte auf dem Konto. Soviel kostet auch eine Eskimorolle – da haben wir sie wie-

der –, wenn sie innerhalb einer Wertungsstelle ausgeführt wird. Nun macht man diese ja nicht freiwillig, aber es kann ja vorkommen, daß das Boot kentert. Jetzt ist beim geübten Fahrer die Rolle dran, denn Kentern heißt Ausscheiden! Da hängt man sich doch lieber die fünfzig Strafpunkte ans Bein und eskimotiert, das kostet zwar Punkte, aber man bleibt im Rennen.
Die Weltmeisterschaften werden alle zwei Jahre ausgetragen, und zwar in Einzel- und Mannschaftsrennen für Damen und Herren im Kajak-Einer. Außerdem für Herren im Kanadier-Einer und -Zweier. Diese Boote sind übrigens durch Spritzdecken oben zugemacht, offene Boote wären bald voll, und dann fährt es sich erfahrungsgemäß nicht so ganz optimal.

Wildwasserrennen

Da gibt es keine Tore oder andere künstliche Schwierigkeiten, die Natur hat schon selbst dafür gesorgt, daß das Durchfahren dieser Strecke auch für den geübtesten Fahrer ein harter Brocken ist. Es gibt auch keine Wertungsstellen; wie man runterkommt, ist egal, nur die Zeit zählt. Selbst das Kentern bringt den Fahrer nicht aus dem Rennen, er darf nur den Flußlauf nicht verlassen und beim Entleeren seines Bootes keine fremde Hilfe in Anspruch nehmen. Befindet sich jedoch einer in akuter Gefahr, sind alle anderen verpflichtet, ihm zu Hilfe zu kommen.
Die Strecken sind mindestens 3 km lang und eingeteilt in Kategorien, je nach Schwierigkeitsgrad von I bis VI. Der letzte Grad ist so irre schwierig, daß er praktisch als unbefahrbar gilt. Es gibt folgende Wettbewerbe: für Damen und Herren Kajak-Einer, für Herren Kanadier-Einer und -Zweier, und dazu kommt noch das «Mixed», das ist ein Kanadier besetzt mit einer Dame und einem Herren. Auch bei diesen Disziplinen starten jeweils drei Boote bei Mannschaftsrennen.

KEGELN

Nun ja, ein ausgesprochener Knüller für das Fernsehen ist es nicht, im Gegenteil, manche Stunde vor dem Bildschirm geht dem Freizeitkegler verloren, weil er aushäusig ist und sich mit Gleichgesinnten auf einer Kegelbahn tummelt.
Bei dieser Gelegenheit muß ein weitverbreitetes Fehlurteil ausgeräumt werden: Unwissende Zeitgenossen sind der irrigen Auffassung, daß es sich hierbei um ein Vergnügen handelt. Dem ist nicht so. Wenn Männer es auf sich nehmen, spätabends in einem recht engen, meist auch noch verqualmten Gehäuse auf harten Bänken herumzusitzen, wobei sie dann alle Naselang aufgescheucht werden, um schwere Kugeln über lange Bahnen zu schmeißen, und wo sie zwischenzeitlich immer wieder kalte Getränke in sich hineinschütten müssen, dann können nur Ignoranten von Vergnügen sprechen.
Jetzt aber zur sportlichen Seite, wobei nicht ausgeschlossen werden kann, daß auch hieran manche ihr Vergnügen haben.

Wir unterscheiden **Kegeln** und **Bowling**, das zweite hängen wir hinten dran, weil es vom Kegeln in manchem abweicht. Beiden gemeinsam ist das Ziel, mit einer Kugel möglichst viele der aufgestellten Kegel umzuwerfen, doch wie das vor sich geht ist verschieden, da führen viele Wege nach Rom.

Die Kegelbahnen

Beim Kegeln sind es die **Bahnformen**, die voneinander abweichen, da gibt es die Asphalt-, Bohlen- und Scherenbahnen. Auch hier erst einmal das Gemeinsame: Alle Bahnen sind ca. 30 m lang und unterteilt in die Abschnitte: Anlauf (1 m), Aufsatzbohle (5,50 m) und Lauffläche (ca. 20 m). Der Kegelstand mißt diagonal 1 m.
Nach einem kurzen Anlauf, der Profi macht drei Schritte, wird die Kugel über die **Aufsatzbohle** geschickt. Belegt ist diese Strecke mit braunem Linoleum. Entscheidend für den Erfolg ist nun einzig und allein, wie man die Kugel auf die Reise schickt, denn wenn sie erst mal unterwegs ist, kann man nur noch hinterhersehen und hoffen.
Die gespreizte Hand liegt so unter der Kugel, daß der Mittelfinger genau unter dem Schwerpunkt ist und in die Wurfrichtung zeigt. Das Aufsetzen soll mit möglichst niedriger Hand erfolgen, sonst donnert das Geschoß mit ziemlichem Krach nieder und sucht sich recht unkontrolliert seinen eigenen Weg.

Neun **Kegel** gilt es umzuschmeißen, und diese stehen im Quadrat mit der Spitze nach vorn. In der Mitte eine Reihe von drei hintereinander, daneben jeweils zwei und außen je einer. Dazwischen liegen vier **Gassen** von 15 cm Breite. Das ist etwas weniger, als die Kugel Durchmesser hat. Wie soll man aber nun mit einem Wurf neun Kegel treffen? Wenn man die Kugel so richtig mit Schmackes und schnurgerade auf den vordersten Kegel gerichtet hat, dann krachen die drei hintereinander stehenden mit Schwung durch die Gegend, aber die anderen bleiben unberührt an ihrem Standplatz, die Konkurrenz bleckt hohnlachend die Zähne, drei Punkte, das macht meine Oma mit links. Es muß also noch ein Trick dabei sein, und natürlich ist es das auch.
Die vorderen drei Kegel spielen dabei eine wichtige Rolle. Der ganz vorne, das Vordereck, und die beiden nächsten, der linke und der rechte Vordergassenkegel, sind die sogenannten **Schlagkegel**. Der erste hat einen schwarzen, die beiden anderen einen roten Rand am Kopf. Diese drei müssen dazu gebracht werden, ihre Nachbarn umzulegen. Das erreicht man am besten dadurch, daß die Kugel im leichten Bogen zwischen dem vorderen und einem der nächsten durchrollt. Man wirft also in die rechte oder die linke Gasse.

Nach Anlauf und Aufsatzbohle trennen sich die Geister, bis hierhin ist es bei allen drei Bahnarten gleich.

Asphaltbahn

Der Aufsatzbohle folgt eine Lauffläche, die mit Asphalt belegt ist. Sie ist 1,50 m breit und läuft am Ende bis auf 1,70 m Breite aus. Bis zum **Kegelstand** ist die Mitte der Bahn durch eine Linie markiert.

Bohlenbahn

Die Laufbohle besteht, wie man unschwer aus der Bezeichnung folgern kann, aus Holz. Sie ist von vorn bis hinten 35 cm breit und liegt in der Mitte der Bahn, die 1,50 bis 1,70 m breit ist. Das Besondere an dieser Holzbohle ist die **Kehlung**, das heißt sie ist leicht nach innen gewölbt, die Mitte ist etwas tiefer als die Seiten. Das ist zwar kaum sichtbar, denn die Kehlung ist nur bis zu 4,5 mm tief, aber trotzdem gibt sie der Kugel dadurch eine merkliche Führung, man sieht das deutlich, wenn z. B. ein ungeübter Kegler eine Kugel recht langsam auf die Reise schickt. Dann taumelt sie mehrfach von einer Seite auf die andere, und wenn man Glück hat, bleibt sie auf der Bohle. Diese Verformung der Bohle macht eine besondere Technik beim Aufsetzen nötig. Man wirft mit weniger Dampf als bei den anderen Bahnen, denn der ideale Weg der Kugel ist keine Gerade, sondern eine «Schlangenlinie», die ein- oder zweimal die Seite wechselt. Bei Wettkämpfen auf der Bohlenbahn spielt der **Gassenwechsel** eine Rolle, bei den ersten Würfen muß die Kugel in die linke Gasse treffen, nach 25 Wurf geht es dann in die rechte. Die Kehlung der Bahn erlaubt es, ja sie erzwingt es sogar, daß man die Kugel links aufsetzt, wenn man in die linke Gasse treffen will.

Und noch eine Besonderheit, die man als Laie (aber auch als ausgebuffter Profi) nicht sehen kann: Die Bahn steigt zum Kegelstand hin an. Zwar nur 10 cm, aber immerhin.

Scherenbahn

Im Aufbau ist sie die komplizierteste. Sie besteht aus Parkett, das mindestens 1,5 cm höher ist als der Seitenbelag. Auch sie ist gekehlt, aber wie! Da müssen die Hersteller schon ganz schön mit ihren Hobeln umgehen können. 25 cm nach Beginn der Lauffläche beträgt die

Kehlung 1,2 mm (bei dieser Größenordnung wirken Streichhölzer schon ziemlich klobig), nach 50 cm vertieft sie sich auf 2,4 mm, nach 75 cm auf 3,6 mm und läuft dann mit dieser «Tiefe» weiter bis auf 8,50 m vor dem Kegelstand. Und hier fängt die Bahn an, sich ihren Namen zu verdienen, denn hier spreizt sie sich auseinander wie eine Schere, sie verbreitert sich von den bisherigen 35 auf 125 cm. Die Kehlung verbreitert sich ebenfalls und läuft dann kurz vor dem Kegelstand aus, da geht es dann langsam wieder bergauf, um auf das Niveau zu kommen, auf dem die Kegel stehen. Auch hier gibt es den Gassenzwang, 25 links, 25 rechts und dann wird die Bahn gewechselt.
Allen drei Bahnarten gemeinsam ist die Kugelfanggrube hinter dem Kegelstand.
Natürlich haben alle Sportkegelbahnen heutzutage automatische Aufstellung, die Zeiten sind vorbei, wo man sich als junger Bursche ein paar Flaschen Limonade verdienen konnte, wenn man die Kegel aufstellte und dabei manchmal seine Knöchel der Gefahr aussetzte, mit der Kugel zusammenzustoßen. Dabei gewann die Kugel meistens, denn immerhin hat sie ein Gewicht von ca. 3100 Gramm bei einem Durchmesser von 16,5 cm. Auf der Asphaltbahn ist sie etwas kleiner – 16 cm – und etwas leichter – ca. 2900 Gramm, aber dafür wird hier auch schärfer geworfen.
Eine weitere technische Einrichtung ist die Bildanzeige. Dabei zeigen kleine Lämpchen an, welche Kegel geschmissen wurden, nebenbei wird natürlich die Anzahl angegeben und zum Teil auch noch addiert, so daß das lästige Kopfrechnen entfällt.

Die Spiele

Man unterscheidet die Spielarten **Wurf in die Vollen**, da stehen alle neun Kegel, und man versucht, möglichst alle umzulegen, und das **Abräumen**, da kommt es darauf an, die beim ersten Wurf stehengebliebenen Kegel zu erwischen. Daneben gibt es noch viele nette Spielchen der Freizeitkegler, die sich aber jeweils nach den Gegebenheiten der Anlage zu richten haben.

Bowling

Hier ist alles ganz anders. Nicht nur, daß die Kegel hier **Pins** heißen, sie sind auch bauchiger als beim Kegeln und haben sich um einen verstärkt, es sind 10 Stück, die umgeworfen werden wollen. Die Pins stehen im Dreieck 1/2/3/4 mit dem einzelnen vorn. Die Kugel (engl. bowl – daher der Name) ist wesentlich größer und schwerer, Durchmesser 21,8 cm, bis zu ca. 7,2 kg schwer. Da man solch einen Otto nicht so mit der Handfläche in die richtige Richtung bringen kann, hat man die Kugel mit drei Haltelöchern versehen, in die der Werfer Daumen, Mittel- und Ringfinger steckt. Sie hängt also praktisch am Wurfarm, und der Könner gibt ihr beim Loslassen noch einen besonderen Ruck zur Seite mit, der, wenn er richtig dosiert ist, den Lauf zum Bogen oder Haken werden läßt.
Der Anlauf ist beliebig lang, die Aufsatzfläche ist 1,52 m breit und 4,57 m lang. Dann kommt die **Foullinie** und dahinter die Lauffläche. Die Bahn ist aus Parkett oder Kunststoff und bis zum Ende des Kegelstandes 25,488 m lang. Ein Spiel oder ein «Durchgang» sind zehnmal zwei Würfe. Nach jedem Durchgang wird die Bahn gewechselt. Neben dem Einzel gibt es auch Doppel oder Mixed (Dame und Herr) sowie Mannschaftswettkämpfe.

Die Wertung ist mit der beim Kegeln nicht vergleichbar. Zwar zählen auch die umgeworfenen Pins, aber wenn des Keglers höchstes Glück eine Neun ist, so ist beim Bowling ein Volltreffer, der alle 10 Pins umlegt, insofern etwas Besonderes, als der Werfer im Anschluß daran zwei weitere Würfe zusätzlich bekommt. «Alle Zehne» beim Bowling heißt **Strike**, und die bei den zwei Extrawürfen umgeworfenen Pins werden voll mitangerechnet. Das gilt auch, wenn man den Strike mit dem letzten Wurf eines Durchgangs erzielt.
Nach einem Wurf bleiben die nicht umgeworfenen Pins stehen, und man muß versuchen, diese letzten Aufrechten mit dem zweiten Wurf zum Liegen zu bringen. Gelingt das, ist es ein **Spare**, und zu den zehn Punkten wird das Ergebnis des nächsten Wurfes gerechnet. Hat man am Ende des Durchgangs mit dem letzten Wurf den Rest vom vorletzten abgeräumt, also ein Spare geschafft, gibt es noch einen Wurf zusätzlich.

Bleiben nach zwei Würfen noch Pins stehen, und das wird beim Normalverbraucher ja wohl der Fall sein, so werden lediglich die umgefallenen der beiden Würfe gezählt.

Zum Schluß sei der Schadenfreude das Wort gegönnt. Beim Kegeln wie beim Bowling laufen neben den Laufflächen Rillen, in denen die Kugel wunderschön laufen kann, und hierbei besteht dann keine Gefahr mehr, daß sie einen der wertvollen Kegel trifft. Hat eine Kugel nicht die richtige Richtung oder zuviel Drall zur Seite, so daß sie die Lauffläche verläßt (bei der Asphaltbahn berührt sie die seitliche Begrenzungsbande – **anbanden**), dann landet sie in dieser Rille, und das ist dann der Moment, wo der Werfer unschöne Wörter ausstößt, mit den Zähnen knirscht oder mit dem Fuß aufstampft – die Temperamente sind da sehr unterschiedlich –, und wo der Kegelkollege sich bemüht, seine reine Schadenfreude durch möglichst teilnehmend erscheinenden Gesichtsausdruck zu kaschieren. Auf alle Fälle aber wird dieser **Nullwurf** – hier gibt es eine Unzahl von hübschen, regional unterschiedlichen Bezeichnungen – zwar als Wurf gezählt, die Punkte jedoch sind dahin. Sanguiniker trösten sich mit dem Gedanken, daß der Nullwurf eigentlich eine überzüchtete Neun (oder beim Bowling die Zehn) war. So schmal ist da der Grat zwischen Triumph und Flop. «Gut Holz!»

LEICHTATHLETIK

Dieser Hauptteil der Olympischen Spiele umfaßt alle Sportarten, die aus den natürlichen Bewegungen des Menschen entstanden sind, wie Laufen, Springen und Werfen.

Wir unterscheiden zwei Gruppen, die **Lauf-** und die **technischen Disziplinen**. Beim Laufen geht es über unterschiedliche Distanzen, und unter den technischen Sportarten finden wir das Werfen und Stoßen sowie Sprünge in den verschiedenen Formen. Erklärungsbedürftig ist davon kaum etwas, so daß wir uns nur ansehen wollen, was dazugehört. Unterscheiden müssen wir zwischen den Wettbewerben für Damen (D) und Herren (H), die manchmal voneinander abweichen.

Laufen

Kurzstrecken
100 m D H
200 m D H
400 m D H

Mittelstrecke
800 m D H
1500 m D H

Langstrecke
3000 m D H
5000 m H
10000 m H

Staffelläufe
4 × 100 m D H
4 × 400 m D H

Hürdenlauf
100 m D
110 m H
400 m D H

Hindernislauf
3000 m H

Marathonlauf
42195 m D H

Gehen
5000 m D
10000 m D
20000 m H
50000 m H

Der letzte Kilometer beim Marathonlauf

Noch ein paar kurze Bemerkungen dazu: Beim Laufen innerhalb der Bahnen im Stadion geht es immer links herum, entgegen dem Uhrzeigersinn. Ab 200 m müssen notgedrungen auch die Kurven einbezogen werden, wobei die Innenbahn die kürzeste ist. Die einzelnen Bahnen werden genau ausgemessen, dadurch ergeben sich unterschiedliche Startpositionen. Diese liegen gestaffelt hintereinander, der Innenläufer steht am weitesten hinten. Die Ziellinie ist auf alle Fälle exakt rechtwinklig zur Bahn. Bei allen Läufen unter 800 m hat jeder Läufer seine Bahn, in der er zu bleiben hat. Bei den größeren Distanzen laufen alle auf der Innenbahn.

Staffellauf

Der Stab muß innerhalb einer bestimmten Strecke, des Wechselraumes, übergeben werden. Der den Stab annehmende Läufer darf bis zu 10 m vor dem Wechselraum anlaufen.

Gehen

Hierbei ist es wichtig, daß der Teilnehmer jederzeit Verbindung zum Boden hat, also links erst abheben, wenn rechts auf der Erde und umgekehrt.

Hindernislauf

Die 3000 m sind gespickt mit achtundzwanzig Hürden, und siebenmal geht's über den Wassergraben. Dabei dürfen die Hürden durchaus als Stütze benutzt werden, also draufsteigen und davon abspringen, nur daran vorbeilaufen, das führt zur Disqualifikation.

Hürdenlauf

Beim Hürdenlauf muß man zehnmal drüber weg, egal, bei welcher Distanz. Nur die Höhen der Hürden sind unterschiedlich, 84 cm für die Damen, ca. 107 cm für die Herren bei den 110 m und ca. 91 cm bei den 400 m.

Die technischen Disziplinen

Aus der Kombination verschiedener Disziplinen ergeben sich die Mehrkämpfe.

Bei den Damen ist das der

Siebenkampf
100 m Hürden
Kugelstoßen
Hochsprung
Speerwerfen
Weitsprung
200-m-Lauf
800-m-Lauf

Die Herren brauchen auf alle Fälle zwei Tage beim

Zehnkampf
100 m-Lauf
Weitsprung
Kugelstoßen
Hochsprung
400-m-Lauf

(am zweiten Tag)
100-m-Hürdenlauf
Diskuswerfen
Stabhochsprung
Speerwerfen
1500-m-Lauf

Kugelstoßen, Speer-, Diskus- und Hammerwerfen, Hoch-, Stabhoch-, Weit- und Dreisprung.
Alles klar und übersichtlich, keine Erläuterungen nötig, es sei denn, Sie wollen wissen, wie lang ein Speer, wie schwer eine Kugel ist, aber das ist nur etwas für Spezialisten. Beim Dreisprung wäre noch zu berücksichtigen, daß folgendermaßen gesprungen wird: Beim ersten Sprung (hop) Absprung und Landung mit demselben Bein, also wenn rechts abgesprungen, auch rechts runterkommen; der zweite Sprung (step) erfolgt logischerweise wieder von diesem Bein aus, aber Aufkommen und Abspringen für den letzten Sprung (jump) mit der anderen Seite.

Er sitzt seit
drei Stunden
da oben
und getraut
sich nicht
herunter!

Mehrkämpfe

Es liegt klar auf der Hand, daß hier an die Vielseitigkeit der Sportler allergrößte Anforderungen gestellt werden. Gerade der Wechsel zwischen den zum Teil doch sehr unterschiedlichen Arten des Wettkampfes läßt manchen «Spezialisten» den hinterher schnell wieder vergessenen Vorsatz fassen, nie wieder zum Zehnkampf anzutreten. Die letzte Übung, der 1500-m-Lauf, ist sicher von einem Sadisten ins Programm aufgenommen worden, denn das ist eine Disziplin, die eigentlich überhaupt nicht in das Konzept des Zehnkämpfers paßt. Und gerade hier, bei diesem Endspurt der gesamten Veranstaltung, geht es oftmals um die letzten, entscheidenden Punkte.

MODERNER FÜNFKAMPF

Früher nannte man ihn den Olympischen Fünfkampf, vielleicht weil man ihn mit dem Pentathlon der Antike verglich. Diese Vielseitigkeitsprüfung hat mit dem früheren Fünfkampf der Damen, dem heutigen Siebenkampf, den wir im Kapitel Leichtathletik anführten, nichts zu tun.
Beim Modernen Fünfkampf geht es über vier bis fünf Tage, und es sind fünf gänzlich verschiedene Disziplinen zu absolvieren.

Reiten

Früher war das ein Geländeritt, heute ist es Springreiten über einen Parcours von 600 m mit achtzehn Sprüngen. Zu erreichen sind 1100 Punkte, dazu muß man aber in der Zeit von 103 Sekunden fehlerfrei über die Distanz kommen. Punktabzüge gibt es für Überschreiten der Zeit, für Reit- oder Springfehler, für Verreiten oder Verweigerung. Die Pferde werden den Reitern zugelost.

Fechten

Hier hat jeder mit dem Degen gegen jeden anzutreten. Zwanzig Gefechte muß jeder bestreiten, sind's weniger Teilnehmer, wird eine zweite Runde angesetzt. Es gilt nur ein Treffer. 1000 Punkte sind erreichbar, das setzt voraus, daß man 70 Prozent seiner Kämpfe gewinnt. Mehr oder weniger Siege bringen mehr oder weniger Punkte.

Schwimmen

300 m müssen zurückgelegt werden, die Stilart ist freigestellt. Jeder weiß halt am besten, wie er am schnellsten durchs Wasser kommt. 3:54 Minuten bringen 1000 Punkte, für jede Sekunde gibt's acht Punkte, entweder rauf oder runter.

Schießen

Pistole oder Revolver, auf alle Fälle Kaliber 5,6 mm. (Den Unterschied kennen Sie als Krimi- oder Westerfan doch sicher, Revolver ist der mit der Trommel.) Viermal fünf Schüsse werden auf die Silhouettenscheibe mit weißen Ringen abgegeben, Entfernung 25 m. Da das Zehnerscheiben sind, kann man 200 Ringe schaffen.
Das allerdings gibt es nur in Westernfilmen zweiter Güte, 194 Ringe setzt man als Norm für 1000 Punkte. Jeder zweite Ring mehr oder weniger bringt oder kostet 22 Punkte.

Geländelauf

Im Abstand von jeweils einer Minute starten die Läufer über eine Strecke von 4000 m. 14:15 Minuten ist die Grundwertung für 1000 Punkte, und jede Sekunde zählt drei Punkte.

Auch für Damen gibt es den Modernen Fünfkampf. Die Reihenfolge bleibt die gleiche, nur das Schwimmen wurde auf 200 m verkürzt, und der Lauf geht nur über 2000 m.

MOTORSPORT

Das wichtigste am Motorsport ist für uns als Fernsehzuschauer der kleine Knopf, mit dem man am Gerät die Lautstärke reguliert. Wenn wir ein Autorennen verfolgen und dabei nicht schnell genug schalten, kann es passieren, daß der ungebremste Turbo-Sound in die gute Stube röhrt, und dann wellt sich der Teppich, und die Bilder kommen von den Wänden.

Nun sind wir aber ja im Rauf- und Runterschalten geübt, denn spätestens seit dem dritten Film, den wir per TV genossen haben, wissen wir, daß ein unerklärlicher Ehrgeiz die Filmemacher dazu antreibt, die Nerven der Zuschauer durch Hintergrundmusik oder -geräusche ständig in Spannung zu halten. Sobald eine Szene so ganz pianissimo vor sich hinplätschert, sitzen wir schon auf dem Sprung, denn wir wissen, gleich geht es los. Dann bricht ein Schwall donnernder Musik aus dem Gerät und zeigt uns an, daß gleich eine Leiche aus dem Schrank fällt.

Diese beliebten Stilmittel der Filmschaffenden sind uns vertraut, und sie bleiben ebenso unverständlich wie die Tatsache, daß die Leute im Film mit ihren Autos immer einen Parkplatz finden und grundsätzlich das vordere linke Fenster offen haben. Soweit Auto und Film, aber nun zurück zum Thema.

Motorräder

Wenn wir vom Motorsport sprechen, so interessieren uns hier nur die Motorräder und die Automobile.
Dabei unterscheiden wir **Solomaschinen**, das sind die Kraftpakete auf zwei Rädern, und die Maschinen mit **Seitenwagen**, sogenannte Dreiradfahrzeuge. Die Einteilung richtet sich nach den Hubräumen, da beginnt es bei der kleinen 50-ccm-Maschine bis rauf zu den dicken Brummern mit 1300 ccm. Diese Einteilung wurde des öfteren geändert und wird auch in Zukunft noch einige Male umgebaut werden. Darum legen wir uns hier nicht auf die einzelnen Klassen fest.
Es gibt keine besonderen Einschränkungen bezüglich der Konstruktionsart der Motoren, das entscheidende Kriterium ist nur der Hubraum.

Unterscheiden müssen wir nach **Serien-** und **Spezialfahrzeugen**. Mit einem Serienfahrzeug können Sie unter den Augen der Polizei die Straße auf und ab fahren, denn bei diesem Gefährt müssen alle Bestimmungen der Straßenverkehrsordnung eingehalten werden. Also ganz normale Beleuchtung, Signaleinrichtung, polizeiliche Kennzeichen usw.
Spezialfahrzeuge dagegen sind für bestimmte Arten von Wettbewerben gebaut und weichen zum Teil erheblich von den normalen Rädern ab. Je nachdem, welche Aufgaben sie erfüllen müssen, haben sie für diese Zwecke besonders geeignete Armaturen. Neben den «normalen» Straßen- oder Rundstreckenrennen gibt es einige Wettbewerbe, bei denen ungewöhnliche Strecken auch ein ungewöhnliches Fahrverhalten erfordern.

Die Disziplinen

Die **Beschleunigungsrennen** gehen nur über ca. 400 m, hier ist es also nur nötig, möglichst schnell in die vollen zu kommen, das Ziel ist im Nu erreicht, und man braucht dann mindestens die doppelte Strecke, um wieder zum Stand zu kommen. Das gleiche gilt für das **Sprintrennen**, bei dem die Distanz unter einer Meile liegt. Das **Speedway-Ren-**

nen erfordert hochspezialisierte Fahrer und Maschinen. Hier geht es über eine ovale Aschenbahn von bis zu 400 m Länge und das meistens viermal linksrum. Die Spezialmaschinen mit einem Hubraum bis zu 500 ccm sind relativ einfach gebaut. So verzichtet man z. B. auf die Hinterradfederung. Der gravierende Unterschied zu anderen Maschinen besteht jedoch darin, daß man beim Speedway keine Bremsen kennt! Daß das eine völlig andere Fahrweise bedingt als die vom Sonntagnachmittagsausflug, dürfte wohl klar sein. Immerhin pflügen diese Sandschleudern mit zum Teil über 100 km/h durch die Arena, und das zwingt die Fahrer, die Maschinen in den Kurven querzustellen. Wenn Sie mal so fahren wollten, sollten Sie besser vorher ein wenig üben.
Ähnlich ist es bei den **Eisrennen**. Die Hinterräder sind mit langen Stahlspikes versehen. Trotzdem ist es immer wieder abenteuerlich anzusehen, wie die Maschinen, schräg in der Kurve liegend, dahin fahren, wohin sie sollen. Für den Fall der Fälle muß allerdings um die gesamte Bahn ein Schutzwall aus Schnee angehäuft werden.
Moto-Cross ist ein Querfeldein-Rennen mit einer Strecke, die beachtliche Höhenunterschiede aufweist. Da gibt es Steigungen, Bodenwellen, Gefälleabschnitte, Sprunghügel, Abschnitte voller Schlamm oder mit Gräben und anderen Wasserläufen. Es geht querbeet durch das Gelände über eine Strecke ohne präparierte Oberfläche. Es ist ein Rundkurs mit einer Länge zwischen 1000 und 5000 m, bei internationalen Wettbewerben ist die Mindestlänge 1500 m. Wie gesagt, der Untergrund ist naturbelassen, dabei kann natürlich auch Wasser sein, das darf dann aber nicht tiefer als 30 cm sein. Insgesamt darf die Strecke keinen höheren Rundendurchschnitt als 50 km/h zulassen.
Nicht immer sitzt der Fahrer auf seiner Maschine, das kann er sich nur bei leichterem Gelände erlauben. Sobald es schwieriger wird, steht er auf den Fußrasten, dabei kann er das Körpergewicht besser verlagern, das Hüpfen des Fahrzeugs kann er so mit den Knien abfedern, und so manches Mal muß er mitsamt der ganzen Maschine ziemliche Bogen springen.
Sand- und Grasbahnrennen Auch hier geht's über einen ovalen Kurs. Bei der Sandbahn ist die Strecke zwischen 800 und 1500 m lang. Das gleiche gilt für die Grasbahn, auch diese muß eben sein, und nur geringe Unterschiede in der Höhe sind zu tolerieren. Da die Ma-

schinen auch hier keine Bremsen haben, müssen die Beine der Fahrer mithelfen. In der Kurve streckt der Fahrer den Fuß der Innenseite schräg nach vorn, um ein eventuelles Rutschen der Maschine auszugleichen. Dafür trägt er spezielle Stahlschuhe, sommerliche Sandalen sind absolut nicht empfehlenswert.

Trial Endlich mal ein Rennen, bei dem die Zeit nicht die wichtigste Rolle spielt.

Ein Trial-Wettbewerb geht über eine Strecke von 50 bis 100 km, und hierin liegen verschiedene Sektionen mit schwierigem Gelände. Trial ist eine Stilprüfung, bei der es um Punkte geht, und zwar um möglichst wenige, denn es sind Strafpunkte. Fuß am Boden – ein Strafpunkt, mehrmals am Boden – drei Strafpunkte. Ein Sturz oder Abkommen von der vorgeschriebenen Bahn, Stehenbleiben oder gar fremde Hilfe anfordern, das alles sind Ausrutscher, die Strafpunkte kosten.

Gelände-Zuverlässigkeitsfahrten gehen durch hartes Gelände über ca. 200 km, und da wird die Strecke in verschiedene Kontrollabschnitte unterteilt, die Zeiten werden vorgeschrieben, und wer länger braucht, kassiert Strafpunkte.

Das alles gilt für Solomaschinen, aber nun gibt es ja auch die **Seitenwagen-Gespanne**. Bei den normalen Rennen laufen diese in den Klassen von 500/750 und 1000 ccm. Bei den Sprintrennen kann anstelle des Beifahrers Ballast eingesetzt werden, und zwar mit 60 kg.

Auch im Sand- und Grasbahnrennen sowie im Moto-Cross werden Maschinen mit Seitenwagen gefahren. Bei dieser Gelegenheit ein interessantes Experiment. Sie werden sicherlich nicht darauf hereinfallen, aber bestimmt etliche Ihrer Bekannten. Stellen Sie sich bitte im Geiste einen Motorradfahrer mit Beiwagen vor. Dieser ist rechts vom Fahrer angebracht. Haben Sie es? Gut. Dieses Gespann brettert nun mit ziemlicher Geschwindigkeit eine Strecke geradeaus und legt sich dann in eine harte Linkskurve. Wir erleben jetzt theoretisch, wie sich Fahrer und Maschine nach links verlagern, und das Rad vom Beiwagen rechts außen verliert die Bodenhaftung ein paarmal und schwebt dann etliche Zentimeter über der Bahn. Noch ein wenig schneller die Fahrt, ein wenig enger die Kurve, und das Unglück wäre passiert. Schrecklich, dieses Bild, man kann es sich so richtig plastisch hermalen.

Und so anschaulich dieses Bild ist, so falsch ist es auch. Absolut falsch, denn die Physik will es anders. Mit der Solomaschine wird durch Körperverlagerung die Richtungsänderung bestimmt. Und in der Linkskurve liegt der Fahrer mit seiner Maschine so weit nach links rüber, daß er fast mit dem Knie den Boden berührt.
Ganz anders aber bei der Beiwagenmaschine. Die Gefahr, daß der rechts sitzende Beiwagen von der Erde abhebt, besteht nur in der Rechtskurve. Also merke: Die Fliehkraft drückt alles nach außen.
Um dieses auszugleichen, muß der Beifahrer ein wahrer Artist sein. Bleiben wir bei dem Bild, daß der Beiwagen rechts sitzt. In der Linkskurve springt der Beifahrer seinem Fahrer praktisch in den Nacken, um möglichst viel Gewicht in die Innenseite der Kurve zu bringen. Geht es rechts herum, hängt er sich in abenteuerlicher Haltung nach rechts aus dem Beiwagen heraus, wieder, um das Gewicht nach innen zu verlagern. Das ist grausam anzusehen, aber wichtig für die stabile Lage des Gefährtes.

Automobile

Von den Zwei- und Dreirädern jetzt zu den Fahrzeugen mit vier Rädern. Die Wettbewerbe im Automobilsport gliedern sich auf in
- Schnelligkeitswettbewerbe
- Rallyes
- Orientierungsfahrten
- Geschicklichkeitswettbewerbe und
- Zuverlässigkeitsprüfungen.

Zuschauermagneten sind zweifellos die erstgenannten Rennen, die zum überwiegenden Teil auf eigens hierfür angelegten Bahnen ausgetragen werden. Straßenrennen sind dagegen relativ selten. Die Regel ist, daß bei einer vorgegebenen Strecke (X Runden sind Y km) die kürzeste Zeit den Sieg bedeutet. Eine Ausnahme: «Die 24 Stunden von Le Mans», da wird pausenlos gefahren, und es gewinnt, wer die meisten Kilometer in dieser Zeit hinter sich gebracht hat.

Formel I, da glüht die Pupille des Fans in freudiger Erwartung, aber was heißt eigentlich «Formel»? In einer Formel werden verschiedene Merkmale eines Rennwagens festgelegt. Das geschieht durch eine Kommission des Automobil-Weltverbandes FIA (Fédération Internationale de l'Automobile). Wir wollen und können uns hier nicht exakt festlegen, denn diese Formeln wurden oftmals geändert und werden auch nicht ewig auf diesem Stand bleiben. Beschränken wir uns aufs Prinzip. Für **Monoposto** (ein hübsches Fremdwort, heißt nichts anderes als offener, einsitziger Rennwagen, Mehrzahl Monoposti) gilt z. B.

Formel I – Hubraum bis maximal 3 Liter (3000 ccm) ohne Aufladung oder 1,5 Liter mit Aufladung;
Formel II – Hubraum bis maximal 2 Liter, keine Aufladung, höchstens 6 Zylinder;
Formel III – Hubraum bis maximal 2 Liter, keine Aufladung, höchstens 4 Zylinder;
formelfrei – keine Beschränkung des Hubraums.

Dazu kommen dann noch diverse Formeln, die mit dem Herstellernamen gekoppelt sind, alle haben aber eins gemeinsam, sie schreiben für Motor und Fahrgestell bestimmte Bedingungen vor.

Bei den verschiedenen Wettbewerben, besonders aber bei den Schnelligkeitsprüfungen, werden die Fahrzeuge eingeteilt in die Kategorien **Produktionswagen** und **Rennwagen**.

Produktionswagen

sind Autos, die serienmäßig in einer vorgeschriebenen Stückzahl hergestellt worden sein müssen.

Gruppe N – Großserien-Tourenwagen, bei denen keine Änderungen erlaubt sind.

Gruppe A – Tourenwagen, die durch leistungssteigernde Maßnahmen schneller gemacht werden.

Gruppe B – Grand-Tourisme-Fahrzeuge, ebenfalls auf mehr Power frisiert.

Bei den Gruppen N und A ist Voraussetzung, daß in 12 Monaten mindestens 5000 Stück hergestellt werden, bei der Gruppe B genügen schon 200 Exemplare.

Rennwagen

Diese werden einzig und allein für ebendiesen Zweck gebaut.
Hier unterscheiden wir folgende:

Gruppe C – Sportwagen, bei denen technisch so ziemlich alles erlaubt ist, allerdings sind Gewicht, Abmessungen und Tankinhalt limitiert, da heißt es jeweils bis hierher und nicht weiter.

Gruppe D – einsitzige Formel-Rennwagen.

Gruppe E – formelfreie Rennwagen.

Daneben gibt es dann die Einteilung nach Hubraum, das sind 15 Klassen, die von 500 ccm bis zu über 6000 ccm gehen.

Go-Karts

International anerkannt sind hierin zwei Klassen, und zwar 1 (bis 100 ccm) und 2 (bis 200 ccm).
Das Wort Go-Kart kommt übrigens aus dem Amerikanischen (wie so vieles) und bedeutete ursprünglich «Laufställchen», niedlich, nicht? Aber bitte, Vorsicht am Zuge! Diese Dinger gehen vielfach leicht über die 200 km/h, die lassen also die meisten unserer Wohlstandskarossen lächelnd Gummi riechen.

Wo wir nun schon gerade bei den von der Norm abweichenden Gefährten sind, muß noch ein auf besondere Geschwindigkeit getrimmtes Fahrzeug erwähnt werden. Es ist konzipiert für ein spezielles Beschleunigungsrennen, für das **Drag-Rennen**, das über nur 400 m geht. Die recht eigenwillige Konstruktion dieser rollenden Geschosse legt die Vermutung nahe, daß sich ein Hochleistungsrennwagen an einem Kinderwagen vergangen hat. Vorne sind diese nämlich spindeldürr, mit zwei kleinen, dünnen Rädern, und hinten, zwischen zwei enorm breiten Reifen, sitzt ein Motor, der einer Mondlandefähre zur Ehre gereichen würde. Hier wird paarweise gestartet, die Geschwindigkeiten werden per Lichtschranken ermittelt.

Die Disziplinen

Eine **Rallye** geht über eine oder mehrere Etappen, und es sind hierbei verschiedene Sonderprüfungen eingestreut. Ein Teil der Strecke kann im öffentlichen Verkehr verlaufen, das sind die sogenannten Verbindungsetappen. Hier sind bestimmte Geschwindigkeiten einzuhalten, und man hat sich genau an die jeweiligen Verkehrsbestimmungen zu halten. Die Entscheidungen über Sieg und Niederlage fallen jedoch immer auf den abgesperrten Straßen, wo die Sonderprüfungen durchgeführt werden. Auch nachts muß zum Teil gefahren werden, und nicht selten gehören zu einer Rallye auch Fahrten durch Eis und Schnee.
Bei der **Sternfahrt** wird von verschiedenen Startorten aus über mehrere Kontrollstrecken ein gemeinsames Ziel angefahren.

Rallye-Cross unterscheidet sich von der Rallye dadurch, daß diese auf einer abgeschlossenen Rundstrecke durchgeführt wird; die Rallye geht ja von einem Ort zum anderen.

Auto-Cross Das ist eine Geländefahrt auf abgesteckter Rundbahn, die bis zu 800 m lang ist. Beste Chancen haben hier Wagen, die leichte Karosserie und starke Motoren haben.

Ein **Bergrennen** verläuft auf einer Bergstraße mit asphaltierter Oberfläche, Länge höchstens 15 km.

Slalom Das ist eine reine Geschicklichkeitsprüfung, denn hier geht es neben der erzielten Zeit darum, möglichst wenig Strafpunkte zu erhalten. Auf einem großen, ebenen Platz, meistens geteert, wird eine nervzehrende Strecke mit Hütchen markiert. Diese müssen umkurvt werden, umschmeißen kostet Punkte.

Stock-Car-Rennen Hier geht's rund. Das ist eine Sportart, die jedem aggressiv veranlagten Menschen die Oberlippe von den Zähnen treibt. Autos ohne Glas, Maschendraht statt Fensterscheiben, Einstieg durchs Heckfenster, weil die Türen zugeschweißt sind. Hauptsache, der Überrollbügel ist gesund und kräftig. Wie der Wagen aussieht, ist piepegal, wenn nur der Motor noch läuft und die Lenkung Wirkung zeigt.

Gestartet wird im Pulk, und dann scheinen bei den Fahrern alle bösen Instinkte zu erwachen, da wird geschnitten und abgedrängt, gerammt und aus der Bahn gestoßen, und, obwohl nach den Spielregeln gerade eine leichte Berührung eines gegnerischen Wagens erlaubt ist, bleibt die Frage offen, wer darüber entscheiden soll, ob ein kräftiger Rammstoß gezielt war, oder ob der Fahrer ein Opfer des unebenen Untergrunds war. Auf alle Fälle gilt ein fröhliches Catch-as-Catch-can, und besonders die Zuschauer haben ihre Gaudi.

PFERDESPORT

Es gibt einige Wortverbindungen, die sich irgendwann mal so ergeben haben und seitdem unausrottbar sind. So spricht man von einer «guten Flasche Wein», vom «wohlverdienten Ruhestand» oder, bei den Fahrzeugen, von einem «dicken...» – halt, keine Schleichwerbung. Beim Pferd ist es nun das Adjektiv «edel», was sich dazugesellt hat. Denkt man an diese herrlichen Vierbeiner, drängt sich unwillkürlich der Begriff «edles Pferd» auf. Das mag wohl daran liegen, daß es kaum Menschen gibt, die Pferde nicht mögen, und das reicht sicher bis in graue Urzeiten zurück, wo das Pferd noch, viel mehr als heute, ständiger Begleiter und unverzichtbares Fortbewegungsmittel war.
Auch die Kunst hat sich dieses Tieres mehr als aller anderen angenommen, und da spannt sich ein großer Bogen von Sleipnir, dem Pferd Wotans, über den geflügelten Pegasus und Rosinante, dem Schlachtroß des Don Quichotte, bis Napoleons Schimmel Marengo; und wer von uns kennt nicht Rih, der uns durch etliche Bücher von Karl May begleitete. Auch in der Bildhauerei ist das Pferd das am meisten abgebildete Tier, und sei es vielfach auch nur, um dem Denkmal von Ludwig dem Gehängten Glanz und Größe zu verleihen. Und stellen Sie sich einmal Ben Hur oder John Wayne ohne Pferd vor.
Nun hat das Pferd natürlich durch die Motorisierung seine frühere Bedeutung als Haustier verloren, und heute werden Pferde in den Industrieländern fast nur noch für sportliche Zwecke gezogen. Womit wir beim eigentlichen Thema sind.

Der Pferdesport hat sich aus dem Gebrauch des Pferdes als Transportmittel zu verschiedenen Disziplinen des Hochleistungssports entwickelt. Die einzelnen Arten des Reitens und Fahrens sehen wir uns jetzt einmal nacheinander an.

Pferderassen

Kalt-, Halb-, Warm- und Vollblut – das erscheint recht verwirrend. Nun wird zwar niemand annehmen, daß ein Halbblut nur halbvoll ist, schließlich ist man ja durch den Roman «Halbblut» des schon zitierten Karl May partiell aufgeklärt, aber bei warm und kalt in Verbindung mit Blut, da kann man schon leicht zu der Annahme kommen, daß bei diesen Pferden innen unterschiedliche Temperaturen herrschen. Dem ist aber keineswegs so, die Wärme des Blutes ist bei allen Rassen absolut die gleiche. Die Unterschiede liegen – so kann man grob vereinfachend sagen – im Verwendungszweck. Hier hat der Mensch seine Hand im Spiel, der zur Züchtung die Pferde auswählt, von denen er annehmen kann, daß deren Nachwuchs für seine Zwecke am besten geeignet ist.

Die Auslese hierfür wird durch die Erfahrungen bestimmt, die man mit den Tieren machte, so zum Beispiel durch die Leistungen bei den Rennen.

Als die am höchsten gezüchteten Pferde gelten die **Vollblüter**, vorwiegend arabischer und englischer Abstammung. Das Vollblut ist ein intelligentes und temperamentvolles Pferd, das vor allen Dingen bei Galopprennen und in der Dressur verwendet wird. Das **Warmblut** zeichnet sich durch Schnelligkeit und ausgeglichenes Temperament aus. Seine besondere Domäne ist das Springen. Mit **Halbblut** wird in Deutschland der Warmblüter bezeichnet, dessen einer Elternteil Vollblüter ist; im Ausland ist es allgemein die Bezeichnung für das Warmblut. Das **Kaltblut** hat weniger Temperament, dafür aber einen massiveren Körperbau und dient hauptsächlich als Wagenpferd. Und nun noch etwas allgemeines.

Die Gangarten

Wir Zweibeiner haben zwei Gangarten, das Gehen und das Laufen. Es bleibt uns in beiden keine Wahl, in welcher Reihenfolge wir unsere Stelzen zu bewegen haben, da geht es nur mit links-rechts-links und so weiter. Das Pferd muß sich da schon mehr Gedanken machen, in welcher Form es sich fortbewegen will, denn immerhin sind ja vier Extremitäten zu koordinieren.

Der Schritt

Das ist ein Viertakter, man kann das auf hartem Boden gut hören, und zwar geht das: hinten links–vorne rechts–hinten rechts–vorne links.

Der Trab

Der Trab ist dagegen ein Zweitakter, denn da gehen jeweils zwei Beine gemeinsam nach vorn, immer die sich diagonal gegenüberstehenden. Vorne rechts und hinten links – dann vorne links mit hinten rechts.

Der Galopp

Die schnellste Gangart und praktisch eine schnelle Folge von Sprüngen, wobei man nun noch – damit es nicht zu einfach wird – zwischen **Rechts-** und **Linksgalopp** unterscheidet. Rechtsgalopp in Zeitlupe: hinten links, dann hinten rechts und vorne links gleichzeitig, dann rechts vorne. Beim Linksgalopp greift das Pferd mit dem linken Vorderfuß am weitesten nach vorn aus. Beim Galoppwechsel wird, wie der Name sagt, von links auf rechts oder umgekehrt gewechselt, und das geschieht dadurch, daß man das Pferd «bremst», fachmännischer gesagt, **pariert** man das Pferd bis zum Schritt durch und galoppiert auf der anderen Hand wieder an. Beim **fliegenden Galoppwechsel**, also einem unmittelbaren Übergang von der einen zur anderen Seite, muß vorausgesetzt werden, daß Pferd wie Reiter über großes Können verfügen.

Bei allen drei Gangarten gibt es nun noch folgende Unterscheidung: Man spricht z. B. vom **versammelten Schritt, versammelten Trab** und meint damit nicht etwa das Tempo, das gegangen wird, sondern den

Raum, der erzielt wird. Ein versammelter Schritt läßt das Pferd also nur recht wenig vorankommen. Vergleichen könnte man das mit einem frohgemuten Jogger, der vor Tau und Tag seine Bahn zieht, jetzt fröhlich seine Zeitungsfrau trifft, mit der ein paar freundliche Worte wechselt. Höflichkeitshalber bleibt er dabei an ihrer Seite, ohne dabei allerdings den Rhythmus seiner Schritte zu verändern. Er will nicht aus dem Takt kommen und läuft mehr oder weniger auf der Stelle – im versammelten Trab.
Die Gangarten gibt es also in versammelt, mittel und stark, wobei der Takt der gleiche bleibt, sich aber der Raumgewinn in dieser Reihenfolge steigert. Die größte Geschwindigkeit bringt der starke Galopp, und in diesem gehen wir jetzt weiter, um uns anzusehen, was uns der Hochleistungssport mit Pferden zeigt. Vorerst eine kurze Übersicht:

Die Disziplinen
- Galopp-, Trab- und Hindernisrennen
- Spring- und Jagdreiten
- Vielseitigkeitsprüfung
- Fahren mit Gespannen
- Dressur

Galopprennen

Fangen wir an mit dem schnellsten Rennen, bei dem die Vollblutpferde im gestreckten Galopp laufen. Die Bahn ist zumeist oval mit zwei langen Geraden. Die Länge liegt zwischen 1600 und 2000 m. Der Boden – der Fachmann spricht vom **Geläuf** – ist Rasen, bei einigen wenigen Bahnen auch Sand, er spielt eine große Rolle, und sein Zustand kann von entscheidender Bedeutung für den Ausgang des Rennens sein; ob weich oder fest, tief oder gut, Pferde haben unterschiedliche Neigungen, manche mögen's weich. Aus diesem Grunde wird auch vor dem Rennen die Festigkeit des Bodens von der Rennleitung bekanntgegeben. Das natürlich nicht für die Pferde, die merken es später sowieso, sondern für die Leute, die ihre Wetten abgeben,

und bei hartem Boden dann auf das Pferd setzen, das nach ihrer Meinung am besten mit diesem Untergrund zurechtkommt.
Die Reiter – die **Jockeys** – sind klein und leicht, damit die Pferde nicht soviel Ballast über die Strecke bringen müssen. In dieser Beziehung übrigens sorgt ein strenges Reglement dafür, daß Chancengleichheit durch Einhaltung gleicher Gewichte gegeben wird. Es sind Mindestgewichte vorgeschrieben, die, falls sie der Jockey nicht einschließlich Sattel und Ausrüstung bringt, durch zusätzliche Gewichte ergänzt werden. Die Satteldecken oder auch die Jacken der Jockeys werden dann mit flachen Bleiplatten beschwert. Vor und nach dem Rennen wird gewogen, damit sichergestellt wird, daß das Rennen mit den festgelegten Gewichten erfolgte.
Was bisher beschrieben wurde ist das **Flachrennen**, das über Distanzen zwischen 1000 und 4000 m geht.

Hindernisrennen

Beim **Hindernisrennen** sind die Entfernungen größer, sie liegen zwischen 2800 und 6800 m. Man unterscheidet hierbei zwei Arten:

Das **Hürdenrennen**, mit 2400 bis 4000 m Länge, dabei sind Hürden aus Reisig im Abstand von ca. 300 m aufgebaut, die etwa 75 cm hoch sind. Die Reisigbesen sind oben offen, das Pferd muß nicht unbedingt ganz oben drüber weg, es kann hindurchwischen.
Das **Jagdrennen** über 3000 bis 6800 m geht über etliche feste Hindernisse, Hecken, Mauern und Wälle mit Höhen von mindestens 130 cm sowie Wassergräben, und es werden schon hohe Anforderungen an das Springvermögen der Pferde gestellt. Diejenigen, die Spaß an dieser Art der Fortbewegung haben und vor allen Dingen das Können, nennt man Steepler. Vielleicht haben Sie schon einmal gehört vom Grand-National-Steeple-Chase, das ist das schwerste Jagdrennen der Welt, das in England, in der Nähe von Liverpool, ausgetragen wird. In diesem berühmt-berüchtigten Rennen geht es über 7200 m mit dreißig zum Teil sehr schweren Sprüngen.

Trabrennen

Für uns als Laien leicht zu erkennen: Da sitzt keiner oben drauf, der Reiter ist kein Reiter, sondern ein Fahrer, er sitzt in einem leichten Gefährt, dem **Sulky**, und dieses Ding darf nicht schwerer sein als 30 kg und nicht breiter als 165 cm.

Die Pferde sind speziell gezüchtet, denn es ist überaus wichtig, daß sie, wie der Name schon sagt, das Rennen auch tatsächlich nur im Trab ausführen. Das ist ähnlich wie bei der Leichtathletik beim Gehen; man soll möglichst schnell vorankommen, muß aber beim Gehen bleiben und darf nicht ins Laufen verfallen, obwohl es damit ja viel schneller ginge. Beim Pferd können wir das Laufen mit dem Galopp gleichsetzen, und die natürliche Reaktion eines Pferdes wäre zweifellos, mit dem Galopp einen Zahn zuzulegen, wenn der Mensch hinter ihm mit Hilfe der Peitsche ein höheres Tempo erbittet. Da muß die Erziehung über die Natur obsiegen, Disziplin ist alles, hübsch beim Trab bleiben, wenn auch die anderen schneller sind. Fällt es dennoch in Galopp oder in den Paßgang, wird es disqualifiziert.

Beim **Paßgang** schwingt jeweils ein Beinpaar der gleichen Seite vor, so was ist zwar in Australien Vorschrift, hier jedoch nicht statthaft.

Auch der Fahrer hat bestimmte Regeln zu beachten. Keineswegs darf er die Bahn wechseln, wenn er dabei ein anderes Pferd behindert. Wie beim Autofahren ist auf der Rennbahn scharfes Schneiden nicht die feine Art. Die Füße des Fahrers sitzen auf den Bügeln des Sulkys, während des ganzen Rennens bleiben sie dort, Füße runter – Fahrer draußen.

Die Rennen gehen über 1600 bis 4200 m, die Bahnen sind 800 bis 1200 m lang und ca. 25 m breit. Das Geläuf hat eine Sandbeschichtung, darunter sind praktisch richtige Straßen mit Asphaltauflage, zum Teil mit wasserdurchlässigem Unterbau.

Springreiten

Hier geht es darum, auf einem vorgeschriebenen Kurs diverse Hindernisse innerhalb einer bestimmten Zeit zu überspringen. Den genau festgelegten Weg nennt man Parcours, und dieser wird von Spezialisten gestaltet. Es sind viele Variationen bezüglich der Reihenfolge und der Schwierigkeitsgrade möglich. Alle Teilnehmer des Springreitens erhalten vor der Prüfung eine Parcoursskizze, auf der Start und Ziel sowie alle Hindernisse und ihre Reihenfolge eingetragen sind. Für uns als TV-Zuschauer ist es manchmal etwas verwirrend, weil sich die Bahn mehrfach überschneidet, aber da sich alles innerhalb eines begrenzten Rasenplatzes oder aber innerhalb einer Halle abspielt, muß der Weg über die vielen Hindernisse ziemlich verschlungen angelegt werden.

Die Hindernisse

Die **Mauer** sieht aus wie eine solche, es sind aber Holzkisten, die übereinander gelegt werden.

Der **Oxer** besteht aus hintereinander querliegenden Stangen, zwischen denen eine Hecke angelegt ist. Er zwingt das Pferd zu einem Hoch-Weitsprung. Höhe und Entfernung der Stangen voneinander sind unterschiedlich, je nach Schwierigkeitsgrad.

Ein Beispiel: Höhe 160 cm, Zwischenraum 150 cm, Breite 3 m.

Das **Rick** besteht aus mehreren Stangen, die senkrecht übereinander liegen.

Ähnlich ist das **Gatter**, das ist ein senkrechter Lattenverschlag. Der Natur angepaßt sind **Wall** und **Wassergraben**.

Müssen zwei, drei oder mehrere Hindernisse unmittelbar hintereinander genommen werden, spricht man von einer **Kombination**. Die Distanz zwischen den einzelnen Sprüngen liegt zwischen 7 und 12 m.

Bei den Springprüfungen werden Mindestzeiten vorgegeben; der Reiter muß innerhalb dieser Zeit den Parcours absolviert haben, braucht er länger, gibt es Zeitfehlerpunkte. Wird die Höchstzeit überschritten, das ist die doppelte Mindestzeit, ist er ganz aus dem Rennen. Weitere Fehlerpunkte gibt es für den Abwurf. Wenn von einem Hin-

dernis etwas abgeworfen wird – egal, wieviel –, kostet es vier Punkte. Ungehorsam – das Pferd will nicht so wie sein Reiter, schließlich haben Pferde ja ihren eigenen Kopf – bringt drei Fehlerpunkte. Wiederholungstäter werden härter bestraft, beim zweiten Fall von Ungehorsam zählt es sechs Punkte. Stürzt Pferd oder Reiter, bringt das acht Punkte. Bringt der Reiter das Pferd (oder das Pferd den Reiter) in eine falsche Bahn, oder wird ein Hindernis ausgelassen, führt das zum Ausschluß. Keine Punkte bringt es, wenn ein Reiter mit seinem Pferd auf dem Arm über das Hindernis springt (Entschuldigung, das war ein dummer Gag).
Beenden mehrere Reiter das Rennen mit gleicher Punktzahl, geht es ins **Stechen**. Der Parcours wird verkürzt, die Hindernisse werden weniger, können aber erhöht werden.
Die **Springprüfungen** werden unterteilt nach Klassen, und zwar je nach den unterschiedlichen Anforderungen. Das geht von der Klasse E (Eingangsstufe) über A (Anfang), L (leicht), M (mittelschwer) bis S (schwere Klasse). Anzahl und Abmessungen der Hindernisse steigen von Klasse zu Klasse. Nur ein Beispiel: Der Wassergraben ist bei der Klasse E 2,50 und bei Klasse S 5,00 m breit.

Nun gibt es noch eine Reihe von Spezial-Springprüfungen, beim **Stilspringen** wird nur auf Stil und Haltung geachtet, beim **Stafettenspringen** absolvieren zwei oder drei Teilnehmer einen Parcours in fester oder freier Folge, beim **Glücksspringen** müssen möglichst viele Hindernisse in einer festgesetzten Zeit übersprungen werden, bei der **Jagd um Punkte** ist eine Zeit festgesetzt, und die Hindernisse sind nach Schwierigkeitsgraden mit unterschiedlichen Punktzahlen ausgezeichnet, beim **Punktespringen** geht es über sechs bis acht Hindernisse, und jeder fehlerfreie Sprung bringt einen Punkt, beim **Wahlspringen** können die Hindernisse in beliebiger Reihenfolge genommen werden. Am bekanntesten ist wohl das **Mächtigkeitsspringen**, hierbei werden Mauer und Oxer immer höher aufgebaut, bis zu vier Stechen sind möglich.

Das **Jagdreiten** sei hier nur am Rande erwähnt, das ist nichts für TV-Konsumenten, es sei denn, daß man eines Tages auch den Pferden eine Kamera einbaut. Jagdreiten ist mehr oder weniger eine Privatveranstaltung, hervorgegangen aus der Parforcejagd, der Hetzjagd, bei der Hunde Wild bis zur Erschöpfung verfolgen, das dann vom Obermacker dieser Unternehmung oder einem Ehrengast abgestochen werden darf. Dem Himmel sei Dank, daß so etwas bei uns verboten ist.

Das Jagdreiten geht über lange Strecken im Gelände, wobei entweder das Wild durch einen Reiter dargestellt wird (mit malerischem Fuchsschwanz am Kragen), das nennt man Fuchsjagd, oder es werden Spuren ausgelegt, die die Hundemeute aufnehmen und verfolgen muß. Die Spur legt man meistens mit einem Tropfbeutel voll Losung, das riecht ausgesprochen interessant (für die Hunde), die Reiter sind mit den Nasen weiter weg, sie reiten lediglich hinter den Hunden her. Dabei sind auch diverse Hindernisse zu überspringen, Anfänger können jedoch drumherum reiten. Am Ende der Losungsspur ist auch die Schleppjagd zu Ende, es wird Halali geblasen, und dann nimmt man sich kräftig einen zur Brust.

Military

Das heißt nun nichts anderes als Vielseitigkeit. Pferd und Reiter haben sich zu bewähren in der Dressur, in der Geländeprüfung und beim Springreiten.

Auch hier wird unterschieden nach Schwierigkeitsgraden. Es gibt die Klassen L, M und S (Leicht, Mittel und Schwer).

Am ersten Tag wird bei der **Dressur** die harmonische Entwicklung des Körperbaus des Pferdes und das Verständnis zwischen Pferd und Reiter getestet. Hier geht es um Punkte, bewertet wird mit Noten zwischen 0 und 10.

Die **Geländeprüfung** setzt sich aus verschiedenen Phasen zusammen. Da geht es erst einmal über die Wegstrecke 1, die zwischen 4800 und 7200 m lang ist (bei der Klasse S). Diese Strecke ist mit einem Tempo von 220 m in der Minute zurückzulegen. Dann kommt die Rennbahn, die etwa 3500 m lang ist und 8 bis 10 Hindernisse hat, die bis zu einem Meter hoch sind. Wegstrecke 2 ist dann 6000 bis 9000 m lang, ebenfalls mit dem vorgenannten Tempo zu reiten, dann kümmert sich der Tierarzt um die Pferde, und es geht anschließend in die vierte Phase, auf die Querfeldeinstrecke. Diese hat eine Länge von 6 bis 8 km mit 25 bis 35 Hindernissen bis zu 1,20 m Höhe. Minuspunkte gibt es für Zeitüberschreitungen. Ist man mit dem Pferd schneller als vorgeschrieben über die Strecken gekommen, ist das ganz schön, aber es bringt nichts. Strafpunkte gibt es auf der Querfeldeinstrecke für Ungehorsam oder Stürze.

Das **Springreiten**, das zum Schluß durchgeführt wird – vorher hat wieder der Tierarzt das Wort –, entspricht der Klasse L, also Hindernisse bis zu 1,20 m hoch, auch hier gibt es Strafpunkte für Fehler an den Hindernissen, Ungehorsam und Stürze. Sieger ist der Reiter mit der geringsten Anzahl an Fehlerpunkten. Bei gleicher Punktzahl entscheidet das bessere Ergebnis bei der Geländeprüfung. Wenn es auch dann noch gleich steht, kommt es darauf an, wer in der Dressur besser war.

Und bevor wir es vergessen: Natürlich muß der Reiter für alle Prüfungen mit dem gleichen Pferd über die Runden, vielseitig soll ja das Pferd sein, nicht etwa die Auswahl seines Stalles.

Fahren

Bei diesen Leistungsprüfungen unterscheiden wir einmal die Art der Gespanne, Ein-, Zwei- oder Mehrspänner, und zum anderen nach Gebrauchsprüfungen für Wagenpferde, Dressurprüfungen und Hindernisfahren.

Bei der **Gebrauchsprüfung** werden Schritt und Trab, auch in verschiedenen Bahnfiguren, wie Kehrtwendung oder Acht, sowie der Gesamteindruck beurteilt.

Die **Dressurprüfung** für Gespanne soll in Schritt und Trab in den unterschiedlichen Bahnfiguren ein harmonisch zusammenpassendes Gangwerk der Pferde zeigen.

Das **Hindernisfahren** erfolgt mit fliegendem Start, egal, in welcher Gangart, und hier werden nur die Zeit bewertet und die Fehler an den zu durchfahrenden Hindernissen (natürlich zwischendurch und nicht drüber weg, man hat ja einen Wagen hinter sich). Da geht es durch

enge Gassen und diverse Wendungen, flache Gewässer usw., und der Fahrer muß aufpassen, daß die Pferde nicht dreimal den Gehorsam verweigern, denn das führt zum Ausschluß.
Bei Geländefahrten setzt sich die Gesamtstrecke aus verschiedenen Abschnitten zusammen, mal geht's um reinen Trab, dann wieder durchs Gelände mit Hindernissen und auch einer Schrittstrecke. Es kommt darauf an, daß die vorgeschriebenen Gangarten eingehalten werden. Ein Richter fährt jeweils mit und überwacht das Ganze. Das ist der Bockrichter (jedes Ehepaar kennt ähnliches, wenn einer fährt – anders geht's ja nicht – und der andere sitzt daneben; was da so manches Mal geredet und gerichtet wird!).

Dressur

Wir haben am Anfang das Attribut «edel» erwähnt, das vielfach in Verbindung mit dem Wort Pferd gebraucht wird, und darauf kommen wir jetzt zurück, denn wo paßt es besser als bei der Betrachtung dessen, was uns die Pferde bei der Dressur zeigen. Nun muß offen zugegeben werden, als TV-Zuschauer entgeht uns manche Feinheit, zumal wir als Laien nicht ahnen, welche Vorarbeit zum Beispiel dazugehört, mit einem Pferd bei der Vorführung einen fliegenden Galoppwechsel vorzunehmen. Richtig genießen kann das nur ein Kenner, und keiner wird so vermessen sein, anzunehmen, daß er das durch Lesen eines Buches werden könnte. Versuchen wollen wir aber zumindest, einen kleinen Anhalt über die Begriffe zu geben.
Dressur ist – wenn man es genau betrachtet – die Grundlage jedweder (Pferde-)Ausbildung. Mit Dressur beginnt ja praktisch die ganze Reiterei. Das führt von den Anfängen in der Reitschule über Dressurprüfungen unterschiedlicher Schwierigkeitsgrade bis hinauf zur **Hohen Schule**. Ursprüngliches Ziel der Dressur sind die Verbesserung von Takt und Schwung in den einzelnen Gangarten und die Verständigung zwischen Pferd und Reiter. Und die Grundlage hierfür sind die angeborenen, die natürlichen Bewegungsabläufe des Pferdes. In den schweren Dressurklassen werden dann Bewegungen und Figuren gezeigt, die das Pferd nicht von sich aus mitbringt.

Auch in der Dressur gibt es unterschiedliche Klassen: E = Eingangsstufe; A = Anfänger, L = Leichte, M = Mittelschwere und S = Schwere. Die Vorführungen finden statt im Dressurviereck, das bei den leichteren Klassen 20 × 40 m groß ist, bei den schwereren Klassen und den international ausgeschriebenen Prüfungen braucht man 20 × 60 m. Die Bahnen haben an den Seiten verschiedene Markierungen, dadurch wird die Gesamtfläche in kleinere Abschnitte aufgeteilt, innerhalb deren die jeweiligen Aufgaben erfüllt werden müssen. Gewertet wird mit Noten von 0 (praktisch nicht ausgeführt) bis 10 (ausgezeichnete Leistung).
Auf los geht's los, ein Richter gibt das Signal, der Reiter kommt im versammelten Galopp in das Dressurviereck, hält an und grüßt. Und sobald sich das Pferd nach diesem Gruß in Bewegung setzt, wird die Zeit gemessen. Jede Abweichung vom Zeitplan wird mit Strafpunkten bewertet. Als Fehler wird auch angekreidet, wenn Übungen ausgelassen oder nicht in der festgelegten Reihenfolge durchgeführt werden. Nach Beendigung der Übung wird erneut gegrüßt, und Roß und Reiter verlassen das Dressurviereck.

Die nachfolgenden Begriffe aus der Reiterei zeigen, wie vielfältig dieser Sport ist, und wenn sie auch nur notdürftig erklärt werden, so sollen sie doch ein wenig die Tür aufstoßen zu der Welt derer, die sagen: «Das Glück dieser Erde liegt auf dem Rücken der Pferde.»

Parade Das Pferd aus einer der Gangarten anhalten, oder (halbe Parade) das Pferd auf einen Wechsel des Bewegungsablaufs aufmerksam machen.

Passage Sehr versammelter Trab, stark betonter Takt, Beine sehr hoch und länger in der Schwebe als normal. Wenig Raumgewinn.

Piaffe Schwungvoller Trab auf der Stelle, Gewicht nach hinten verlagert, so daß die Vorderbeine fast waagerecht hochgehoben werden können.

Ballotade Das Pferd springt aus der Piaffe ab und schlägt mit den Hinterbeinen aus.

Levade Die Hinterhand wird gesenkt und trägt das gesamte Gewicht von Pferd und Reiter, Vorhand erhoben.

Kapriole Senkrechter Sprung aus der Levade heraus, mit Hinterhand wird ausgeschlagen.

Courbette Das Pferd springt mit erhobenen Vorderbeinen aus der Levade mehrfach auf der Hinterhand.
Kruppade Das Pferd spring senkrecht hoch und zieht Vorder- und Hinterbeine an.
Lancade Sprung aus der Levade nach vorn.
Mécair Mehrmalige Levade mit wenig Raumgewinn.

Das alles sind Bewegungsabläufe, die dem Pferd in der Hohen Schule beigebracht werden. Nun gibt es aber noch Bezeichnungen, die den Weg des Pferdes in der Reitbahn beschreiben. Diesen Weg nennt man auch den **Hufschlag.** Beim Reiten geradeaus, wenn die Hinterfüße in der Spur der Vorderfüße laufen, spricht man vom Reiten auf *einem* Hufschlag. Wird das Pferd schräggestellt, hinterlassen Vorder- und Hinterfüße getrennte, parallele Spuren. Das ist dann das Reiten auf *zwei* Hufschlägen. So ergeben sich im Seitengang zwei Hufspuren, und hier unterscheiden wir Travers (der Kopf des Pferdes zeigt in Richtung Außenkante der Bahn oder der Wand) und Renvers (da läuft das Pferd so, daß der Schweif näher an der Außenkante oder der Wand ist als der Kopf). Nun steht das Pferd dabei nicht etwa quer zur Fahrtrichtung, sondern nur im Winkel von höchstens 30 Grad.
Zirkel Das ist ein Kreis von über 6 m.
Volte Dasselbe, nur ist der Kreis kleiner. Das Pferd wird nach innen gestellt und in ganzer Länge gebogen. Der Kreis von 6 Schritt Durchmesser darf nur einen Hufschlag aufweisen. (In der Dressur ist das eine Pflichtfigur, wenn das Pferd so etwas beim Springreiten macht, nennt man es Ungehorsam.)
Schlangenlinie Diese führt von der Mitte einer kurzen Seite in diversen Windungen linksrum, rechtsrum usw. bis zur Mitte der gegenüberliegenden Seite.
Acht Erst wird ein kleiner Kreis geritten, das Pferd geradegestellt, die Richtung geändert, um den zweiten Kreis entgegengesetzt zu vollenden.
Halbe Pirouette Ein Halbkreis auf zwei Hufschlägen.
Pirouette Ein kleiner Kreis auf zwei Hufschlägen. Der Radius des Kreises entspricht der Länge des Pferdes. Der Kreismittelpunkt ist ein Hinterfuß, und dieser Fuß muß bei einer sauberen Pirouette immer auf der gleichen Stelle aufkommen.

Für diejenigen unter Ihnen, die ein paar weitere Takte in diesem lapidaren Lexikonstil ertragen können, folgen noch einige Vokabeln aus der Pferdesprache.

Damensattel Für Reiterinnen im Seitsitz, beide Beine der Dame befinden sich auf der linken Seite des Pferdes.

Equipe Die Reitermannschaft bei Turnieren.

Flieger Pferde, die besonders für kurze Strecken geeignet sind.

Freispringen Im Training läßt man häufig die Pferde ohne Reiter springen.

Hilfen Durch Gewichtsverlagerung, Schenkeldruck, Zug am Zügel, Gebrauch der Reitpeitsche oder aber auch durch Zuruf übermittelte Kommandos des Reiters an das Pferd.

Kanter Ruhiger Galopp des Pferdes, ohne daß der Reiter antreibt.

Refüsieren Verweigerung eines Hindernisses, Ungehorsam.

Rumpler Das Pferd stolpert nach einem Sprung, ohne zu stürzen.

Steher Pferde, die für größere Distanzen (ab 2000 m) geeignet sind.

Verkaufsrennen Beim Galopprennen wird für jedes Pferd der Preis genannt, zu dem es gekauft werden kann.

Voltigieren Turnen am galoppierenden Pferd. Dieses geht an der Longe (7–9 m Laufleine) im Kreis von mindestens 13 m Durchmesser.

Wetten

Und nun wollen wir noch etwas über Geld sprechen, obwohl ja Geld und Sport... lassen wir das, das ist kein Thema für uns. Aber hier geht's um das Geld, das die Zuschauer verdienen (zu verdienen hoffen). Erst mal einige Grundbegriffe:

Totalisator

Damit bezeichnet man den amtlichen Wettbetrieb auf der Rennbahn, also Annahme und Quittierung der Wetten, Berechnung der Quoten und Auszahlung der Gewinne. Das läuft heutzutage natürlich alles elektronisch, nur nicht die Auszahlung, da lacht das Bargeld, und logischerweise legt man Wert darauf, daß die Kopeken zum Anfassen auf die Theke gelegt werden.

Buchmacher
Den nennt man auch Leger, weil ja die Wette «gelegt» wird. Das sind staatlich konzessionierte Unternehmer mit eigenen Wettannahmestellen, die dort oder auf der Rennbahn die Wetten annehmen.
Der Buchmacher gibt schon vor dem Rennen bekannt, welche Gewinnquote gezahlt wird, der Totalisator nicht.

Wie können Sie nun bei Pferderennen zu Geld kommen? (Diese Angaben erfolgen, wie immer, ohne Gewähr.)

Dreier-Wette
Diese bringt im allgemeinen den höchsten Gewinn, ist aber auch am schwierigsten richtig hinzukriegen. Sie müssen nämlich voraussagen, welche drei Pferde als erste durchs Ziel gehen, und das auch in der richtigen Reihenfolge.

Zweier-Wette
Auch **Einlauf-Wette**: Sie müssen den Sieger voraussagen und auch den zweiten. Das kann auch «hin und zurück» gemacht werden, das heißt wenn Sie z. B. auf die Pferde 2 und 5 gesetzt haben, dann gewinnen Sie, wenn 2 und 5 die beiden ersten sind, egal, welcher von beiden nun den Kopf ganz vorne hatte.

Kombinations-Einlauf-Wette
Diese Wette geht noch einen Schritt weiter. Da setzen Sie z. B. Pferd 2 als Sieger, und als zweiten tippen Sie auf die Nummern 1, 5 und 7. Ihre Wette ist dann gewonnen, wenn 2 gewinnt und einer von den anderen drei getippten, also 1 oder 5 oder 7, Zweiter wird.

Finish-Wette
Sie müssen voraussagen, welche drei Pferde in den letzten drei Rennen eines Renntages gewinnen werden. Diese Wette ist vor allem gebräuchlich im Trabrennsport.

Platzwette
Hierbei kommt es darauf an, daß sich das Pferd «plaziert», genauer gesagt, es muß bei bis zu sechs teilnehmenden Pferden unter den bei-

den ersten sein, bei sieben oder mehr teilnehmenden Pferden unter den ersten drei im Ziel sein.
Die Platzwette kann erst bei mindestens vier Pferden gelegt werden. Das Risiko bei der Platzwette ist geringer, aber natürlich auch die Quoten. Eine Quote bezeichnet die Summe, die Sie als stolzer Gewinner kassieren, wenn Sie DM 10,- eingesetzt haben.

Renn-Quintett
Das hat mit den vorgenannten Wetten nun überhaupt nichts zu tun, aber es sei hier trotzdem erwähnt, weil ja letztlich die Pferde darüber entscheiden, ob Sie als Teilnehmer Grund zum Jubeln haben.
Sie brauchen mit Ihrem Geld nicht auf die Rennbahn, sondern wie bei Lotto und Toto zur nächsten Annahmestelle der Lotteriegesellschaft. Meistens legt man ein Galopp- und ein Trabrennen zugrunde, die am gleichen Tag stattfinden, die drei ersten müssen Sie in der richtigen Reihenfolge vorhersagen. Dieser Modus kann aber jederzeit geändert werden.

Polo

Dieses Hockey zu Pferde bestreiten zwei Mannschaften à 4 Spieler auf einem 182 × 274 m großen Spielfeld. Einen Torwart gibt es nicht (würden Sie sich gern einem anstürmenden Pferd in den Weg stellen?), Karambolagen werden durch das Wegerecht vermieden, eine Art Vorfahrt-Regelung. Das Wegerecht hat der Spieler, der den Ball direkt verfolgt, also in der gleichen Richtung reitet, die der Ball rollt, und der ihn auf seiner rechten Seite annehmen kann.
Zum Einsatz kommen vorwiegend Ponys mit einem Stockmaß unter 1,50 m. Stockmaß: mit einem Stock wird die Höhe des Pferdes am Widerrist gemessen, das ist die Stelle zwischen Kamm und Rücken. Der Kamm ist der obere Teil des Halses (mit der Mähne), Rücken heißt die kleine Kuhle oben in der Mitte des Pferdes. Von dort geht es dann nach hinten über die Lende, das Kreuz (oder die Kruppe) bis ganz hinten zum Schwanz, der Schweif heißt. Ganz schön kompliziert, so ein Pferd, gell?

RADSPORT

Das Fahrrad ist heute ein so bekanntes und beliebtes Instrument, daß man sich nicht so recht vorstellen kann, daß eine ganze Zeit etliche kluge Köpfe am Werk waren, um den Drahtesel in der heutigen Form zusammenzubasteln. Das ging los mit dem Herrn Drais von Sauerborn, der sich 1818 eine Laufmaschine patentieren ließ, bei der man sich mit den Füßen vom Boden abstoßen mußte (und dann nix gefedert, und das bei *den* Straßen – Draisine, nein danke). Etliche Jahre später erst kam die Tretkurbel dazu, dann der Hinterradantrieb, die Felgen und die Kette, alles immer von anderen Leuten. Bis dann Herr Dunlop sich einen Namen durch die Erfindung des Luftreifens machte, und der Herr Sachs die Freilaufnabe weiterentwickelte.
Der Sport war aber schon von Anfang an dabei, denn schon 1819 gab es in Paris die ersten Wettläufe auf Draisinen, und knapp 50 Jahre später fand das erste Straßenrennen über sage und schreibe 500 m statt. Aber dann gab es kein Halten mehr, 1903 wurde die erste Tortur de France (Verzeihung – Tour de France) über mehr als 4000 km (!) gefahren.
Aber das alles nur zum Einstimmen, wir wollen uns ansehen, was es so an verschiedenen Wettkampfarten mit dem Fahrrad gibt. Dazu teilen wir sie in zwei Gruppen, die sich danach richten, wo die Rennen ausgetragen werden, ob auf der Straße oder auf der Bahn.

Straßenrennen

Hier wiederum gibt es zwei Möglichkeiten. Das Rennen führt von A nach B, oder es geht über eine Rundstrecke mit Start und Ziel an derselben Stelle, das ist dann ein Rundstreckenrennen.
Beim **Bergrennen** geht es über mehrere Steigungen und eine Entfernung von meistens 5 km.
Das **Etappenrennen** besteht, wie der Name schon sagt, aus verschiedenen Teilstrecken, und da geht es an jedem Tag zu einem anderen Ort. Die Zeit wird für jeden Fahrer einzeln gestoppt und zusammengezählt. Sieger ist der Fahrer mit der kürzesten Gesamtzeit. Daneben gibt es aber auch die Tagessieger, das sind dann jeweils die Fahrer, die die einzelne Etappe in der kürzesten Zeit hinter sich gebracht haben. Das bekannteste Etappenrennen ist die schon erwähnte Tour de France, bei der die Gesamtstrecke in den letzten Jahren bei ca. 4000 km lag, verteilt auf 20–23 Etappen. Jedes Jahr wird eine neue Rennstrecke festgelegt. Die Städte und Gemeinden in Frankreich drängen sich danach, Etappenzielort zu werden. Einmal im Mittelpunkt des Interesses zu stehen – und speziell in Frankreich kocht die Volksseele bei der Tour de France –, läßt man sich gern eine Stange Geld kosten.
Das oft erwähnte «Gelbe Trikot» trägt der jeweilige Gesamtbeste, das grüne der Punktbeste (Etappenplazierungen).
Beim **Kriterium** handelt es sich um eine Zusammenfassung von Wertungsrennen auf der Straße. Es geht dabei meistens um Rennen über mehr als 50 km auf einem Rundkurs von 800–1500 m, der zwischen 50- und 100mal durchfahren werden muß. Alle fünf bis zehn Runden gibt es Punkte, die erspurtet werden können. Falls ein Fahrer einen anderen überrundet, zählt es mehr.
Wenn bei Straßenrennen – meist über ca. 100 km – vier Fahrer eine Mannschaft bilden, sollten diese möglichst geschlossen das Ziel erreichen. Bei diesen **Vierer-Mannschaftsfahrten** wird der dritte Fahrer jeder Mannschaft gewertet.
Wenn die Fahrer in bestimmten Abständen gestartet werden und gegen die Uhr fahren, also nicht unmittelbar gegen einen anderen Fahrer zu kämpfen haben, dreht es sich um das **Zeitfahren**. Es gibt spezielle Wettbewerbe, wie z. B. das Bergzeitfahren, aber auch innerhalb

von Etappenrennen gibt es Abschnitte, wo nur gegen die Uhr gefahren wird. Wird ein Fahrer überholt, muß der Überholte Abstand halten oder auf die andere Straßenseite wechseln, damit er nicht den Windschatten seines Vordermannes ausnutzen kann.
Vorwiegend im Winter werden **Querfeldeinrennen** veranstaltet. Diese gehen über einen Rundkurs im Gelände, und auf gut einem Viertel des Weges sind natürliche und künstliche Hindernisse zu bewältigen. Da heißt es oftmals runter vom Rad und dieses auf die Schulter genommen, denn einige Geländeabschnitte sind selbst für den besten Fahrer im Sattel nicht zu überwinden.

Bahnrennen

Die Bahn im Freien wird aus Beton, Asphalt oder Kunststoff usw. gebaut, in der Halle nimmt man Holz. Durchweg sind sie oval und 200 bis 500 m lang. Die Kurven müssen stark überhöht sein, denn die Pedalritter entwickeln erheblichen Speed, der sie bei einem flachen Rundkurs von der Bahn katapultieren würde.
Die farbigen Linien auf den Bahnen haben bestimmte Bedeutungen. Schwarz darf nach unten nicht überquert werden. Im allgemeinen wird rechts überholt, mit einer Ausnahme, wer oberhalb der roten Linie fährt, darf links überholt werden. Blau gilt für Steherrennen (kommt gleich). Diese Linie darf nicht unterfahren werden. Für Ablösungen bei Mannschaftsrennen ist die gelbe Linie zuständig.

Ausscheidungsfahren

Der letzte muß raus, es siegt der Fahrer, der von den zwei oder vier letzten, die noch im Rennen sind, als erster durchs Ziel geht. Bei diesen Streichrennen gibt es verschiedene Varianten, entweder «den letzten beißen die Hunde» oder «unbekannte Distanz», dabei ertönt irgendwann eine Glocke als Zeichen für die letzte Runde.

Fliegerrennen

auch Sprinterrennen genannt, gehen über eine kurze Distanz von 1000 m. Zwei Fahrer treten gegeneinander an. Einer davon wird durch Los bestimmt, die Führung zu übernehmen. Nun braust man nicht etwa gleich los, beide nöhlen möglichst langsam herum, ja, sie versuchen sogar, mit dem Rad stillzustehen. Witz der Sache ist, die führende Position abzugeben, um als Hintermann zu sehen, was der andere so treibt. Alles ist reine Taktik, und dafür ist es gut, den Gegner vor Augen zu haben. Gaaaanz langsam also, lauern, was sich tut. Nur Rückwärtsfahren ist verboten. Aber bei den letzten 200 m, da geht es um die Wurst. Vielfach setzt dann urplötzlich der Hintermann zum Spurt an, er explodiert förmlich nach vorn, in der Hoffnung, daß der Gegner um einen Sekundenbruchteil zu spät schaltet.

Der **Italienische Kilometer** ist ein Zeitfahren über 1000 m, bei dem zwei Fahrer eine Mannschaft bilden. Im **Italienischen Jagdrennen** fahren zwei Mannschaften à fünf oder sechs Mann. Jeder hat die gleiche Anzahl von Runden zu fahren und scheidet danach aus.

Omnium ist eine Sammelbezeichnung für mehrere Wettkämpfe im Bahnsportrennen. Es entscheidet die Punktzahl, die man nach den verschiedenen Disziplinen addiert.

Punktefahren Jeder Fahrer hat die Möglichkeit, bei den einzelnen Wertungsspurts durch gute Plazierung Punkte zu gewinnen. So kann man z. B. dem ersten fünf Punkte, dem zweiten drei, dem dritten zwei und dem vierten einen Punkt zuteilen. Beim letzten Spurt werden die Punkte verdoppelt.

Sechstagerennen

Das ist ein Extrabuch wert. Wir wollen uns hier aber auf das Nötigste beschränken und vorsichtshalber das Publikum, das hier die Gelegenheit zu einem Volksfest entdeckt hat, ausklammern. Bei diesem Rennen sind nur Berufsfahrer zugelassen. Ein Team sind jeweils zwei Mann, von denen einer zur Zeit aktiv ist, der andere ruht. Das ununterbrochene Fahren ist allerdings nicht mehr «in», für die Fahrer – besonders aber für das Publikum – ist es attraktiver, wenn die Fahrer zu den Hauptzeiten, nämlich den Abendstunden, topfit sind, und deshalb ist vormittags Ruhe, da läuft gar nichts, das ist die sogenannte Neutralisation.

Innerhalb des Rennens werden Wertungsspurts veranstaltet, da geht es um Punkte. Außerdem gibt es Prämienspurts mit Geld- und Sachpreisen.

Tandemrennen

Ein Tandem ist ja bekanntlich ein Fahrrad für zwei. Normalerweise geht diese Art von Rennen über 2000 m. Entscheidend sind – wie beim vorstehend geschilderten Fliegerrennen – die letzten 200 m, denn für diese wird die Zeit gesondert gestoppt.

Steherrennen

Vorneweg ein Motorrad, das hinten eine kleine Rolle hat. Unmittelbar dahinter, mit Kontakt zu dieser Rolle, das Fahrrad. Die beiden Fahrer müssen hundertprozentig aufeinander eingespielt sein, denn der Vordermann, der auf seinem Motorrad steht, bestimmt das Tempo, und sein Hintermann muß seine Kraft so dosieren, daß er ständig an seinem Schrittmacher klebt. Nur ja nicht aus dem Windschatten herauskommen. Das ist nämlich das A und O bei diesem Duo.

Achten Sie mal darauf: beim Rennrad ist das vordere Rad kleiner als das hintere. Sinn und Zweck ist, daß der Abstand zwischen Motor- und Fahrrad möglichst klein gehalten wird. Je kürzer die Distanz zwischen beiden, desto besser wird der Windschatten ausgenutzt.

Profis fahren diese Rennen über 100 km oder über eine Zeit von einer Stunde, wobei dann die Länge der zurückgelegten Strecke über den Sieg entscheidet.

Verfolgungsrennen gibt es für Einzelfahrer und für Mannschaften. Alle Teilnehmer starten im gleichen Abstand voneinander, wer eingeholt wird, muß ausscheiden, wer übrigbleibt, hat gewonnen. Nun kann es aber auch sein, daß ein Fahrer gewinnt, weil er die vorgegebene Strecke in der kürzesten Zeit fuhr, ohne einen Vordermann zu überholen. Bei Vierermannschaften wird der dritte Mann gewertet. Die Mannschaft muß geschlossen durch das Ziel fahren.
Eine andere Art des Verfolgungsrennens: Gestartet wird an zwei entgegengesetzten Seiten der Bahn. Da es sich meistens um ziemlich gleichwertige Fahrer oder Teams handelt, sind Überholungen recht selten, da gilt eben die beste Zeit.

Vorgaberennen sind Wettbewerbe unterschiedlicher Leistungsklassen, und da erhalten die Schwächeren einen Vorsprung, ihre Startpositionen liegen näher am Ziel.

Zeitfahren gibt es auf der Bahn wie auch auf der Straße. Hier wird einzeln gestartet und gegen die Uhr gefahren. Man kann sich an keinem Gegner orientieren und muß seine Kraft so einteilen, daß man die Strecke in der kürzestmöglichen Zeit abspult.

Zum Schluß noch ein «Rennen», bei dem man keinen Meter vorwärtskommt. Doch, das gibt es! Das sind Rekordversuche, die als stationäres Rennen vorgenommen werden. Das Fahrrad ist aufgebockt und über Rollen mit einem Anzeigegerät verbunden. Man kann das vergleichen mit einem Home-Trainer, diesem Gerät, das viele sich zur Beschwichtigung ihres schlechten Gewissens zulegen, um darauf mehr oder weniger lustvoll einige Kilometer am Tage abzureißen. Das stärkt den Körper und belastet den Straßenverkehr nicht so wie die konventionellen Pedaljogger. Snobismus ist, wenn man sich an seinem Home-Trainer einen Hilfsmotor anbauen läßt.

Radball

Hier spielen zwei gegen zwei. Es muß der Ball im gegnerischen Tor untergebracht werden. Durch relativ einfache Regeln ist das Spiel gut zu übersehen, darum sind auch nicht viele Erklärungen nötig.

Das Rad unterscheidet sich durch etliche Änderungen von dem, mit dem Sie nachmittags ins Grüne fahren. Es hat eine ganz geringe Übersetzung und keine Bremse. Die Lenkstange ist nach oben gebogen.
Gespielt wird in der Halle, das Spielfeld hat eine Breite zwischen 9 und 11 m, eine Länge von 12 bis 14 m. Drumherum ein freier Rand zum Anfahren und Wenden von ca. 1 m. Die Tore sind 2 m breit und 2 m hoch. Um das Spielfeld läuft eine 30 cm hohe Einfassung, damit der Ball im Spiel gehalten werden kann.
Das Spiel geht über 2 × 7 Minuten mit Seitenwechsel in der Halbzeit. Der Ball wird mit dem Rad gespielt, und es sind geradezu artistische Einlagen, wenn der Spieler mit Vorder- oder Hinterrad zur Seite hüpft, um dem Ball den richtigen «Tritt» zu geben.
Ein Fehler ist es, wenn der Fahrer mit einem Körperteil den Boden berührt oder gar absteigt. Er darf dann nicht an dieser Stelle weitermachen, sondern muß die Torlinie überfahren; erst danach kann er wieder in das Spiel eingreifen.
Auch mit dem Körper darf der Ball fortbewegt werden, im Moment der Ballberührung müssen jedoch beide Hände am Lenker, beide Füße auf den Pedalen sein. Eine Ausnahme gibt es dabei – innerhalb des Strafraumes kann der verteidigende Fahrer die Hände zu Hilfe nehmen, um den Schuß des Gegners abzuwehren. Der Strafraum ist ein Halbkreis mit einem Radius von 4 m, gezogen um den Mittelpunkt des Tores.
Bei Regelwidrigkeiten gibt es einen Freistoß, geschieht das im Strafraum, gibt es einen Viermeterball (das ist der «Elfer» im Fußball).

Kunstradfahren

Hier geht's nun schon in die Artistik hinein, denn wenn man so sieht, zu welch manchmal abenteuerlichen Eskapaden die Fahrer ihre Räder mißbrauchen, dann kann man als Normalverbraucher nur offenmäulig die scheinbare Aufhebung aller Gesetze der Schwerkraft bestaunen. Unsereins fühlt sich schon fast wie Supermann, wenn es gelingt, das Rad einige Meter geradeaus zu bringen, ohne den Lenker zu berühren, doch wenn man sieht, wie die Kunstradfahrer nonchalant eine Runde drehen und dabei auf dem Sattel stehen, dann nimmt man sich vernünftigerweise vor, doch lieber zu Fuß zu gehen.

Wie bei allen Höchstleistungen gehört auch hier eine ungeheure Menge an Übung dazu – neben einer gut dosierten Portion Begabung –, aber natürlich auch das entsprechende Gerät. Hier ist es das Kunstfahrrad. Das unterscheidet sich von Ihrem Treter um etliches.
Das möglichst leicht gebaute Rad hat eine senkrechte Vordergabel. Das gibt dem Fahrer die Möglichkeit, den Schwerpunkt weit nach hinten zu verlagern. Der Sattel ist ebenfalls sehr weit hinten. Die weiteren technischen Details wollen wir uns hier ersparen, lediglich die Übersetzung 1:1 sei noch erwähnt.

Die Fahrfläche ist wie beim Radball 9 bis 11 × 12 bis 14 m. Um das Zentrum sind zwei Kreise gezogen mit den Durchmessern von 4 bzw. 8 Metern.

Die einzelnen Figuren und Figurenverbindungen, aus denen sich die Übungen zusammensetzen, sind eine Wissenschaft für sich, sie im einzelnen zu erläutern, würde den Umfang dieser Ausführungen sprengen.
Dem Kampfgericht wird vor Absolvierung der Übungen vom Fahrer das Programm übergeben; er hat hierin festgelegt, was er zeigen wird, einschließlich aller Schwierigkeiten und der Reihenfolge. Diese Aufzeichnungen, also praktisch sein «Drehbuch», ist der Wertungsbogen.
Als internationale Disziplin wird Kunstradsport ausgetragen im Einer-, Zweier-, Vierer- und Sechser-Kunstfahren. Das Programm

muß in maximal sechs Minuten ablaufen, und der Einer-Kunstradfahrer kann hierin bis zu 28 Übungen vorführen. Beim Zweier sind es 22, und Vierer und Sechser können bis zu 25 Figuren dem staunenden Publikum zeigen.

Ein Obmann und zwei Kampfrichter, die nebenbei als Zeitnehmer und Schreiber fungieren, beurteilen nach Schwierigkeitsgrad und Ausführung.
200 Punkte sind zu erreichen, wenn der gesamte Wettbewerb fehlerfrei gefahren wird. Geht was daneben, gibt's Abzüge, wenn z. B. der Fahrer vom Rad absteigen mußte, eine Figur nicht voll oder falsch ausgefahren wurde, selbst wenn die Reihenfolge nicht eingehalten wurde, dann kostet das Punkte. Nur wenn ihm das Rad innerhalb der Vorführung kaputtgehen sollte, dann kann er mit neuem Rad die Geschichte wiederholen, ohne daß das zu Abzügen führt.

RINGEN

Das ist der Sport für die überforderte Hausfrau: Der eine Sohn keucht über den Fußballplatz, der andere probiert das neue Fahrrad mit der 10-Gang-Schaltung, die Tochter verbessert ihre Rückhand beim Tennis, der Kleine verunsichert die Umwelt mit seinem Skateboard, der Vater vergißt Zeit und Raum beim Billard, und die Mutter ringt, sie ringt die Hände, weil keiner pünktlich zum Essen kommt.
Aber im Ernst: Es gibt natürlich auch noch das sportliche Ringen. Das ist so alt wie die Welt. Ob Sie es nun glauben oder nicht, schon vor gut 4000 Jahren gab es das, und gar nicht mal so viel anders als heute. Das wissen wir von den Vorläufern der heutigen Sportberichterstatter, ägyptische Zeichner hielten seinerzeit diese Kämpfer im Bilde fest. Viele Griffe sind den heutigen gleich. Es gab allerdings auch andere, schmerzhafte, die heutzutage verboten sind. Früher mußte man den Gegner kampfunfähig machen, heute sind die Ziele humaner, Kampf Mann gegen Mann ist es immer noch, aber doch im fairen Rahmen des Sports.
Es geht darum, den Gegner zu Boden zu bringen und ihn für eine Sekunde mit den Schultern auf der Matte zu halten.

Wir unterscheiden zwei Wettkampfarten: Der **Griechisch-Römische Stil**, auch der Klassische Ringkampf genannt, erlaubt nur Griffe bis zur Gürtellinie; im **Freistil** gibt es keine Griffzone, auch Angriffe gegen die Beine oder mit den Beinen sind zulässig.

Die Kampffläche

Gekämpft wird auf einer gepolsterten Matte. Hierauf ist ein Kreis von 7 m Durchmesser markiert, das ist die Kampffläche. Im Abstand von 1 m nach außen läuft ein anderer Kreis von 9 m Durchmesser, und der 1 m breite Ring zwischen diesen beiden Kreisen ist die **Passivitätszone**. Diese Fläche darf der Kämpfer nur im Verlauf einer Aktion betreten, wenn er also voll unter Dampf mit seinem Gegner verknäult ist, nicht aber in der Abwehr. Die Mitte der Kampffläche wird markiert durch einen Kreis von 1 m Durchmesser.

Der Kampf

Zu Beginn des Kampfes stehen sich die Ringer gegenüber, und jetzt wird versucht, den Gegner durch **Griffe** oder **Würfe** auf den Boden zu bringen. Octopus müßte man sein, wie ein Krake mit acht Armen den Gegner umzingeln können.

Nun führt beileibe nicht jeder Wurf zum **Schultersieg**. Hat man den anderen zu Fall gebracht, geht es auf Knien oder im Liegen weiter. Das ist dann der **Bodenkampf**. Solange einwandfreie Griffe erkennbar sind, geht es parterre weiter. Wenn aber die Griffe keinen Erfolg mehr versprechen, wird der Bodenkampf abgebrochen. Darüber entscheidet der **Mattenrichter**.

In den meisten Fällen nimmt der zu Boden gebrachte Ringer die **Bankstellung** ein, er ist dabei der **Untermann**. Das sieht so aus: Der Geworfene kniet, beide Hände mindestens 20 cm vor den Knien, auf dem Boden. Sein Gegner, der **Obermann**, postiert sich in beliebiger Stellung hinter oder neben ihn. Er muß aber bis zum Pfiff des Mattenrichters beide Hände auf den Rücken des Untermannes legen. Es herrscht also einen Moment lang absolute Sendepause, nichts tut sich. Erst nach dem Pfiff werden beide aktiv, der Obermann versucht einen wirkungsvollen Griff anzusetzen, der Untermann hat natürlich etwas dagegen und wird seinerseits alles daransetzen, diesem blitzartig auszuweichen, in den Stand zu kommen oder vielleicht selbst den Gegner in einen Griff zu kriegen. In die Bankstellung muß ein Ringer, wenn er

wegen Mattenflucht oder Passivität bestraft wird. Also ran an den Mann, oder du mußt runter in die Bank.
Eine andere Stellung im Bodenkampf ist die **Brücke**. Dabei stützt sich der Untermann nur auf Kopf und Füße, der Rücken ist der Matte zugekehrt, das Becken ist hochgedrückt. Der Obermann wird nun versuchen, diese Brücke einzudrücken, bis der Untermann mit den Schultern den Boden berührt.
Nun werden Sie, falls Sie zu den etwas robusteren Naturen gehören, die These vertreten, daß es doch für den Obermann erfolgreicher sein müßte, wenn er den Untermann einfach etwas anheben und dann zurück auf den Boden donnern würde, der Untermann wird dann sicher seinen Kopf einziehen, um den Aufprall besser mit den Schultern abzufangen. Denkste, das mögen wohl die auf spektakuläre Auftritte getrimmten Catcher machen – manche mögen's hart –, im Ringsport ist das verboten, wie überhaupt die Regeln jede Aktion untersagen, die dem Gegner Schmerzen zufügen könnte.

Regeln

Es gibt eine ganze Latte von Fouls, die gegen die Wettkampfbestimmungen verstoßen und bestraft werden. Das sind u. a. jede Berührung im Gesicht, das Treten auf den Fuß, Stoßen mit Ellenbogen oder Knie in den Bauch, Festhalten am Mattenrand, Ziehen an den Haaren, Ohren oder Trikot, Arm über den rechten Winkel hinaus auf den Rücken drehen und eben auch das erwähnte Anheben aus der Brücke.

Die Kampfdauer beträgt normalerweise 2 × 3 Minuten mit einer Pause von einer Minute. Eventuelle Unterbrechungen dürfen 3 Minuten pro Kampf nicht überschreiten. Ist ein Schultersieg nicht erreicht worden, entscheiden die beim Kampf gesammelten Punkte.

Die Wertung

Einen Punkt kann man sich verdienen, wenn man den Gegner auf den Boden bringt und ihn dort festhält, wobei man hinter ihm sein muß. Auch wenn man es schafft, aus der Unterlage in die Oberlage zu kommen und den anderen festhält, kassiert man einen Punkt, ebenso, wenn man einen korrekten Griff ausführt, obwohl der Gegner weder mit dem Kopf noch mit der Schulter den Boden berührt.
Die Verwarnung des Gegners läßt das Pluskonto ebenfalls um einen Zähler steigern. Zwei Punkte gibt es für die Anbringung eines Haltegriffs, der den anderen in eine sogenannte gefährliche Lage bringt. Darin befindet sich ein Ringer, wenn er so stark ins Kreuz gehen muß, daß er eine Brücke bildet, die dann eingedrückt werden kann. Ihn kurzzeitig auf eine Schulter zu bringen liefert gleichfalls zwei Punkte. Stolze drei Punkte gar erhält man für das Halten des Gegners in gefährlicher Lage über fünf Sekunden. Verwarnungen gibt es nicht nur für Verstöße gegen die Regeln, sondern auch für Mattenflucht oder Passivität. Bei der ersten Flucht in die Passivitätszone wird nur ermahnt, danach muß man mit Verwarnungen rechnen, die ja dem Gegner einen Punkt bringen.
Tritt der Fall ein, daß sich zwei müde Muskelmänner gegenüberstehen, die es nicht fertigbringen, innerhalb des ersten Kampfabschnittes von drei Minuten einen Griff anzubringen, dann müssen sich beide eine Verwarnung hinter den Spiegel stecken.

Die Klassen

Die Ringer sind in Gewichtsklassen eingeteilt, das ist bei dieser Sportart besonders wichtig, denn sonst hätten ja die «Kleinen» nicht die Spur einer Chance.

Papiergewicht	bis 48 kg	Weltergewicht	bis 74 kg
Fliegen »	» 52 kg	Mittel »	» 82 kg
Bantam »	» 57 kg	Halbschwer »	» 90 kg
Feder »	» 62 kg	Schwer »	» 100 kg
Leicht »	» 68 kg	Superschwer »	über 100 kg

RUDERN

Lassen Sie uns, wie schon beim Kanusport, mit ein paar Begriffsbestimmungen anfangen, es läuft dann hinterher leichter. Ganz so schlimm ist es auch nicht, denn wenn wir uns im Kanusport mit Kajak oder Kanadier vorwärts bewegen, dann nehmen wir dazu beim Rudern – ob Sie es glauben oder nicht – ein Ruderboot. Aber... wir rudern nicht mit den Rudern, sondern mit Riemen oder Skulls. Nun bitte nicht verzweifeln, das ist alles ganz einfach. Sie haben sicher schon einmal an einem schönen Sommertag einen kleinen Trip über ein Gewässer gemacht, vielerorts gibt es ja Boote zu leihen, mit denen Liebespaare oder Familien sich seemännische Freuden erwerben können. Und wenn nicht, gesehen haben Sie das bestimmt schon.

Ein solches, recht breites und gemächliches Boot nennt man **Gig**. Es dient zur Übung, zum Wandern und vor allen Dingen zum Vergnügen. Hergestellt wurde es besonders früher im Klinkerbau, das heißt die Außenhaut besteht aus stufenartig übereinanderliegenden Planken. Man geht jetzt mehr zur Schalenbauweise über, die Haut ist aus Sperrholz oder Plastik und glatt.

Und nun zu den Dingern, mit denen das Boot vorangebracht wird. Da gibt es zwei Möglichkeiten.

Ein Mann sitzt in der Mitte des Bootes und hat in jeder Hand einen Schaft mit einem Blatt daran. Beide Blätter taucht er hinter sich ins Wasser und zieht dann kräftig seine Arme an die Brust, das Boot bewegt sich entgegengesetzt seiner Blickrichtung. Er rudert also rückwärts. Was er in den Händen hat sind **Skulls**.

Zwei Mann sitzen nebeneinander im Boot, jeder hat beide Hände an einem Schaft, jeder bewegt also nur *ein* Blatt durchs Wasser. Das sind **Riemen**. Skulls und Riemen sind im Aufbau gleich, nur die Länge ist unterschiedlich, der Skull hat nur 2,8 bis 3 m, der Riemen bringt es auf 3,6 bis 3,8 m.
Im Gegensatz zum Paddel, das wir beim Kanu kennenlernten und das frei in der Hand liegt, sind Skull und Riemen am Boot befestigt. Sie liegen in einer **Dolle**, das ist ein Metallbügel, der drehbar oben auf der Bordwand sitzt. Darum nennt man auch den oberen äußeren Rand des Bootes **Dollbord**.
Nun wissen Sie, daß das Boot, das Sie sich demnächst einmal leihen werden, eine **Dollengig** ist.

Um höhere Geschwindigkeiten zu erreichen, müssen wir nun natürlich von diesem verträumten Familienfahrzeug umsteigen auf etwas Schnelleres, und da nehmen wir uns am besten gleich ein ausgewachsenes Rennboot. Das hat wenig Ähnlichkeit mit dem vorherigen. Die Devise ist: Möglichst wenig Boot, wenig Gewicht und Widerstand, gerade so viel, daß die Ruderer getragen werden und die Skulls oder Riemen einen festen Drehpunkt haben.
Für die Bauweise bestehen keinerlei Vorschriften oder Beschränkungen. Die Außenhaut ist äußerst dünn, einen Kiel gibt es nicht, nur eine **Kielflosse**, die den geraden Kurs unterstützt. Die Dollen sind weit nach außen verlegt und an den **Auslegern** befestigt, das Boot selbst ist so schmal wie eben nur möglich, just daß die Sitze noch hineinpassen. Diese gleiten auf Rollen vor und zurück und ermöglichen dadurch maximale Ausnutzung des Raumes, der für die Ruderarbeit benötigt wird.
Die Rennboote unterscheidet man nach der Anzahl der Ruderer. Es gibt Einer, Zweier, Vierer und Achter. Dazu kommt dann noch der Steuermann, der im Achter grundsätzlich dabei ist, der Zweier und der Vierer können mit oder ohne gefahren werden, nur der Einer oder das **Skiff** muß immer ohne auskommen und selbst darauf achten, wo er hinkommt. Und nun noch der Unterschied der Ruderarten.

Wird mit Skulls gerudert – das wissen wir jetzt –, hat jeder zwei davon, eines in jeder Hand. Der Ruderer ist also doppelt aktiv, und das

Wort Doppel setzt man daher vor die Bezeichnung, die die Anzahl der Ruderer angibt. Zwei Mann mit Skulls – **Doppel-Zweier.** Daneben gibt es noch den **Doppel-Vierer.** Beim Einer spart man sich den Zusatz, weil hier keine Verwechslung möglich ist, Einer können nur mit Skulls gerudert werden.
Im Zweier, Vierer oder Achter – Sie wissen jetzt, daß hierin Leute mit Riemen sitzen – hat man natürlich keinen Platz nebeneinander, weil die Boote wie Zigarren geformt sind. Die Ruderer sitzen alle exakt hintereinander, und abwechselnd links und rechts ragt der Ausleger über das Wasser, in dem der Riemen liegt.

Nochmals in Kürze:

Kanusport	
Kajak (oben zu)	Doppelpaddel – sitzend, vorwärts
Kanadier (oben offen)	Stechpaddel – kniend, vorwärts
Rudersport	
Skullboot (mit Ausleger)	zwei Skulls, rückwärts
Riemenboot	ein Riemen, rückwärts

Alles klar?

Es gibt aber auch Leute, die im Stehen rudern, und das mit dem Gesicht in Fahrtrichtung. Die kennen Sie alle, die romantisch verklärten, vielbesungenen venezianischen Gondelbeweger.

Regatten erfordern Strecken mit sechs Bahnen, die jeweils rund 15 m breit sein müssen. Sie sind mit Bojen markiert, sollen strömungsfrei und möglichst windgeschützt sein. Die Mindesttiefe ist 3,50 m. Bei den Meisterschaften geht es über 2000 m bei den Herren, die Damen legen 1000 m zurück, wahrscheinlich aber demnächst auch 2000 m.

Sechs Boote stehen im Finale. Dafür muß man sich über Vorläufe qualifizieren. In diesem Zusammenhang hört man – nicht nur beim Rudern – den Begriff **Hoffnungslauf.** Was ist das?
Das ist ein zusätzlicher Lauf für diejenigen, die bei den Vorläufen verloren haben. Je nach Anzahl der insgesamt teilnehmenden Wettkämpfer muß ja so lange gesiebt werden, bis nur noch die sechs Wett-

kämpfer übrigbleiben. Da gibt es nach den Vorläufen, deren Sieger weiterkommen, die Zwischenläufe und das Halbfinale.
Jeder hat bei diesen Ausscheidungswettkämpfen zweimal die Chance, weiterzukommen, verfehlt er zweimal die erforderliche Plazierung, ist er draußen.

Die Weltmeisterschaften im Rudern werden alljährlich ausgetragen, mit der Ausnahme der Jahre, in denen die Olympischen Spiele stattfinden.

RUGBY

Angenommen, Sie geraten während einer Bildschirmwanderung in eine Sportsendung, bei der Sie folgende Situation sehen: Zwei Haufen Spieler stehen sich gebückt gegenüber, die Arme gegenseitig auf und um die Schultern gelegt, die Köpfe in der Mitte zusammen, die sieht man vor lauter Rücken gar nicht mehr, und das zwei bis drei Reihen hintereinander. Das Ganze sieht aus wie die lebende Darstellung einer Brücke, in der Mitte darunter ist ein Tunnel. Auf Sie wirkt das wie ein sinnloses Gedränge, aber damit haben Sie schon die Hälfte erfaßt, Sie sind beim Rugby, die Stellung ist tatsächlich ein Gedränge, aber keineswegs sinnlos, sondern wohldurchdachte Aktion, die wir noch näher beleuchten werden. Vorerst aber einmal das Grundsätzliche.

Zwei Mannschaften à 15 Spieler versuchen, den Ball durch die gegnerischen Linien hinter die Torlinie zu bringen oder durch die Torstangen zu schießen.

Das Feld

Das reine Spielfeld ist bis zu 100 × 69 m groß. Es wird begrenzt durch die beiden langen, die Seitenauslinien oder auch **Marklinien**, und die beiden kurzen, die **Tor-** oder **Mallinien**. In deren Mitte stehen die torähnlichen Male, das sind Stangen im Abstand von 5,60 m und eine Querstange in der Höhe von 3 m. Parallel zur **Mittellinie**, im Abstand von 10 m, laufen rechts und links die **10-m-Linien**. Und dann gibt's noch in der gleichen Richtung die **22-m-Linien**, mit diesem Abstand von den Mallinien.
Hinter den Malen geht es noch weiter, zwar nicht mehr als Teil des Spielfeldes, aber die **Malfelder** mit einer Tiefe bis zu 23 m gehören zur gesamten Spielfläche.
Vorbedingung ist, daß das Spielfeld mit Rasen bedeckt ist, denn beim Rugby geht es ganz schön zur Sache, und ein harter Boden wäre für die Spieler nicht gesund.
Gespielt wird 2 × 40 Minuten, dazwischen ist eine Pause von 5 Minuten.

Der Ball ist eine Besonderheit beim Rugby, er ist nicht rund, sondern oval.
Das hat seinen guten Grund, denn in dieser Form läßt er sich besser beim Laufen am Körper halten. Hier ist es ähnlich wie beim American Football, auch da hat der Ball eine von der Kugelform abweichende Form. Rugby ist, so kann man sagen, der Vater des American Football, beide haben, außer dem Ball, noch mehrere Gemeinsamkeiten. Beiden Spielen liegt ein ständiger Kampf um Raumgewinn zugrunde, bei beiden ist das Ziel, den Ball im gegnerischen Malfeld niederzulegen oder durchs Tor zu schießen. Beides sind kampfbetonte Sportarten, die vollen körperlichen Einsatz verlangen.
Beide haben aber auch Regelwerke, die die Gesundheit der Spieler schützen. Bei diesen Regelwerken jedoch laufen die beiden Spiele auseinander, und darum müssen wir uns ansehen, was man beim Rugby darf und was nicht.

Die Spielregeln

Das Spiel beginnt mit dem **Antritt**. Vom Mittelpunkt aus tritt ein Spieler der Mannschaft A den Ball in Richtung des Malfeldes von Partei B. Dabei ist es wichtig, daß der Ball die 10-m-Linie erreicht. An und hinter dieser Linie steht die gegnerische Mannschaft, und es darf erst dann in Aktion getreten werden, wenn der Ball die Linie passiert hat. Nun darf der Ball getragen, geworfen oder getreten werden, mit der einen – sehr wichtigen – Beschränkung: Werfen darf man nur nach hinten, niemals nach vorn.

Die wesentlichste Taktik des Angriffs besteht nun darin, das Spiel zu öffnen, das heißt man versucht, die gegnerische Deckung so weit auseinanderzuziehen, daß sich Raum für einen Durchbruch ergibt. Der Gedanke drängt sich auf, daß man doch noch am meisten Raum gewinnen könnte, wenn man den Ball mit einem satten Schuß per Fuß nach vorne brächte. Mit einem solchen Ballermann den eigenen Spieler zu finden ist allerdings mehr als fraglich, das ist aber noch nicht das entscheidende; gegen einen solchen Schuß – Wurf ist ja sowieso verboten – spricht die Regel des «Abseits». Das ist eine ganz bittere Pille, denn jeder Spieler ist im Abseits, der *vor* dem Ball ist, wenn seine Mannschaft im Ballbesitz ist. Anders gesagt: Wenn Mannschaft A den Ball hat, ist der ballführende Spieler die Spitze seines Teams, keiner seiner Kollegen darf näher am Mal von B sein als er.
Mit dem Schießen ist es also nichts. Aus dieser Regel läßt sich auch die typische Angriffsformation beim Rugby erklären, die etwas nach hinten hängende Linie der Stürmer. Vorweg der Mann mit dem Ball, seitlich von ihm, etwas hinten abgesetzt, seine Teamkollegen, die auf sein Zuspiel warten. Das Ziel des Gegners ist es, den Ballträger außer Gefecht zu setzen. Er wird von einem oder mehreren Gegnern festgehalten, so daß er sich nicht selbst befreien kann. In diesem Falle muß er sich sofort vom Ball trennen. Beliebt ist auch das **Fassen** durch Umklammerung der Beine, wobei der Spieler in den meisten Fällen eine Landung macht. Sobald er auf dem Boden liegt, muß er ebenfalls sofort den Ball freigeben, ohne ihn in irgendeiner Form weiterzuspielen. Er kann noch insofern aktiv ins Spielgeschehen eingreifen, als er seinerseits versucht, einen Gegner zu fassen.

Hat er sich vom Ball getrennt, darf ihn keiner am Aufstehen hindern. Wie gesagt, durch das Fassen kann er zu Boden gebracht werden, aber der Gegner darf ihn nicht gestoßen oder geschubst haben. Ist er durch eine solche Regelwidrigkeit zu Boden gebracht worden, darf er den Ball fassen oder aufnehmen, um damit weiterzulaufen, auch wenn der Ball dabei den Boden berührt hat. Wie kommt man nun zu Punkten?

Die Wertung

Sie wissen ja, der Ball muß im gegnerischen Malfeld niedergelegt werden. Dabei muß der Ball vom Spieler berührt werden. In den meisten Fällen wirft sich der Stürmer mit dem Ball in der Hand hinter der Mallinie zu Boden – das ist nicht nur zweckmäßig, sondern auch sehr telegen –, falls der Ball vor ihm dort sein sollte, muß er ihn vor einem Gegner berühren. Diese gelungene Aktion nennt man einen **Versuch**, das irritiert etwas, weil wir ja nach unserem Sprachverständnis nach einem Versuch noch einen erfolgreichen Abschluß erwarten. Hier ist aber nun mal für das geglückte Unternehmen diese Bezeichnung eingeführt, und wir werden uns daran gewöhnen.
Der Versuch bringt vier Punkte, und er kann anschließend um weitere zwei Punkte verbessert werden. Diese **Erhöhung** passiert folgendermaßen: Der Ball wird auf den Boden gelegt und durch die Torstangen oberhalb der Querlatte geschossen. Tatort: eine gedachte Linie, die durch den Punkt führt, an dem die Mallinie beim Versuch überquert wurde.
Es ist also ratsam, beim Versuch die Mitte anzusteuern, denn wenn man den Ball weiter draußen über die Linie brachte, wird der Winkel zu spitz. Man muß dann schon etliches zurück ins Feld gehen, um einen einigermaßen erfolgversprechenden Winkel zum Tor zu haben, aber das bedeutet dann einen ziemlich großen Abstand.

Einen **Sprungtritt** kann man innerhalb des Spieles ausführen, nämlich aus dem Feld heraus. Man läßt den Ball fallen, und nach dem Aufspringen wird er mit dem Fuß abgefeuert. Hat man Erfolg, geht der Ball durchs Tor, gibt es drei Punkte.

Dann sind noch die **Straftritte** zu erwähnen, die eine Regelwidrigkeit voraussetzen. Diese, durch die Torstangen getreten, bringen ebenfalls drei Punkte.
Ein **Freitritt** wird gegeben, wenn ein Spieler im Stehen einen Ball fängt, der von einem Gegner getreten wurde. Voraussetzung hierfür ist, daß er beide Füße am Boden hat und «Marke» ruft. Der Spieler, der gefangen hat, muß auch treten.

Nochmals kurz die Punkte:

Versuch	4 Punkte	Ball im Malfeld abgelegt
Erhöhung	2 Punkte	Tritt durchs Tor nach dem Versuch
Treffer	3 Punkte	jedes geschossene Tor

Das Gedränge

Diese für das Rugby typische Konstellation wird vom Schiedsrichter angeordnet nach verschiedenen Spielsituationen, auf die wir noch kommen. Sehen wir uns diese Haufenbildung erst mal näher an.
Was uns vorkommt wie die Realisation von «Seid umschlungen, Millionen», ist durch etliche Regeln exakt vorgeschrieben. Spieler beider Mannschaften müssen sich so aufstellen, daß der Ball zwischen ihnen auf den Boden geworfen werden kann. Es dürfen beliebig viele Spieler jeder Partei am Gedränge mitwirken, allerdings nur immer drei in einer Reihe nebeneinander. Vorne, in der ersten Reihe, wo sich die beiden Parteien auf mehr oder weniger zärtlicher Tuchfühlung gegenüberstehen, müssen die Köpfe abwechselnd zu A und B gehören, also niemals zwei Köpfe der gleichen Mannschaft nebeneinander. Beide Füße der vorderen Spieler müssen auf dem Boden stehen, und alle müssen sich fest umfassen, solange der Ball noch innerhalb dieses Gedränges ist.
Aber noch ist er ja nicht drin, noch hat ihn der Einwerfer, der, mindestens einen Meter vom Gedränge entfernt, in der Mitte zwischen den beiden ersten Reihen steht. Er hält den Ball mit beiden Händen zwischen Knie- und Fußgelenk, und er muß ohne jedes Täuschungsmanöver den Ball entlang der gedachten Mittellinie so in den Tunnel werfen, daß er direkt hinter der Schulter des ihm am nächsten stehen-

den Spielers den Boden berührt. Diese gedachte Mittellinie übrigens muß parallel zu den Mallinien laufen.

Nach dem Einwurf in dieses Gedränge sind nun die beiden mittleren Stürmer dran. Sie versuchen, den Ball mit den Füßen zu erwischen, um ihn einem Teamkollegen zuzuspielen. Diese Stürmer, die den Ball heraushakeln wollen, nennt man sinnigerweise **Hakler**. Kein Spieler im Gedränge darf den Ball in die Hand nehmen. Wenn der Ball durch das Gedränge hindurchläuft, muß die ganze Aktion wiederholt werden. Bis zum Einwurf muß das Gedränge stabil bleiben, bricht die Geschichte wieder zusammen, auch das soll ja vorkommen – dann auf ein Neues.

Das **offene Gedränge** ergibt sich im Gegensatz dazu im freien Spiel, nämlich dann, wenn sich einer oder mehrere Spieler um den Ball drängen, der auf dem Boden liegt. Dabei müssen die Spieler mit beiden Beinen auf dem Boden stehen und sich mit wenigstens einem Arm an einen Teamkollegen binden. Ist der Ball draußen, darf er nicht in dieses offene Gedränge zurückgebracht werden. Er darf auch nicht aufgenommen werden, es sei denn, es wird damit unmittelbar ein Versuch erzielt.
Ein **Paket** ist etwas Ähnliches. Hier sind die Spieler in direktem körperlichen Kontakt um einen Ballträger zusammengeschlossen. Das Paket ist beendet, sobald der Ball auf dem Boden ist, oder wenn der Ballträger es schafft, aus diesem Paket herauszukommen.
Sollte der Ball in diesem Paket unspielbar werden – nichts geht mehr –, wird ein Gedränge angeordnet. Den Einwurf zu diesem Gedränge führt die Mannschaft aus, die sich vor der Unterbrechung vorwärts bewegt hat.

Wenn beim Antritt, also bei Spielanfang, oder nach einem Versuch der Ball ins Aus geht, kann der Gegner den Antritt wiederholen oder in der Mitte ein Gedränge anordnen lassen. Das gleiche gilt auch, wenn der Ball nicht die 10-m-Linie erreicht. Ein Gedränge am Mittelpunkt gibt es auch, wenn sich die Mannschaft des Treters beim Antritt nicht hinter dem Ball befindet.

Nun ist es aber auch möglich, daß ein Spieler den Ball im eigenen Malfeld **niederlegt**. Damit kann er verhindern, daß ein Gegner das macht, und damit einen Versuch erzielt. (Stellen Sie sich das mal vor beim Fußball – da schreit das ganze Stadion, denn Tor ist Tor, egal, wer den Ball reingebracht hat.)
Den Begriff «niederlegen» müssen wir uns noch näher ansehen, man versteht darunter schlicht und einfach, daß ein Spieler den Ball in Händen oder Armen hält und ihn so in Kontakt mit dem Boden bringt. Oder der Ball liegt schon unten, dann muß man mit einer Hand drauf drücken oder sich mit dem Oberkörper drauf werfen. Das Niederlegen im eigenen Malfeld nennt man **Handauf**. So etwas kann natürlich auch passieren, wenn eine Mannschaft im Gedränge über die eigene Mallinie geschoben wird und dann hier zuerst den Ball niederlegt. Nach einem solchen Handauf wird das Spiel fortgesetzt, entweder mit einem 23-m-Antritt oder einem Gedränge.

Noch eine Möglichkeit, zu einem Gedränge zu kommen: Ein Ballträger ist ins gegnerische Malfeld eingedrungen und möchte nun schrecklich gern den Ball niederlegen, womit er einen Versuch zu verbuchen hätte, aber nun wird er vom bösen Gegner so gehalten, daß er den Ball nicht niederlegen kann. Jetzt gibt es ein Gedränge fünf Meter vor der Mallinie, gegenüber der Stelle, an der er gehalten wurde, und die angreifende Mannschaft wirft den Ball ein.
Weiterhin gibt es ein Gedränge, wenn unabsichtliches **Vorfallen** oder ein **Vorpaß** erfolgt. Das Vorfallen ist der Fall des Balles in Richtung gegnerisches Tor, wenn er von Hand oder Arm eines Spielers abprallt. Vorpaß ist klar, der Ball wurde geworfen.

Hat ein Spieler versucht, den Ball mit einer Hand zu fangen, und der Ball fällt dabei nach vorn, egal, wie weit, dann ist auch das ein Regelverstoß. Selbst wenn man mit beiden Händen fängt, und der Ball springt dabei so, daß man ein zweites Mal zugreifen muß, hat der Schiedsrichter Grund zum Pfeifen.

Wir hatten eben gesagt, daß bei einem Handauf das Spiel mit einem Gedränge fortgesetzt wird oder mit einem **23-m-Antritt**. Diesen gibt es auch, wenn der Ball im Malfeld ins Aus geht, und das heißt, daß die

Verteidiger einen Sprungtritt an oder hinter der 23-m-Linie ausführen. Die Gegner dürfen die 23-m-Linie erst dann überqueren, wenn der Sprungtritt ausgeführt ist.

Die Gasse

Wenn der Ball ins Seitenaus geht, wird er von der Mannschaft, die den Ball nicht zuletzt berührt hat, eingeworfen. Dieser Einwurf muß senkrecht zur Seitenauslinie erfolgen, also parallel zu den Mallinien. Stürmer beider Mannschaften, mindestens je zwei, stehen dabei mit mindestens jeweils einem Meter Abstand zum Vordermann (und das ist immer ein Mannschaftskamerad) hintereinander, der vorderste 5 m von der Seitenauslinie entfernt (dafür die 5-m-Linie), und zur Seite, zu den gegnerischen Spielern, bleiben gut 60 cm Raum, die Gasse. Hier hinein wird nun der Ball geworfen, und wenn es gut geht, fischt ihn sich ein Spieler der eigenen Mannschaft.
Dazu noch eine besondere Finesse beim Rugby: Es ist nicht gesagt, daß die Gasse dort gebildet wird, wo der Ball ins Aus ging. Wurde er direkt ins Aus getreten, wird entweder dort die Gasse gegeben, wo er getreten wurde, oder dort, wo er ins Aus ging, je nachdem, welcher Punkt näher zur Mallinie des Spielers liegt, der diesen Tritt ausführte. Das gilt nicht, wenn es sich um einen Straftritt handelt, oder wenn der Tritt innerhalb des eigenen 23-m-Raumes erfolgte. Dadurch wird unterbunden, daß man einen erheblichen Raumgewinn herausschindet, indem man einfach den Ball über das halbe Spielfeld donnert und dieser dann kurz vor der Mallinie des Gegners ins Aus geht.

SCHWIMMEN

Eigentlich gibt es da kaum etwas zu erklären, denn was wir auf dem Bildschirm sehen, ist so übersichtlich, daß man jederzeit übersieht, worum es geht und wer die Nase vorn hat. Es gibt kein kompliziertes Regelwerk, die Geschwindigkeit überfordert den Zuschauer nicht, so daß er alles in Ruhe genußreich verfolgen kann. Wissen muß man lediglich, daß es vier verschiedene Schwimmarten gibt.

Die Schwimmstile

Brustschwimmen
Das ist wohl die älteste Art der Fortbewegung im Wasser, die bekannteste, aber gleichzeitig auch die langsamste. Die Regeln wurden im Laufe der Zeit etliche Male geändert, wobei allerdings Verbesserungen, die ein schnelleres Vorankommen ermöglichen, wieder untersagt wurden, so daß letztendlich ein recht konventioneller Stil übrigblieb. Aus den verschiedenen Verbesserungen der Arm- und Beinbewegungen entstand eine Art Freistilbrustschwimmen, das man früher Delphinschwimmen nannte. Heute ist es bekannt unter

Schmetterlingsschwimmen, auch **Butterfly** genannt
Hierbei werden, anders als beim vorgenannten, die Arme gleichzeitig nach vorne aus dem Wasser herausgeschwungen und unter Wasser nach hinten durchgezogen.

Kraulschwimmen
Hier wurde wieder einmal die Anleihe bei der englischen Sprache genommen, crawl heißt es dort. Das ist der Stil, bei dem die Arme entgegen den beiden vorgenannten ständig im Wechsel arbeiten. In Höhe der Hüfte kommt der Arm aus dem Wasser, wird nach vorn geworfen und dann unter dem Körper durch das Wasser zurückgezogen.

Rückenschwimmen
Die Armarbeit erfolgt ebenfalls wechselweise wie beim Kraulen, jedoch liegt der Schwimmer in der Rückenlage, die Geschwindigkeit ist hierbei geringer.

Die Wettkämpfe

Jetzt bleibt uns noch das **Lagenschwimmen**, das ist aber kein Stil, sondern ein Wettkampf in den vier genannten Schwimmarten. Da geht es über je 4 × 50 oder 100 m in der Reihenfolge Schmetterling/Rücken/Brust/Kraul.
Lagenschwimmer müssen also in allen vier Arten gut zu Hause sein und außerdem übergangslos von einer Stilart in die andere überwechseln können.
Etwas anderes ist die **Lagenstaffel**. Das ist die Kombination der verschiedenen Stile in einer Staffel, wobei die Schwimmer jeweils 100 m zurücklegen müssen. Reihenfolge: Rücken/Brust/Schmetterling/Kraul.

Bei den Olympischen Spielen steht eine ganze Latte von Disziplinen im Schwimmsport auf der Tagesordnung: Die je 100 und 200 m in allen vier Stilarten für Damen und Herren, außerdem im Freistil (Kraul) noch die 400 m. Dazu noch die Lagen in 200 und 400 m sowie an Staffelwettbewerben die 4 × 100 m Kraul und die 4 × 100 m Lagenschwimmen. Dann noch für Damen 800 m Kraul und für Herren 1500 m Kraul und die 4 × 200 m Staffel. Das sind bis hierhin schon satte 29 Wettbewerbe, also stattliche 87 Medaillen.
Inzwischen sind nun aber auch noch Wettbewerbe für **Schwimm-Sprinter** eingeführt worden, die gehen nur über 50 m.

International anerkannt sind nur Becken von 50 m Länge mit dem Platz für acht Schwimmbahnen von 2,50 m Breite. Die Tiefe soll 1,80 bis 2,50 m betragen.
Der Absprung der Schwimmer erfolgt vom Startblock, dieser ist 75 cm über der Wasseroberfläche. Natürlich ist es beim Rückenschwimmen anders, hier hält sich der Schwimmer am Beckenrand an den Griffen fest, die 45 cm hoch sind.

Synchronschwimmen

Das ist eine besondere Augenweide, bei der im Einklang mit der Musik in künstlerischer Form die Möglichkeiten ausgenutzt werden, die die Schwerelosigkeit des Körpers im Wasser gestattet. Figuren und Bewegungsabläufe werden demonstriert, die in dieser dreidimensionalen Form ohne das tragende Medium Wasser nicht möglich sind. Das Synchronschwimmen ist eine Domäne der Damen.

Synchronschwimmen gibt es für Solo (Gleichklang nur mit der Musik), für Duette und für Gruppen von 4 bis 8 Teilnehmern. Die Wertung erfolgt nach Pflicht und freier Vorführung, beide Ergebnisse werden zusammengerechnet. Bei der Pflicht sind sechs verschiedene Übungen zu absolvieren, die einen Tag vorher ausgelost werden. Dabei hat die Musik nur untermalenden Charakter. Jede Schwimmerin wird einzeln bewertet, bei einer Gruppe errechnet man dann den Durchschnitt.

Die Punkte gehen von 0 bis 10, einschließlich halber Punkte. Es sind fünf, sieben oder neun Wertungsrichter, die höchste und die niedrigste Wertung bleibt unberücksichtigt, vom Rest nimmt man den Durchschnitt und multipliziert den mit dem Schwierigkeitsgrad der jeweiligen Figuren.

Die Kür, die freie Vorführung, setzt der Phantasie keine Grenzen. Limitiert sind nur die Zeiten, das Solo dauert 3 ½ Minuten, das Duett hat 4 Minuten Zeit, und die Gruppe muß nach 5 Minuten raus.

Schade, daß man als Zuschauer nicht immer alles komplett miterleben kann, manches bleibt halt unter Wasser. Es gibt allerdings auch hin und wieder Übertragungen mit Unterwasserkameras, da kann man dann staunend und bewundernd verfolgen, wie die Damen in graziöser Schwerelosigkeit den Fischen Konkurrenz machen.

Neben diesem Augenschmaus bietet der Wassersport aber noch eine weitere Attraktion, eine hochgradig spektakuläre Form von Körperbeherrschung und Ästhetik. Daneben ist noch ein erhebliches Quantum Mut gefragt.
Eine Frage am Rande: Haben Sie schon einmal aus 10 m Höhe nach unten geschaut? Sicher, aber... mit nichts vor oder neben sich, nichts zum Anfassen, und unmittelbar vor Ihren Füßen ist der Untergrund zu Ende! Selbst wenn man weiß, daß da unten Wasser ist, diese 10 m sind unendlich weit, und Kehle, Brust und Knie beginnen ein unkontrolliertes Eigenleben.
Und dann stellen Sie sich bitte einmal vor, daß Sie sich rumdrehen, mit dem Rücken zum Abgrund, nur noch die Fußballen am Boden, der hintere Teil der Füße schwebt im Freien.
Einstimmiger Beschluß: Wir überlassen das den Sportlern, die sich dem verschrieben haben, was wir jetzt, im bequemen Sessel sitzend, behandeln wollen.

Wasserspringen

Sehen wir uns erst einmal die Sprunganlage an. Wir fangen unten an, um uns langsam an die Höhe zu gewöhnen.
In genau einem Meter über dem Wasser befindet sich das unterste Sprungbrett. Es besteht aus einem durablen, federnden Material, meistens Glasfiber, ist mindestens 50 cm breit und gut 5 m lang, wobei die vordere Kante mindestens 1,50 m über den Beckenrand reicht. Das gleiche dann, noch weiter nach vorn versetzt, in drei Meter Höhe.
Fünf Meter über dem Wasser ist dann eine starre Plattform, 6 m lang und 2,50 m breit. Und weiter geht's mit einer Plattform in der Höhe

von 7,50 m, und wem das noch nicht hoch genug ist, der klettert, solange die Luft reicht, bis auf den obersten Podest und befindet sich dann in der schwindelerregenden Höhe von 10 Metern.
Ob Brett oder Plattform, alles ist mit einem rutschfesten Belag versehen, damit die Füße jederzeit guten Halt finden.

Wir müssen jetzt zwei Begriffe auseinanderhalten:
Kunstspringen – das erfolgt vom federnden Brett aus, also aus 1 oder 3 m Höhe.
Turmspringen – hier ist die Basis die Plattform, die sich in 5, 7 ½ oder 10 m Höhe befindet.

Bevor wir uns die einzelnen Sprungarten ansehen, noch ein paar Takte zu dem Programm, das bei einem Wettkampf ablaufen muß. Mit einzelnen Sprüngen ist es nicht getan, eine ganze Serie muß absolviert werden, und diese Wettkampfserie sieht so aus:

Herren, Kunstspringen	5 Pflicht-,	6 Kürsprünge
Damen	5 „	5 „
Herren, Turmspringen	4 „	6 „
Damen	4 „	4 „

Dabei müssen Pflicht und Kür auseinandergehalten werden, was in der Pflicht gesprungen wurde, darf in der Kür nicht wiederholt werden.

Die Sprungarten

Mit einem Sprung so einfach runter läßt sich kein Blumentopf gewinnen, es muß schon etwas komplizierter werden. Also erfindet man Bewegungen, Figuren und Drehungen, die unterwegs ausgeführt werden.
Was ein **Salto** ist, braucht wohl kaum erklärt zu werden, es ist eine Drehung um die Breitachse des Körpers. Wem das nicht genügt: Klemmen Sie sich auf eine Reckstange, diese in Nabelhöhe, und lassen Sie sich, wenn die eigene Kraft nicht ausreicht, einen kräftigen Schlag versetzen, so daß Sie einmal um die Stange gewirbelt werden. Das ist ein Salto.

Er kann sich einfach den richtigen Weg nicht merken!

Wenn man Ihnen dabei einen auf den Rücken ballerte, ist es ein Salto vorwärts; ging der Schlag gegen die Brust, haben Sie einen Salto rückwärts gemacht.
Eine ähnlich alberne Erklärung der **Schraube**: Sie stellen sich auf einen Klavierschemel und lassen sich herumdrehen. Danach ist eine Schraube also eine Drehung um die Längsachse. (Man kann auf diese Weise übrigens auch bequem eine Birne in die Deckenlampe schrauben.)

Wir werden jetzt wieder etwas ernster, denn wir müssen die verschiedenen Sprünge auseinanderklabüstern.
Da gibt es erst einmal zwei Möglichkeiten der Blickrichtung beim Absprung. Normalerweise steht man mit der Vorderseite dem Wasser zugewandt, also vorwärts, oder besser gesagt **vorlings**. Andersherum, mit dem Rücken zum Wasser, den Blick träumerisch zum Sprungturm gerichtet, nennen wir **rücklings**.
Soweit die Richtung vor dem Sprung, nun aber die Bewegung. Der Salto kann vorwärts oder rückwärts ausgeführt werden. Jetzt merken Sie auch, weshalb wir die Stellung vorm Sprung vor- und rücklings nannten, man kann dadurch vermeiden, zweimal von vorwärts zu sprechen.
Wir haben jetzt zwei Stellungen und zwei Drehrichtungen, und die Kombinationen hiervon ergeben vier verschiedene Sprungarten. Diese sind, damit alles seine Ordnung und jedes Kind seinen richtigen Namen hat, in Sprunggruppen eingeteilt, die so aussehen:

Sprunggruppe 1 **Vorwärtssprünge** (vorlings – vorwärts)
Sprunggruppe 2 **Rückwärtssprünge** (rücklings – rückwärts)

Soweit alles ziemlich übersichtlich, aber jetzt wird es etwas schwieriger, denn bei den nächsten Sprüngen müssen wir uns einen Knick im Bewegungsablauf mitdenken.

Sprunggruppe 3 **Auerbachsprünge** (vorlings – rückwärts)
Also in Laufrichtung abspringen und dann den Salto rückwärts, die Beine schneller als der Kopf, vor dem Körper hoch und nach hinten rum. Den Namen hat diese Art zu springen von seinem Erfinder.

Sprunggruppe 4 **Delphinsprünge** (rücklings – vorwärts)
Man springt rückwärts weg vom Brett und dreht den Salto mit dem Kopf nach vorn in Richtung auf das Brett. Man nennt das auch den «Sprung gegen das Brett».
Damit sind diese vier Möglichkeiten erschöpft, es kommen nun noch dazu:

Sprunggruppe 5 **Schraubensprünge**, Kombinationen von einer der vorstehenden Sprungarten mit einer oder mehreren Schrauben.

Sprunggruppe 6 **Handstandsprünge**, dabei steht der Springer rücklings auf der Plattform im Handstand und läßt sich von dort vor- und rückwärts in eine der verschiedenen Figuren fallen.

Die Sprunggruppen geben uns an, in welcher Form der Absprung erfolgt und in welche Richtung der Körper gedreht wird. Was aber unterwegs noch alles passiert und wie das gemacht wird, steht auf einem anderen Blatt, da sind dem Erfindungsreichtum der Springer keine Grenzen gesetzt.
Die Körperhaltung, unabhängig von der Sprunggruppe, unterteilt man in drei Arten:
gestreckt, alles gerade wie mit dem Lineal gezogen, die Beine sind geschlossen;
gehechtet, der Körper ist in der Hüfte eingeknickt wie ein Taschenmesser, die Zehen bleiben gestreckt;
gehockt, Knie ran an die Brust, so eng wie möglich, Zehen bleiben gestreckt.

So, nun wissen wir alles über das Springen, jetzt können wir mitmachen. Wir klimmen auf den 10-m-Turm, nehmen einen kräftigen Anlauf und probieren einen 2 ½-fachen Salto mit doppelter Schraube. Wenn es klappt, können wir uns etliche Punkte erwerben, wenn es nicht klappen sollte, bleibt uns der Trost: Runter kommen wir allemal. Und damit sind wir bei der Wertung.

Die Wertung

Die Sprungrichter vergeben Punkte von 0–10, auch halbe, wobei es 0 Punkte gibt, wenn der Sprung völlig versiebt wurde, oder aber, wenn ein falscher Sprung ausgeführt wurde. Das ist hochgradig bösartig, aber das Reglement sagt nun einmal, daß man vor den Wettkämpfen eine Liste einreichen muß, in der genau beschrieben ist, was in welcher Reihenfolge gesprungen wird. Vielleicht sollten sich die Springer eine Kopie der Liste an die Badehose heften, denn selbst ein phantastisch ausgeführter Sprung zur falschen Zeit bringt wohl Applaus der Zuschauer, aber kein einziges Pünktchen.

Nun sind aber auch die Richter nicht zu beneiden, denn neben einer blitzschnellen Erfassung und Bewertung aller Einzelheiten des Sprunges muß auch noch gerechnet werden. Jede Wertung setzt sich zusammen aus 30 % für Anlauf und Absprung, 40 % für die Flugphase und 30 % für das Eintauchen. Hier ist die Haltung des Springers in jedem Abschnitt des Sprunges maßgebend. Und damit es nicht zu einfach wird, haben die verschiedenen Sprünge natürlich unterschiedliche Schwierigkeitsgrade. Das geht von 1,1 bis 3,0. Bei internationalen Veranstaltungen sind sieben Richter zuständig, bei nationalen begnügt man sich mit fünf. Die höchste und die niedrigste Wertung fallen unter den Tisch, bei den internationalen Wertungen sind das also fünf Wertungen. Die Summe wird durch fünf geteilt und mit drei malgenommen. Diese zusätzliche Rechnerei macht man, um gleichzuziehen mit der Wertung nationaler Veranstaltungen, wo ja nur drei Ergebnisse zur Verfügung stehen. Und nun muß noch das, was herausgekommen ist, mit dem Schwierigkeitsgrad multipliziert werden, das ist dann die Wertung für den Sprung.

SEGELN

Wir haben sie oft bewundert und beneidet, die Segler, diese faulen Burschen, die den Wind für sich arbeiten lassen, die schwerelos durchs Wasser gleiten, die sich lässig im Heck zurücklehnend die Sonne genießen, und die nur hin und wieder ein Lebenszeichen von sich geben, indem sie an irgendeiner Leine zupfen.

Aber bevor Sie der Neid übermannt, sollten Sie einmal hinter die Kulissen schauen und sehen, welche Arbeit in den Vorbereitungen steckt, wie manche Stunde im Winter, aber besonders im Frühjahr darauf verwandt wird, das Boot für die neue Saison fitzumachen. Da geht viel Zeit und Mühsal drauf, ganz abgesehen von den nicht unbeträchtlichen finanziellen Opfern, die für die Anschaffung des Bootes, den Unterhalt und die tausend Kleinigkeiten und Zubehörteile gebracht werden müssen. Aber wen diese Leidenschaft einmal gepackt hat, den läßt sie nicht mehr los. Segeln ist nicht irgendeine Freizeitbeschäftigung, Segeln ist eine Weltanschauung.

Nun wollen wir hier nicht eine Lanze für einen Wassersport brechen, sondern versuchen, das zu ergänzen, was man uns von der Segelei per Fernsehen ins Haus schickt. Man kann uns ja schließlich nicht, wie bei einem Fußballspiel, den sportlichen Wettkampf von Anfang bis Ende zeigen, hier sieht man ja immer nur Ausschnitte. Prächtige Bilder zwar, aber eben nur Bruchstücke. Um was es ging, und wer gewonnen hat, wird am Ende gesagt, oder wir lesen es am nächsten Tag in der Zeitung. Aber was soll's, wir freuen uns an den windgeschwellten Segeln, hätten aber doch ganz gern ein wenig mehr gewußt.

Regatten

Beim Segeln als sportlichem Wettkampf geht es auch, wie sooft, darum, wer der Schnellste ist. Es wird also ein Rennen ausgetragen, und ein Rennen auf dem Wasser ist eine Regatta.
Die Bahn ist vorgeschrieben. Die olympische **Regattabahn** z. B. sieht im allgemeinen so aus:
In einem großen Kreis liegen acht Tonnen als Wendemarken mit den Bezeichnungen von 1–8. Im Mittelpunkt dieses Kreises befinden sich Start und Ziel. Interessant für die Regatta sind jedoch nur drei Tonnen, und nun werden Sie sich fragen, warum acht, wenn man mit drei auskommt. Damit hat es folgende Bewandtnis. Es ist ein internationaler Brauch, daß gegen den Wind gestartet wird. Da man logischerweise vorher nicht wissen kann, woher der Wind zu Beginn der Regatta kommt, wird erst zehn Minuten vor dem Start die Rennstrecke bekanntgegeben.
Auf dem **Startschiff** werden zwei Ziffern ausgehängt, diese geben den zu segelnden **Kurs** an. Die erste Ziffer benennt die **Tonne**, die es zuerst zu umfahren gilt, die zweite nennt die nächste, und die dritte Tonne braucht nicht angezeigt zu werden, die liegt gegenüber der ersten. Die Strecke ist somit festgelegt als ein gleichschenkeliges Dreieck, auf dessen langer Seite in der Mitte Start und Ziel sind. Die erste Tonne liegt da, woher der Wind weht, sie liegt vom Start aus genau im Wind. Wie wir nun zu dieser Tonne kommen, mit einem Segelboot gegen den Wind, ist etwas kompliziert, wir erklären es später.

Gestartet wird, optisch deutlich sichtbar, mit einem **Startball**, der an einem Mast hochgezogen wird. Fünf Minuten vor Beginn fällt er nach unten und wird dann in jeder folgenden Minute um ein Feld hochgezogen. Mit dem Startschuß fällt er dann wieder nach unten, auf geht's.
Es ist wichtig, daß man sich schon vor dem Start eine möglichst günstige Ausgangsposition schafft und in Luv-Position kommt. **Luv** ist die Seite, von der der Wind kommt (spucke nie nach Luv), **Lee** ist die vom Wind abgewandte Seite des Schiffes.
Unterwegs muß nun natürlich die ganze Kunst des Segelns ausgespielt werden, da geht es um sehr viel Fingerspitzengefühl für die jeweilige

Stellung der Segel, und wichtig ist auch die Wendetechnik an den Tonnen. Verstehen Sie das mit dem Fingerspitzengefühl nicht falsch, es ist sehr harte, körperliche Arbeit, die unterwegs geleistet werden muß. Wenn man sieht, mit welch artistischen Verrenkungen die Segler sich außenbords hängen, um im richtigen Moment die Gewichte richtig zu verteilen, wird man Abschied nehmen von der Vorstellung, daß Segeln nur träumerisches Gleiten durch Sonne und Wind ist.

Zu den bekannten großen Regatten zählen
Admiral's Cup Eine Hochsee-Regattaserie für jeweils drei Yachten aus jedem Land, die alle zwei Jahre ausgetragen wird.
America's Cup Die wohl wichtigste Hochseeregatta. Der Name täuscht etwas, er hat seinen Ursprung in der «America», einer amerikanischen Yacht, die erstmals den von England gestifteten Cup gewann.
Vor allem England, Australien und die USA sind bei diesen Wettkämpfen führend. Was da so im Laufe der Zeit an Geld in die Konstruktion immer schnellerer Boote gesteckt wurde, ist sagenhaft.
Atlantik-Regatta Diese führt u.a. von den USA über den Atlantischen Ozean nach verschiedenen Häfen in Europa.
Bermuda-Race Von Rhode Island über 635 Seemeilen zu den Bermudas. Dieses Rennen wird alle zwei Jahre durchgeführt.
Fastnet-Race Ein Teilwettbewerb vom Admiral's Cup, es geht als längstes europäisches Hochseerennen über ca. 600 Seemeilen von Portsmouth an die SW-Spitze von Irland.
In der **Nordseewoche** kurvt man alljährlich zu Pfingsten u.a. «Rund um Helgoland».

Wenn man sich nun noch vorstellt, daß es auch Regatten rund um die Welt gibt, ist ja wohl einleuchtend, daß wir als passive TV-Zuschauer nur einen ganz geringen Ausschnitt aus diesen Veranstaltungen miterleben können.
Besondere Leckerbissen für uns sind die **Windjammerparaden**, die uns eine satte Brise Nostalgie ins Wohnzimmer blasen. Windjammer braucht ja wohl nicht erklärt zu werden, jedermann kennt diese großen, seetüchtigen Segelschiffe, die in vielen Ländern der Ausbildung seemännischen Nachwuchses dienen.

Aus dem überaus umfangreichen Vokabular der Seeleute picken wir uns ein paar Körnchen heraus, damit man wenigstens etwas den Kommentatoren folgen kann.
Da halten wir erst einmal zwei Segelformen auseinander.
Ein senkrecht stehendes Trapez, oben schmaler als unten, der obere Rand ist befestigt an einem Rundholz, das mit einem Ende am Mast sitzt, ist ein **Gaffelsegel**.
Das andere Segel ist ziemlich rechtwinklig und hängt an einem waagerechten Rundholz, das mit seiner Mitte vor dem Mast befestigt ist. Das Holz heißt Rah (Raa, Rahe – wie Sie wollen), und wir haben es hier mit einem **Rahsegel** zu tun.
Ein **Schoner** hat mindestens zwei Masten, der größere ist hinten. Wenn Sie ein Schiff sehen, das zwei Masten hat mit trapezförmigen Segeln, dann ist das ein **Gaffelschoner**.
Sind dagegen im vorderen Mast die Segel rechteckig und quer, mitten vor dem Mast, haben wir einen **Rahschoner** vor uns.
Ein **Vollschiff** hat drei Masten mit Rahsegeln. Kommt noch ein Mast dazu, gibt es ein Viermast-Vollschiff. Haben alle vier Masten die senkrechten, trapezförmigen Segel, dann ist das ein Viermast-Gaffelschoner.
Jetzt merken wir uns nur noch die Namen der Masten. Wenn es drei sind, heißen sie von vorn nach hinten: Fock- (oder Vormast), Großmast und Kreuzmast (oder Besanmast).
Bei vier Masten: Fock-, Groß-, Achter- und Kreuz- (oder Besan-) Mast.

Eine **Seemeile** sind übrigens 1852 m, ein **Knoten** ist nicht nur die fachgerechte Verschlingung von Seilen, sondern auch ein nautisches Maß für die Geschwindigkeit, und zwar genau die erwähnte Seemeile per Stunde. Für Landratten also – 10 Knoten entsprechen einer Geschwindigkeit von 18,52 km/h.

Die Bootsklassen

Natürlich kann nicht jeder gegen jeden segeln. Man kann ja auch nicht mit einem Fahrrad gegen einen Achtzylinder antreten. Die Boote werden deshalb in Klassen geordnet. Da gibt es die nationalen Klassen, die in einzelnen Ländern anerkannt sind, die internationalen Klassen, anerkannt vom Weltseglerverband, und die olympischen Klassen, die innerhalb der internationalen bei den Olympischen Spielen gesegelt werden, bei denen mit laufenden Veränderungen zu rechnen ist. Dann gibt es die Einheitsklassen, in denen alle Boote nach demselben Bauplan hergestellt werden und sich gleichen wie ein Ei dem anderen. Bei den Konstruktionsklassen werden Grenzwerte für Abmessung und Form gegeben, innerhalb deren kann konstruiert werden, diese Klasse gilt nur für Kielyachten.

Die **Yachten** werden nach **Rennwerten** unterschieden. Diese wiederum werden nach Vermessungsformeln errechnet, da werden Länge, Tiefgang, Segelfläche u. a. in einer komplexen Formel erfaßt. Das ist schon höhere Mathematik und hat den Zweck, für Regatten möglichst gleichwertige Schiffe zusammenstellen zu können.

Etwas anderes sind **Rennkategorien.** Diese richten sich nach den Entfernungen der Strecken von der Küste. So nimmt Kat. 1 an Rennen über größere Distanzen teil, die weit von der Küste liegen. Dabei müssen schwere Stürme und eventuelle ernste Notfälle ohne fremde Hilfe überstanden werden können. In Kat. 2 ist die Zeit kürzer, in der man weit von der Küste entfernt ist. Die Mannschaft muß ziemlich unabhängig sein, aber bei ernsten Notfällen kann Hilfe von außen kommen. Kat. 3 geht über offenes Wasser zum größten Teil in Küstennähe, und Kat. 4 endlich führt in Küstennähe durch geschütztes Wasser.

Bevor wir uns die Namen einiger Bootstypen ansehen, müssen wir uns mit verschiedenen Begriffen bekannt machen.

Dingi, oder auch Dinghi bzw. Dinghy geschrieben, das ist die kleinste Art der Segelboote, diese können von einem Mann bedient werden.

Jolle Das ist ein kleines Schwertboot mit geringem Tiefgang. Schwert, eine Platte, die nach unten abgesenkt werden kann. Bei flachem Wasser steckt das Schwert in der Mitte des Bootes in dem Schwertkasten. Im Gegensatz dazu ist bei einem

Kielboot ein Ballastkiel tief unter dem Boot angebracht. Dadurch wird der Schwerpunkt nach unten verlagert, das Boot kann nicht kentern, und die Abdrift – die seitliche Verschiebung – wird vermindert. Als Kiel bezeichnet man auch den untersten, längslaufenden Balken eines Schiffes, praktisch das Rückgrat. Beim Kielschwertboot ist der Ballastkiel kleiner, zusätzlich kann durch einen Schlitz hierin noch ein Schwert ausgefahren werden, um die Abdrift zu verkleinern, das ist besonders beim Kreuzen wichtig.
Jollenkreuzer Eine größere, noblere Jolle mit Kajütenaufbau und größerem Segel.
Katamaran Das sind Doppelrumpfboote, auch Cat oder Kat genannt, die leichten Renn-Katamarane sind die schnellsten Segelboote.

Und nun einige Boote, bei denen wir uns auf die Angabe der Mannschaft, der Länge und der Segelfläche beschränken wollen.

		Länge	Segel
Jollen			
Optimist	1-Mann-Kinderjolle	2,31 m	3,30 qm
Laser	1 Mann	4,24 m	7,10 qm
Finndingi	1 Mann	4,50 m	10,00 qm
Olympia-Jolle	1 Mann	5,00 m	11,00 qm
Pirat	2 Mann	5,00 m	10,00 qm
Conger	2 Mann	4,98 m	12,00 qm
Hansa	2 Mann	5,85 m	14,00 qm
470er	2 Mann	4,70 m	12,70 qm
FD Flying Dutchman	2 Mann	6,05 m	15,00 qm
» Junior	2 Mann	4,03 m	9,30 qm
Katamaran			
Tornado	2 Mann	6,10 m	21,80 qm
Kielboote			
Tempest	2 Mann	6,68 m	23,00 qm
Star	2 Mann	6,92 m	27,92 qm
Soling	3 Mann	8,15 m	21,70 qm
Drachen	3 Mann	8,90 m	26,60 qm
5,5 m	3 Mann	10,40 m	28,40 qm

Theorie

Bei aller Hochachtung für den Segler bleibt aber doch die skeptische Frage offen, ob er grundlegende physikalische Gesetze außer Kraft setzen kann, oder einfacher: Kann man gegen den Wind segeln? Wie schaffen es diese Leute, einen Rundkurs zu fahren, man kann doch kaum erwarten, daß sie den Wind immer von hinten haben. Antwort: Man kann, zwar nicht direkt, aber mit Umwegen.
Dazu müssen wir nun etwas in die Physik einsteigen, aber keine Angst, wir bleiben ganz vorne am Rande, nur das Nötigste soll erwähnt sein.

Ein physikalisches Gesetz besagt, daß bei einer gasförmigen Strömung auf eine Fläche (hier also Wind gegen Segel) der sich hieraus ergebende Druck senkrecht zur Fläche verläuft, unabhängig von dem Winkel, unter dem die Strömung einfällt.
Was wollen uns diese Worte sagen?
Malen Sie sich einen waagerechten Strich aufs Papier. In Gedanken lassen wir jetzt einen Wind gegen diesen Strich blasen, und zwar genau von unten nach oben. Der Strich – unser Gedankensegel – wird genau nach oben verschoben, logisch, nicht wahr?
Und nun kommt der Kasus knacksus, der eigentliche Kniff bei der ganzen Sache: Sie lassen Ihren Wind nicht genau von unten gerade nach oben wehen, sondern von schräg unten links. Wohin will das Segel jetzt? Nein, nicht etwa nach oben rechts in Verlängerung der Windrichtung, sondern, genau wie vorher, geradeaus nach oben. Sie können mit Ihrer Windquelle unter dem Strich (unter dem Segel) von links nach rechts wandern, die Richtung, in der das Segel will, bleibt konstant nach oben. Das funktioniert bis zu einem Winkel von 10 Grad, dann trifft der Wind das Segel fast von der Seite, dann geht's nicht mehr.

Weiter mit unserem Segeltheorieschnellkursus. Sie zeichnen sich den Umriß des Bootsrumpfes von oben gesehen. Für Zeichenunkundige: Man nehme ein Bügeleisen, stelle es aufs Papier und ziehe mit einem Bleistift drumherum. Hübsch haben Sie das gemacht. Nun zeichnen wir ein dünnes Kreuz über das Boot, Schnittpunkt in der Mitte des

Bootes, eine Linie längs, also in Fahrtrichtung, und die andere quer dazu. Unser Segelschiff zeigt mit der Spitze nach oben. Den Wind lassen wir von vorne links kommen. Nun müssen wir noch das Segel setzen. Das machen wir ebenfalls mit einem Strich, der beginnt auf der Längslinie, ein kleines Stückchen hinter der Spitze, und verläuft nach unten rechts, und zwar so, daß er vom Wind noch mehr als einen Winkel von 10 Grad erwischt.
Wenn wir jetzt vom «Segelstrich» einen Pfeil rechtwinkelig abzweigen, zeigt uns dieser, wohin der Druck geht. Zeigt der Pfeil weiter nach vorn, als der anfangs gezeichnete Querstrich des Kreuzes, erhält das Boot Vortrieb.

Nun werden Sie beim Betrachten Ihrer Zeichnung die berechtigte Annahme äußern, daß alles in Windrichtung abgetrieben würde bzw. in die Richtung, in die der rechtwinklig zum Segel zeigende Pfeil zeigt. Das wäre auch der Fall, wenn nicht die Konstruktion des Bootes dagegen wäre. Neben der keilförmigen Bauweise des Bootes verhindert besonders der Kiel, der unten dranhängt, die seitliche Abdrift. Wenn Sie mit der flachen Hand durchs Wasser fahren, merken Sie, daß eine Querbewegung wegen des Widerstandes recht schwer ist, längs geht es wie mit einem warmen Messer durch die Butter. Neben dieser richtungbestimmenden Aufgabe sorgt der Kiel auch dafür, daß sich das Boot nicht – oder zumindest nur in bestimmten Grenzen – zur Seite neigt.

Wir haben uns jetzt, wenn auch mühsam, an den Gedanken gewöhnt, daß ein Boot gegen einen schräg von vorn kommenden Wind vorwärts bewegt werden kann. Das allein bringt uns aber nicht zum gewünschten Ziel, jedenfalls nicht in einer direkten Linie. Und wenn es nicht direkt geht, macht man halt Umwege. So ist es auch beim Segeln. In einem Zickzack-Kurs – mal den Wind von rechts, mal von links – geht es dem Ziel entgegen, wir kreuzen. Die jeweilige Änderung des Kurses nennt man Wenden. Dabei geht es mit dem Bug durch den Wind, vom Halsen spricht man, wenn es genau andersherum geht, man den Wind von hinten hat, oder, wie der Segler sagt, wenn das Heck durch den Wind geht.

SQUASH

Man sollte es nicht glauben, aber dieses aus dem Englischen stammende Wort heißt soviel wie «weicher Körper».
Nun wollen wir das für den Ball gelten lassen, denn das ist ein schwarzer Weichgummiball mit 4 cm Durchmesser. Aber jeder Spieler würde sich sicherlich bedanken, wenn man seinen trainingsgestählten Körper auch nur annähernd mit dem Begriff weich in Zusammenhang brächte. Ganz im Gegenteil: Beim Squash wird man ganz schön gefordert, und den Spieler, der schon einmal das Pech hatte, im Eifer des Gefechtes den Ball an den Kopf zu bekommen, wird auch wohl gelinder Zweifel darüber anwandeln, ob die Bezeichnung weicher Körper selbst für den Ball das Gegebene ist.

Das Spielfeld

Im Gegensatz zu fast allen anderen Spielen hat man beim Squash nicht nur eine zweidimensionale Spielfläche, auch die vier Seitenwände spielen mit. Wenn man sich dadurch nicht den Zorn der Squashspieler zuziehen würde, könnte man respektlos sagen, Squash ist «Tennis in der Kiste». Der Platz von 9,75 × 6,40 m ist durch eine Querlinie – 4,25 m vorn gesehen – unterteilt. Das ist die **Grundlinie**. An dieser, jeweils außen rechts und links, stoßen die **Aufschlagfelder** von 1,60 mal 1,60 m. Die Wand vor uns, die Vorderwand, 4,60 m hoch, hat zwei waagerechte Trennlinien, und zwar in

Squash

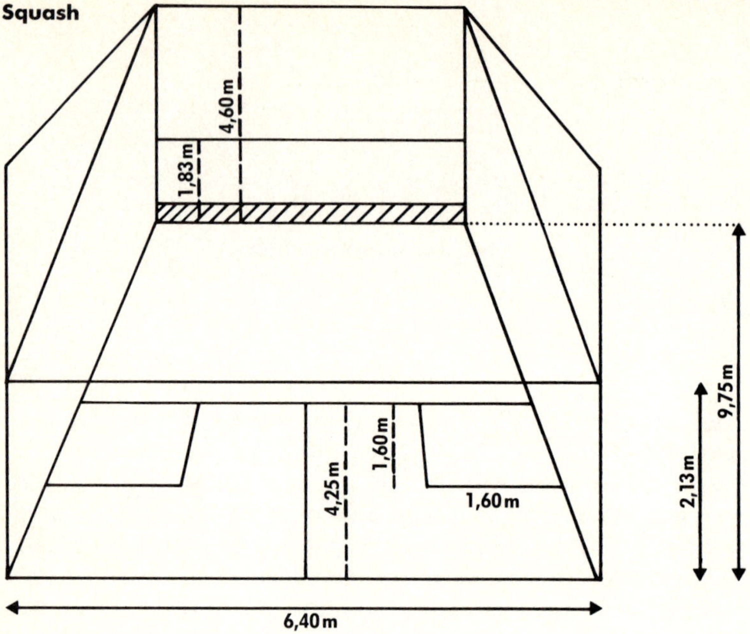

Höhe von 1,83 m, das ist die **Aufschlaglinie**, und die nur 0,48 m hohe Begrenzung, die man **Tin** oder auch **Playboard** nennt. Dieses schmale Brett ist während des Spiels tabu, hieran darf der Ball nicht aufschlagen. Das Playboard wird mit Blech verkleidet, damit jeder Fehler – und das ist jeder Ballkontakt mit diesem verbotenen Gebiet – auch gleich akustisch deutlich erkennbar wird.
Hinter den Spielern, also an der Rückwand – hierin ist auch die Eingangstür –, verläuft die Grenze in 2,13 m Höhe. Unter ihr treffende Bälle sind gut, darüber treffende aus.

Die Spielregeln

Squash ist ein **Rückschlagspiel**. Zwei Spieler mit Schlägern, ähnlich wie beim Tennis, schmettern sich gegenseitig den Ball zu, wobei diverse Regeln befolgt werden müssen.
Nachdem durch Los der **Aufschläger** ermittelt wurde – wer darf anfangen –, wählt dieser eins der beiden Aufschlagfelder (oder auch **Angaberäume** genannt), in dem er beim Aufschlag mit mindestens einem Fuß stehen muß. Er wirft den Ball hoch und drischt ihn so gegen die Stirnwand, daß er dort oberhalb der Aufschlaglinie auftrifft, um im Feld des Gegners wieder herunterzukommen. Dieses Nachbarfeld wird begrenzt durch Grund- und Mittellinie, ist also 4,25 m lang und 3,20 m breit, also nicht ganz ein Viertel der Grundfläche. Kommt der Ball irgendwo anders nieder, oder berührt er an der Vorderwand die Aufschlaglinie, ist der Aufschlag ungültig. Nun kommt es aber darauf an, daß der Gegner das rechtzeitig erkennt, denn wenn er den Ball annimmt, ist der Aufschlag gültig, und der Ball bleibt im Spiel. Nach einem Aufschlagfehler darf der Aufschläger es ein zweites Mal versuchen.

Der **Rückschläger** muß den Ball, bevor dieser den Boden zweimal berührt hat, über die Vorderwand wieder zurückbringen, wobei die ganze Wand mit Ausnahme des Playboards gilt. Er muß dabei aufpassen, daß er nicht mit einem Körperteil oder seiner Kleidung den Ball berührt. Er kann den Ball jedoch jederzeit auch **volley** annehmen, also nicht erst abwarten, bis er aufgesprungen ist, sondern ihn gleich aus der Luft kommend zurückfeuern. Während des Spiels dürfen auch alle Wände mit ins Gefecht eingreifen. Hier ergeben sich Parallelen zum Billard, denn Squash wird mit «Bande» gespielt. Beim sogenannten **Boast** zum Beispiel erfolgt der Schlag gegen eine Seitenwand (das ist dumm ausgedrückt, natürlich erfolgt der Schlag gegen den Ball, aber in Richtung Seitenwand) über die Vorderwand zur gegenüberliegenden Seitenwand. Tabu bleibt nach wie vor das Playboard, und im Aus ist der Ball, sobald er über eine der oberen Linien, die das Spielfeld abgrenzen, geht, ja selbst, wenn er eine dieser Linien berührt. Selbstverständlich gilt das gleiche, wenn ein Spieler den Ball in die Dachkonstruktion oder gegen die Beleuchtung schießt.

Gerade die Einbeziehung der Seitenwände und die dadurch verursachten Richtungswechsel machen blitzschnelles Erfassen und sofortige Reaktion nötig.

Die Zählweise

Das Spiel geht über zwei oder drei **Gewinnsätze**. Einen Satz gewinnt man, wenn man als erster neun Punkte erzielt hat. Da gibt es allerdings eine Ausnahme, und zwar beim Stande von 8 : 8. Bei diesem Ergebnis darf der Rückschläger bestimmen, daß bis zehn Punkte gespielt wird. Derjenige gewinnt, der zwei Punkte mehr hat als der andere. Nun ist es aber im Gegensatz zum Tennis so, daß nur der Aufschläger Punkte erzielen kann. Wenn A Aufschlag hat, und B macht einen Fehler, ist das ein Punkt für A. Macht A dagegen Fehler, so gibt es keinen Punkt, sondern A verliert den Aufschlag, und B ist dran und kann seinerseits versuchen, einen Punkt zu erzielen.

Eine weitere Besonderheit beim Squash ist das **Let**. Das ist ein unentschiedener Ball, wobei Aufschlag oder Ballwechsel nicht gezählt werden. Die Gewährung eines Let hat Voraussetzungen, die sich aus der speziellen Spielweise beim Squash erklären. So kann ein Spieler sich scheuen, den Ball zu schlagen, weil er befürchten muß, hierbei den Gegner zu verletzen. Immerhin wuseln ja beide Spieler auf dem doch relativ kleinen Platz neben- und umeinander, und das mit ziemlichem Affenzahn und in ständiger Bereitschaft, jetzt mal schön zu schmettern.
Oder ein Spieler berührt bei einem Schlag den Gegner. Es kann aber auch sein, daß der Schiedsrichter eine Entscheidung treffen soll, dieses aber aus verschiedenen Gründen nicht kann. Eine andere Möglichkeit: Ein Spieler kann es nicht vermeiden, vom Ball berührt zu werden, weil er durch die Stellung seines Gegners nicht ausweichen kann.
Wie schon gesagt, der Ballwechsel zählt beim Let nicht, der Aufschlag wird wiederholt.

TANZEN

Sport? – Jawohl, und wahrlich nicht der leichteste.
Wir dürfen uns nicht täuschen lassen durch das, was wir am Bildschirm sehen. Da schweben die Paare gazellenhaft über das Parkett, leichtfüßig entspannt nur der Musik hörig, losgelöst vom Alltagsgrau in rhythmischer Ekstase, in Glanz und Glitzer, mit Prunk und Pomp, und dazu lächeln, immer nur lächeln.
Wir sehen ja nicht, was dazugehört, so weit zu kommen, zu denen zu gehören, die bei Turnieren vor Scheinwerfern und Kameras ihr Können zeigen dürfen. Üben, üben und nochmals üben, denn Tanzen in dieser Perfektion ist niemandem angeboren, es ist ein hartes Stück Arbeit, sich bis in die höchste Klasse hinaufzubringen.

Turniertanzen

Niemand soll sagen, wir leben in einer klassenlosen Gesellschaft, die Tänzer jedenfalls nicht. Für sie gibt es die **Start**- oder **Leistungsklassen** mit den Stufen E, D, C, B, A und Sonderklasse. Diese Klassifizierung entspricht dem Können des Tanzpaares, und naturgemäß versucht jeder, eine höhere Klasse zu erreichen. Begonnen wird, wie überall, unten, also in den Klassen E oder D. Wie kommt man nun rauf? Den Sprung kann man nur erreichen bei den aufstiegsberechtigten Tanzturnieren, und dabei ist wiederum Voraussetzung, daß diese auf einer **Tanzfläche** von mindestens 80 qm stattfinden, und die Seitenlänge der Fläche muß 7 m oder mehr sein. Wenn es sich um nationale oder gar internationale Meisterschaften handelt, braucht man 180 qm und 12 m Seitenlänge. Und jetzt geht es darum, Punkte zu sammeln, und diese richten sich nach der Anzahl der besiegten Paare. «Wat den eenen sin Uhl, is den annern sin Nachtigall», oder ins Hochdeutsche übersetzt: «Tut uns leid, Leute, aber wenn wir weiterkommen wollen, müssen wir euch auf die hinteren Plätze verweisen.»

Harter Wettbewerb also auch hier, bei diesem so anmutigen Sport, gut, daß wir nicht hinter die Kulissen schauen können, wo es so manches Mal bittere Tränen gibt, auch, wenn man wieder einmal nach monatelanger Plackerei «nur» zweiter geworden ist. Bei den Turnieren kann man aufsteigen, aber, wenn die Mindestpunktzahl nicht erreicht wurde, kann man auch absteigen.

Zu jeder Startklasse gehören bestimmte Tänze, erst ab der B-Klasse sind alle Standard- und lateinamerikanischen Tänze im Programm, in der Sonderklasse dazu auch noch die Kombination.

Für die Klassen D und C schreiben die Bewertungsrichtlinien vor, daß hier eine gewisse Einschränkung zu berücksichtigen ist. Da darf man nicht so, wie man möchte, weil man's gut kann, da sind verschiedene Schritte und Figuren untersagt. Diese Reduzierung der Ausdrucks- und Entfaltungsmöglichkeiten nennt man Schrittbegrenzung oder Figurenbeschränkung.

Nebenbei: Die Startgruppe hat nichts zu tun mit der Startklasse, in der Gruppe werden die Tänzer nur nach dem Alter eingeteilt.

Die Tänze

Die wichtigste Voraussetzung und Grundlage beim gesamten Tanz ist natürlich die Musik, und hiervon in diesem Falle der Rhythmus. Dieser gibt dem Tanz seinen Namen und bestimmt auch den ganzen Bewegungsablauf.

Wir unterscheiden die beiden Gruppen

Standardtänze		**Lateinamerikanische Tänze**	
Langsamer Walzer	¾ Takt	Samba	2/4 Takt
Tango	2/4 "	Cha-Cha	4/4 "
Langsamer Foxtrott (Slowfox)	4/4 "	Rumba	4/4 "
Wiener Walzer	¾ "	Pasodoble	2/4 "
Quickstep	4/4 "	Jive	4/4 "

Die beiden Gruppen unterscheiden sich doch recht deutlich voneinander, denn wenn bei den Standardtänzen Dame und Herr relativ artig und konventionell beieinander bleiben, so geht es bei den lateinamerikanischen mit südlichem Temperament zu, wie in den Nächten von Rio, nach der Devise «Ran an die Dame und wieder weg von sie»; zwischendurch in Solo-Figuren über, und auch die Arme, frei von der Bindung durch den Partner, demonstrieren in lebhaften Bewegungen überschäumende Lebensfreude.
Das alles läßt uns als Zuschauer zu leicht vergessen, daß es sich um einen Wettbewerb handelt, daß hier der Gesellschaftstanz, dieses reine Vergnügen, zum harten Wettkampf wird.

Jedes Paar, das hier mitmachen will, muß hundertprozentig aufeinander eingestellt sein. Während wir einfach nur genußvoll zuschauen, müssen die Tänzer voll konzentriert eine ganze Reihe von Dingen beachten, die für die Bewertung maßgebend sind. Da sitzen nämlich am Rande der Tanzfläche etliche gestrenge Mitmenschen, die sich nicht durch den eleganten Frack des Herrn oder das farbenprächtige Kostüm oder die feenhafte Figur der Dame ablenken lassen (sollen), sondern beinhart und seelenlos den Ablauf des Tanzes verfolgen und jeden Patzer unbarmherzig registrieren. Bei internationalen Meisterschaften sind es sieben Wertungsrichter, die ihre Stimmen abgeben, Leute mit Lizenz.

Die Wertung

Es geht über Vor-, Zwischen- und Endrunde, wobei diese höchstens mit sechs Teilnehmern auf dem Parkett ausgetragen wird. In Vor- und Zwischenrunde wird verdeckt gewertet, das Ergebnis bleibt unter dem Tisch, jeder Richter gibt nur so vielen Paaren seine Stimme, wie in der nächsten Runde starten sollen. Bei der Endrunde wird mit offenen Karten gespielt, da macht jeder Richter seine eigene Rangfolge aus. Er setzt das nach seiner Meinung beste Paar auf Platz eins, das zweitbeste auf zwei und so weiter. Wer die Eins am häufigsten zugesprochen erhielt, ist Gewinner dieses Tanzes. In der Endabrechnung werden dann diese Noten pro Paar addiert, Sieger ist das Paar mit der niedrigsten Summe.

Aber was nun alles bewertet wird, das hat nichts mehr zu tun mit den Vokabeln, die uns beim Wort Tanz einfallen, wie beschwingt oder malerisch oder hinreißend, da geht es nur um reine Fakten. Der **Grundrhythmus** ist wichtig, setzt der Schritt haargenau mit dem Takt ein, und haben die Schritte das richtige Zeitverhältnis zueinander, jeweils innerhalb des Tempos, das die Musik vorgibt. Und dann die **Körperlinien**. Es kommt darauf an, daß die Linien von beiden Partnern stets parallel laufen, und nicht nur das, sie sollen auch stets den gleichen Abstand voneinander halten.
Die senkrechten sind die Seitenlinien des Paares, die waagerechten ergeben sich aus der Haltung von Schultern, Armen und Hüften. Die Köpfe sollen mit den Rücken in einer Linie bleiben, und zwar so, daß beide Ohren von der Schulter den gleichen Abstand haben, außerdem müssen die Köpfe der Partner dabei parallel zueinander stehen.
Und die Beine haben gefälligst innerhalb der Körperlängsachse zu bleiben, nicht etwa, daß sie bei den Vor- oder Rückwärtsschritten aus dieser Linie herausgeführt werden. Dazu muß das Bein dann auch noch gestreckt sein, bevor es aufgesetzt wird. Haben Sie das alles behalten? Nein? Brauchen Sie auch nicht, es sei denn, Sie wollen Turniere tanzen.
Der Ablauf der Bewegungen muß dem Charakter des Tanzes angemessen sein.
Nun stehen sich die beiden Tanzenden ja etwas versetzt gegenüber,

und wenn man auf dem Boden in Verlängerung der Füße Striche ziehen würde, dann hätte man vier Linien, sogenannte **Balancelinien**, und diese dürfen nicht gekreuzt werden.

All diese Dinge im Kopf zu haben, um dann während des Tanzes die jeweils richtige Bewegung zu machen, wäre wohl ein hirnrissiges Unterfangen, das alles muß so oft geübt werden, bis es einfach in Fleisch und Blut übergegangen ist und automatisch ausgeführt wird. Beim Radfahren überlegt man sich ja auch nicht erst, ob man das Körpergewicht nach rechts oder links verlagert, um nicht parterre zu gehen, man macht es, ohne groß nachzudenken.
Beim Tanz wird ferner die Fußarbeit bewertet, das ist ja wohl klar. Man sollte das zwar nicht überschätzen, denn Tanzen wird nicht nur mit den Füßen gewonnen, wie Sie unschwer aus den vorhergegangenen Ausführungen gesehen haben, aber immerhin ist der Ausdruck der Fußbewegungen ein wichtiges Kriterium. Wie die Stellung, die Bewegungen und das Schließen der Füße erfolgen, wie die Ballen- und Fersenansätze ausgeführt werden, das sind schon Punkte, die bei der Bewertung eine Rolle spielen.

Die Meisterschaften

Die Meisterschaften werden entweder in den Standard- oder den lateinamerikanischen Tänzen ausgetragen. Darüber hinaus aber auch in der **Kombination**, das heißt in allen zehn Tänzen.
Die Zeiten sind für jeden Tanz vorgeschrieben, sie liegen zwischen eineinhalb und zwei Minuten.
Und dann gibt es noch die **Formationstänze**. Wenn schon beim einzelnen Paar die Harmonie der Bewegungen unerläßlich ist, für den Formationstanz muß das noch vervielfältigt werden, denn da genügt nicht nur das Anpassungsvermögen an den Partner, den man im Arm hat, da heißt es, für die Gesamtdauer der verschiedenen Tänze in der Formation – und das sind immerhin drei bis viereinhalb Minuten – sich exakt synchron mit den anderen Paaren zu bewegen und jeden Schritt, jede Drehung in genau dem gleichen Moment auszuführen wie die anderen sieben Paare.

Wo wir jetzt etwas von den Schwierigkeiten des Profispitzenklassentanzes wissen, nehmen wir uns folgendes vor: Sobald wir wieder einmal das Parkett betreten, um uns die Sohlen anzuwärmen, werden wir ein paar Takte später anfangen zu tanzen, den Bewegungsablauf und die rhythmische Gestaltung nach unserem Gusto einrichten, auf parallele Körperlinien pfeifen, es gibt da viele reizvolle Variationen, und wir werden unserem sportlichen Einfallsreichtum die Zügel schießen lassen, wir werden ohne Richter und Zensur tanzen – einfach nur zum Spaß.

TENNIS

Den ungeübten Zuschauer verwirren besonders zwei Dinge: die recht eigenwillige Zählweise und die Linien auf dem Spielfeld. Dabei ist beides ganz einfach, wie so vieles, wenn man es erst weiß. Bröseln wir das mal auseinander.

Die Zählweise

Schon vor mehr als fünfhundert Jahren gab es in Frankreich ein Spiel, aus dem sich das heutige Tennis entwickelt hat. Und damals spielte man um Geld (!). Der Einsatz für ein Spiel waren 60 Sous. Diesen Einsatz konnte man nach vier gewonnenen Ballwechseln einstreichen, d. h. für jeden gewonnenen Punkt erhielt man 15 Sous. Man zählte also 15 – 30 – 45 – Aus. Im Laufe der Zeit wurde das dann sprachlich abgeschliffen, die 45 war zu umständlich zu sprechen, man sagte einfach 40, und noch heute zählt man 15 – 30 – 40 – Aus. Ebensogut könnte man 1 – 2 – 3 – Aus sagen, aber machen Sie mal was gegen die Tradition.

Im internationalen Tennis zählt man natürlich auch international, meistens hört man englisch oder französisch. Und da taucht eine Merkwürdigkeit auf, deren Ursprung im dunkeln liegt: das englische «love» für die Null. Keiner sagt «fifteen : zero», alle sagen «fifteen : love» beim Stande von 15 : 0.

Zwei Deutungen können wir anbieten (wie bei den Lottozahlen «ohne Gewähr»). Nach der einen soll es aus der englischen Redewendung «neither for love nor money» kommen, das meint – sehr frei übersetzt – weder für Liebe noch Geld, und soll wohl bedeuten, daß nur die Freude am Spiel zu sehen ist. Die andere Erklärung basiert auf dem französischen Wort für Ei – l'œuf –, das man bei gutem Willen aussprachegemäß mit love gleichsetzen kann. Und das Ei für die 0, das hat ja auch was für sich.
In den neueren Wörterbüchern – Englisch–Deutsch – steht hinter «love» neben der ortsüblichen Übersetzung «Liebe» auch noch «null/nichts», aber das erscheint denn doch ein wenig zu profan, finden Sie nicht auch?

Da wir gerade beim Althergebrachten sind: Für dieses Spiel wurden sogenannte Ballhäuser gebaut, die innen vorwiegend schwarz gestrichen waren, und damit man die Akteure und den Ball in dieser ägyptischen Finsternis besser sehen konnte, trugen die Spieler von Kopf bis Fuß Weiß, und weiß war auch der Ball. Das Wort vom «weißen Sport» war geboren und hält sich heute noch, obwohl seit etlichen Jahren auch andere Farben bei der Kleidung mit im Spiel sind.
Zurück zur Zählweise. Wir sind ganz unten angefangen und haben festgestellt, daß 15 – 30 – 40 nichts anderes bedeutet als 1 – 2 – 3. Wir müssen aber nun zum besseren Verständnis ganz oben beginnen, und zwar beim **Turnier**. Hierbei spielen etliche Spieler gegeneinander – die Anzahl wird vorher festgelegt –, und die Begegnung von Spieler A gegen Spieler B wird als **Match** bezeichnet.
Ein Match wiederum besteht aus **Sätzen**. Es wird vorher bestimmt, ob zum Gewinn des Matches zwei oder drei Sätze gewonnen werden müssen. Genügen zwei Gewinnsätze, müssen zwei oder drei Sätze gespielt werden, bei drei Gewinnsätzen dauert das Match drei, vier oder fünf Sätze. Ein Unentschieden gibt es beim Tennis nicht. Es wird gespielt, bis ein Spieler entweder zwei oder drei Gewinnsätze erzielt hat.

Und nun zum Satz. Dieser besteht aus mindestens sechs **Spielen**, aber nur sechs Spiele sind relativ selten, denn das setzt voraus, daß ein Spieler so überlegen ist, daß er sechs Spiele hintereinander gewinnt.

Er hat dann den Satz mit 6 : 0 gewonnen. Nun sind sich aber in den meisten Fällen die Spieler einigermaßen ebenbürtig, und wenn sie die Spiele abwechselnd gewinnen, so würde es so aussehen: 1 : 0 – 1 : 1 – 2 : 1 – 2 : 2 – 3 : 2 – 3 : 3 und so weiter bis rauf zu 6 : 6 und darüber hinaus. In früheren Zeiten entwickelten sich unter diesen Umständen wahre Marathonspiele (besser Marathonmatche), und man hat dann zur Verkürzung des Matches etwas eingeführt, was dem unbedarften Zuschauer auch heute noch als Fragezeichen erscheint: den **Tiebreak**. Dieser «Unentschieden-Brecher» setzt beim Stande von 6 : 6 ein, und dann geht es um die Wurst. Jetzt zählt man (man kann es also auch) 1 – 2 – 3 usw. bis 7. Sieben Punkte braucht man zum Gewinn, aber – und das ist grundsätzlich so beim Tennis – mit zwei Punkten Vorsprung vor dem Gegner.
7 : 5 genügt, bei 7 : 6 geht's weiter. Mit dem Gewinn des Tiebreaks hat man dann natürlich den ganzen Satz gewonnen, und hier, und nur hier, heißt es dann 7 : 6.
Der Satz besteht also, je nach Spielverlauf, aus unterschiedlich vielen Spielen, und damit sind wir wieder beim Spiel, womit wir ja angefangen haben. Auch beim Spiel kann die Länge sehr unterschiedlich sein. Das kürzeste Spiel ist nach vier Ballwechseln vorbei, nämlich wenn Spieler A viermal gewonnen hat. Nun spielt aber ja B auch mit und hat das nicht so gern, wenn dauernd der andere gewinnt. Er punktet also nach Leibeskräften, und dann kann es dauern, besonders, wenn die Spieler gleichwertig sind. Nehmen wir wieder mal an, daß beide abwechselnd gewinnen. Die Zählweise sähe dann so aus: 15 : 0 – 15 : 15 – 30 : 15 – 30 : 30 – 40 : 30 – 40 : 40 und dann? Dann kommt wieder etwas Neues. Nach 40 kommt die Bezeichnung **Vorteil** (engl. advantage). Wenn beim Stande von 40 : 40 Spieler A den Ballwechsel gewinnt, heißt es «Vorteil Spieler A». Gewinnt er auch den folgenden Ballwechsel, ist er Gewinner des Spieles. Macht ihm aber Spieler B einen Strich durch die Rechnung und gewinnt seinerseits den Ballwechsel, ist der Vorteil von Spieler A futsch, und das nennt man **Einstand** (engl. deuce). Es geht weiter, bis einer der Spieler zwei Ballwechsel hintereinander gewonnen hat und damit dieses Spiel für sich verbuchen kann.

Alles noch einmal kurz zusammengefaßt:
Das **Spiel** kann nach vier Ballwechseln gewonnen sein. Gezählt wird 15 – 30 – 40, bei 40 hat der führende Spieler die Möglichkeit, mit nächstem Ballwechsel das Spiel zu gewinnen (hier sagt man auch: Er hat einen **Spielball**). Ab 40 wird nicht mehr gezählt, es gibt nur noch Vorteil oder Einstand, man braucht zwei Punkte Vorsprung, um das Spiel siegreich zu beenden.
Bei sechs gewonnenen Spielen hat man den **Satz** in der Tasche, wenn der Gegner zwei Spiele weniger gewonnen hat. Schafft dieser den Ausgleich zum 6 : 6, geht's in den Tiebreak. Hier wird 1 – 2 – 3 usw. gezählt, ab 7 mit zwei Punkten Vorsprung hat man den Satz gewonnen. Wird auf zwei Gewinnsätze gespielt, und Spieler A gewinnt zweimal, ist das Match vorbei.
Gewinnt B einen Satz, ist der dritte Satz der entscheidende.

Das Spielfeld

Um es ganz einfach zu machen: Wir stellen uns an die **Grundlinie**, da, wo der Spieler beim Aufschlag steht, und jetzt denken wir uns die beiden äußeren Längslinien weg – die werden nur beim Doppel ge-

Tennis

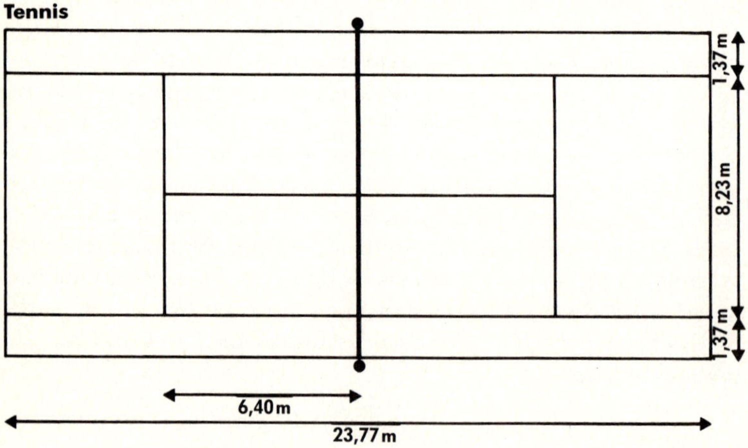

braucht. Es bleiben bis zum **Netz** nur drei Rechtecke, eins quer vor uns, zwei längs nebeneinander am Netz. Diese beiden sind die **Aufschlagfelder**. Schlägt Spieler A auf, muß er rechts von der Mitte stehend den Ball übers Netz in das von ihm aus links liegende Aufschlagfeld des Gegners bringen. Nach dem Aufschlag spielen diese Begrenzungslinien keine Rolle mehr, es gilt das gesamte Feld. Beim Doppel ist es genauso, nur dann erweitert sich das Feld bis zu den beiden äußeren Linien.
Die Netzpfosten stehen außerhalb des Spielfeldes – 91 cm von der Seitenlinie entfernt, das Netz ist in der Mitte 91,5 cm hoch.

Das Spiel

Nun wird es Zeit, daß wir zur Hauptsache kommen. Wir nehmen ein Einzel, also Spieler A gegen Spieler B. A hat Aufschlag, oder, wie man auf Neudeutsch sagt, **Service**. Der Aufschlag bleibt beim gesamten ersten Spiel bei A, solange es auch dauern mag. Es gilt nun, den Ball übers Netz ins gegnerische Aufschlagfeld zu bringen. Nun wäre das an und für sich kein Problem, das schafft jeder Anfänger mit links. Aber der Witz dabei ist, daß man den Ball so hinüberbringen muß, daß der Gegner ihn möglichst nicht erwischt oder zumindest nicht gezielt zurückschlagen kann. (Der Rückschlag heißt **Return**.)
Ein guter Aufschlag ist schon fast die halbe Miete. Aber sehen Sie sich mal spaßeshalber von der Grundlinie aus das Aufschlagfeld hinter dem Netz an! Das Feld, in das Sie treffen müssen, sehen Sie nur durch das Netz, drüber weg ist nicht! Wenn Sie die hintere Aufschlaglinie über der Netzkante sehen wollen, müssen Sie eine Augenhöhe von über 2,60 m haben, aber wer hat das schon.
Es gehört schon etliches an Übung dazu, den Ball gerade so abzufeuern, daß er ubers Netz geht und vor der hinteren Aufschlaglinie runterkommt. Geht er ins Netz, oder kommt er außerhalb des Aufschlagfeldes zu Boden: Fehler. Zwei Fehler beim Aufschlag hintereinander: Doppelfehler – das kostet einen Punkt. Eine Ausnahme: Beim Aufschlag wird die Netzkante berührt, und der Ball kommt trotzdem richtig im Feld runter. Das zählt überhaupt nicht, man tut, als wäre nichts gewesen, der Aufschlag wird wiederholt.

Wenn der Aufschläger den Ball mit dem nötigen Dampf und raffinierter Plazierung (möglichst auf die Ecken) so ins Feld bringt, daß der Rückschläger nicht an den Ball kommt, spricht man von einem **As.** Meistens kommt er jedoch dran, aber die Zeit, sich richtig zum ankommenden Ball zu stellen, ist äußerst knapp, und deshalb geht der erste Return vielfach in die Wolken. Besonders bei **schnellen Böden** – aber dazu kommen wir noch. Der Aufschläger hat nun seinen ersten Punkt gemacht, und wir zählen mit: 15 : 0. Die erste Zahl gibt immer das Guthaben des Aufschlägers an, nach dem Doppelpunkt (oder Schrägstrich) stehen die Punkte des Rückschlägers.

Wenn der Aufschlag gut war und der Rückschlag ebenfalls richtig im Feld des Gegners untergebracht wurde, geht der Ballwechsel weiter, bis einer der beiden es nicht schafft, den Ball regelgerecht zurückzuspielen. Entweder er erwischt den Ball nicht mehr, oder er donnert ihn ins Netz, oder er berührt selbst das Netz. Wichtig ist – der Ball darf nur einmal, wenn er vom Gegner kommt, im eigenen Feld aufspringen. Muß er allerdings nicht, er kann auch im Fluge zurückgeschlagen werden.
Berührt der Ball die Netzkante, hat das nichts zu sagen (das ist im Spiel anders als beim Aufschlag), Hauptsache, er kommt in Gegners Feld runter. Wird die Linie getroffen, gilt das als Feld, der Ball ist «gut», ein beliebter Streitfall, besonders bei Linien, die keinen Abdruck vom Ball zeigen. Dafür gibt es etliche **Linienrichter**, für jede Begrenzungslinie einen, die nichts anderes zu tun haben als aufzupassen, ob der Ball drinnen oder draußen aufschlug. Auch elektronische Geräte hat man für diese Aufgabe gebastelt, die beim «Aus» einen Piepton von sich geben, aber die Erfahrungen mit diesen Apparaten sind unterschiedlich, das Gelbe vom Ei sind sie noch nicht. Im Zweifelsfall entscheidet der **Schiedsrichter**, das ist der auf dem Hochsitz vor dem einen Netzpfosten. Notfalls muß ein Ballwechsel wiederholt werden. Dem Schiedsrichter gegenüber sitzt der **Netzrichter**, dieser hat vielfach einen Finger auf dem obersten Spanndraht des Netzes, so kann er beim Aufschlag eine eventuelle Netzberührung fühlen, sehen kann man das sowieso kaum, denn Ballgeschwindigkeiten von über 200 km/h sind keine Seltenheit.

Die Taktik

Zugegeben, unsereins wäre froh, den heransausenden Ball überhaupt zu treffen. Und das Vorhaben, ihn ins gegnerische Feld zurückzubefördern, könnte man schon als vermessen bezeichnen. Profis sehen das anders. Da kommt es nicht nur darauf an, zu returnieren, nein, das soll auch noch so geschehen, daß der Gegner den Ball nicht erreicht, ihn verschlägt oder sonstwie alt aussieht. Also hat man sich verschiedenes ausgetüftelt, um dem Gegner das Leben schwerzumachen.
Da ist erst einmal die Taktik. *Wohin* spiele ich den Ball?
Cross Quer über den Platz – vorteilhaft beim Standort dicht am Netz;
Long-line Parallel zur Außenlinie;
Lob Im Bogen über den vorn stehenden Gegner hinweg, das macht man aber hauptsächlich, wenn man in der Verteidigung nichts Besseres zur Hand hat;
Passierschlag Hier fegt der Ball am Spieler vorbei, der in der vorderen Hälfte wartet; besonders hübsch, wenn man ihn auf dem falschen Fuß erwischt.

Als nächstes ist wichtig, *wie* ich den Ball annehme und weitergebe.
Volley (Flugball) Es wird nicht abgewartet, bis der Ball aufgesprungen ist, er wird im Flug erwischt und zurückgeschlagen. Beim Aufschlag geht das nicht, aber sonst immer. Wird er unmittelbar nach dem Aufspringen zurückbefördert, spricht man vom Halbvolley (ähnlich dem Drop-kick beim Fußball).
Schmetterball Der Name sagt alles, man kann es richtig nachschmecken. Der Ball kommt entsprechend günstig, meist nach einer mißglückten Aktion des Gegners, z. B. ein zu kurz geschlagener Lob, und man kann so richtig genüßlich mit dem Schläger von oben zulangen. Der Ball schlägt drüben mit Superfahrt auf und springt unerreichbar ins Publikum oder in die Wolken.
Stop (Stoppball) Hier ist es nun genau andersrum. Man nimmt dem Ball die Fahrt, man drischt also nicht voll dagegen, sondern läßt ihm mit viel Gefühl noch gerade so viel Kraft, daß er so eben übers Netz kommt. Der Gegner steht hinten an der Grundlinie und kann diesem verlorenen Punkt nur noch traurig nachwinken.

Die Technik

Das alles gehört zur Taktik oder Strategie. Voraussetzung ist dabei aber als A und O die **Technik**, wie handhabe ich mein **Racket**, also den Tennisschläger.
Es gibt drei **Grundschläge**. Da ist erst einmal der **Aufschlag**. Der Aufschläger steht hinter der Grundlinie. Vorsicht! Er darf bis zum erfolgten Schlag diese Linie nicht betreten, sonst gibt es Fußfehler, und ein Aufschlagversuch ist hin. Der Ball wird hochgeworfen und beim Runterkommen mit dem Schläger übers Netz gedroschen.
Der zweite Grundschlag ist der **Vorhandschlag**. Das ist der «normale» Schlag, beim Rechtshänder rechts vom Körper, die Handfläche ist dem entgegenkommenden Ball zugewandt.
Als drittes haben wir den **Rückhandschlag**. Bleiben wir beim Rechtshänder. Der Ball kommt links von ihm angeflogen. Was tun? Entweder rüberlaufen, daß der Ball rechts kommt – passiert auch, aber meistens reicht die Zeit dafür nicht –, oder den Schläger in die linke Hand nehmen? Laienhafte Vorstellung! Der Schläger bleibt natürlich in der rechten Hand, der Arm saust vor dem Körper nach links hinten (Handrücken zum Ball), und der Schläger trifft den Ball links vom Körper (meistens).

Drive (Treibschlag) Das ist wohl der häufigste Schlag. Der Schläger trifft den Ball voll, der Ball fliegt ohne wesentliche Drehung. Besonders beim Spiel von der Grundlinie aus kommt es darauf an, den Ball möglichst bis an die gegnerische Grundlinie zu bringen. Kommt er früher runter, gibt man dem Gegner die Möglichkeit, dichter ans Netz zu kommen, wo der sich ein Ziel innerhalb des ganzen Feldes aussuchen kann; zweitens wird die Rückreise des Balls verkürzt und damit die Zeit, in der man sich auf ihn einstellen kann. Der Versuch, möglichst weit zu kommen, führt naturgemäß aber auch dazu, den Ball über die Grundlinie ins Aus zu schlagen.
Und nun wollen wir noch drei weitere Schläge unter die Lupe nehmen, bei denen das Verhältnis vom Racket zum Ball im Vordergrund steht, oder, anders gesagt, wie treffen die beiden aufeinander, und wie verläßt der Ball den Schläger? Kurzfassung: geradeaus, so rumdrehend oder andersrum. Im einzelnen:

Slice (geschnittener Schlag) Wenn der Schläger nicht nur vorwärts, sondern gleichzeitig auch nach unten gezogen wird, bringt er den Ball zum Rotieren, er erhält einen Rückwärtsdrall. Beim Aufsprung macht sich das bemerkbar: Der Ball springt nicht so weit, übertrieben gesagt hat er die Neigung, zum Aufschläger zurückzuspringen. Genau anders herum geht das beim

Top-spin Da wird der Schläger nach oben gerissen, der Ball dreht sich «vorwärts» und springt schnell und flach ab. Man spricht auch vom überrissenen Ball.

Bei ausgefeilter Aufschlagtechnik kann man sowohl einen seitlich angeschlagenen Slice beobachten, bei dem der Ball nach dem Auftreffen seitlich abspringt, wie auch einen über dem Kopf ohne Schnitt geschlagenen Ball (dem Schmetterball entsprechend).

Der Aufschläger hat einen nicht unbeträchtlichen Vorteil dem Rückschläger gegenüber, und deshalb ist es auch eigentlich «normal», daß der Aufschläger sein Spiel gewinnt. Entscheidet aber der Rückschläger das Spiel zu seinen Gunsten, spricht man von einem **Break**. Ein Break genügt; wenn man dann seine eigenen Spiele durchbringt, hat man den Satz in der Tasche.

Hat man ein Break gegen sich verloren, muß man unbedingt dem Gegner eines seiner Aufschlagspiele wieder abnehmen – man schafft dann ein **Re-break** (ein «Zurück-Break»), und der Gleichstand ist wiederhergestellt. Steht es in einem Spiel 30 : 40 (Sie als Fortgeschrittene wissen jetzt, daß der Aufschläger zweimal, der Rückschläger dreimal gepunktet hat), sagt man auch: B (der Rückschläger) hat einen Breakball. Das heißt nichts anderes, als daß B den nächsten Ballwechsel gewinnen muß, um das Spiel zu gewinnen. Er schafft damit das Break; er nimmt dem Aufschläger sein Spiel ab.

Sobald bei einem Spieler das Punktekonto so angewachsen ist, daß nur noch ein Wechsel gewonnen werden muß, um das letzte Spiel des Satzes und damit den Satz zu gewinnen, hat er Satzball. Das können auch zwei oder gar drei Satzbälle sein. (Wenn es im Satz nach Spielen 5 : 4 steht, und der Aufschläger führt im Spiel 40 : 0).

Die Krone des Ganzen ist dann natürlich der Matchball, dafür gilt das gleiche, was vorstehend über den Satzball gesagt wurde.

Die Böden

Wenn man von einem **schnellen Boden** spricht, dann ist auch wohl dem Laien klar, daß die Geschwindigkeit sich nicht auf den Boden bezieht, der bleibt, wo er ist. Aber der Ball ist darauf schnell und damit das ganze Spiel. Schnelle Böden sind Rasen und in der Halle Parkett. Bei diesen Böden ist der Aufschlag entscheidender als bei anderen, hier hat der Gegner noch weniger Zeit, sich auf den ankommenden Ball einzustellen. Das führt bei immer ausgefeilterer Aufschlagtechnik langsam dazu, daß sich immer weniger Tennisspiel entwickeln kann, Aufschlag – verunglückter Return – Aus.

Längere Ballwechsel, das Salz in der Suppe, sieht man auf **langsamen Böden**. Das sind die sogenannten **Hartplätze**, der Belag besteht aus gemahlenem mineralischem Gemisch, also Schlacke, Asche oder Ziegelmehl. Hierdurch wird der Ball beim Aufsprung abgebremst, die Chance, ihn richtig zu erwischen, größer.

Dazwischen liegen in der Schnelligkeit Böden aus Beton, Asphalt, gestampftem Lehm, Kunststoff oder Kunstrasen. In der Halle gibt es Korklinoleum, Teppichböden und ebenfalls Kunststoff.

Weltrangliste

Ach, wie schön einfach ist es doch beim Sport, wer am höchsten springt, ist Weltmeister. Und bei den Spielen – beim Fußball z. B. – trifft man sich alle vier Jahre, trägt ein Turnier der Besten aus, wer am Ende übrigbleibt ist Weltmeister.

Und beim Tennis? Da spielt mancher viele Turniere, andere sehr viele, jeder kann jeden schlagen, wenn's gerade mal gut läuft. Wer ist denn nun der Beste?

Da kann nur ein Computer helfen, und der hilft. Nach dem System von 1990 werden die 14 besten Turniere eines Spielers in den Computer eingefüttert und ausgewertet. Wir wollen es uns schenken, einzeln aufzuzählen, für welche Turniere es wieviel Punkte gibt, ein **Grand-Slam-Sieg** z. B. bringt 400 Punkte, wenn das Turnier mit zwei Millionen Dollar oder mehr dotiert ist; ein Sieg über den Ersten der Welt-

rangliste bringt 50 Bonuspunkte, für einen Erfolg über die Nummern 2–5 kann man 45 Punkte verbuchen.
Die Weltrangliste führt einige hundert Spieler, man kann sich unschwer vorstellen, daß da eine ganz hübsche Anzahl von Buchungen nötig ist, um herauszufinden, wer an welcher Stelle dieser Erfolgsskala steht.

Setzliste

Das ist nun etwas ganz anderes, aber es hängt mit der Rangliste zusammen. Um bei einem Turnier zu vermeiden, daß gleich im Anfang die Favoriten aufeinandertreffen und sich damit gegenseitig ausschalten, stellt man die Paarungen so auf, daß die (papiermäßig) Besten in verschiedenen Gruppen antreten müssen. Dadurch macht man sich unabhängig von den Zufälligkeiten von Auslosungen und erreicht, daß z. B. die «gesetzten» acht Spieler frühestens im Viertelfinale aufeinandertreffen können. Für dieses Setzen braucht man die Stellung innerhalb der Weltrangliste. Sind nicht genau 8, 16 oder 32 Spieler für ein Turnier gemeldet, hilft man sich dann dergestalt, daß ein Teil der Spieler kampflos in die nächste Runde kommt.

TISCHTENNIS

Endlich mal ein Spiel, so sollte man meinen, bei dem es nicht viel zu erklären gibt, denn wer von uns hätte nicht schon mal «Pingpong» gespielt, dieses quicke Hobby-Spiel, das uns manches Mal, sei es nun im Garten hinterm Haus, in der Waschküche oder in der Garage, den Termin für das Mittagessen vergessen ließ.

Was wir nun aber im Fernsehen betrachten sind Meisterschaftsspiele, die uns unsere eigene Unzulänglichkeit grausam vor Augen führen, denn was hier manchmal gehext wird, spielt sich mit einer solchen Geschwindigkeit und Präzision ab, von der wir nur träumen können.

Die Ausrüstung

Es ist natürlich wichtig, daß für dieses Spiel die Bedingungen überall die gleichen sind, und darum gibt es ganz bestimmte Regeln, die die Ausrüstung betreffen.
Der **Tisch** z. B. in den Maßen 152,5 × 274,5 – Höhe 76 cm – muß an der Oberfläche so beschaffen sein, daß der Ball, aus einer Höhe von 30,5 cm fallen gelassen, beim Hochspringen die Höhe zwischen 22 und 25 cm erreicht, nicht mehr und nicht weniger.
Die **Platte** soll gut 2,5 cm stark sein, die Oberfläche dunkelfarbig – das ist fast immer ein mattes Grün.

Vor der Kante läuft ringsum eine 2 cm breite, weiße Linie. Der Strich in der Mitte längs, der die Spielfläche halbiert, wird nur für das Doppel gebraucht.
Das quer über den Tisch gespannte **Netz** muß 15,25 cm hoch sein und auch diese Strecke an beiden Seiten über die Spielfläche hinausragen. Um den Tisch herum muß viel Platz gelassen werden, denn die Spieler brauchen erheblichen Auslauf. Besonders beim Doppel geht es da recht turbulent zu, und darum ist die benötigte Fläche insgesamt 7 × 14 m.
Beim **Schläger** ist man nicht so pingelig bezüglich der Größe und der Form. Einschränkungen gibt es nur bei den **Belägen**, mit denen die Schlagflächen überzogen sind. Hier nimmt man Noppengummi, bis zu 2 mm stark, oder einen Sandwichbelag aus Noppengummi und Schaumgummi bis zu 4 mm Stärke.
Die Kleidung der Spieler muß dunkel sein, nicht weiß oder gelb, dagegen würde sich der kleine weiße Ball nicht genügend abheben.

Die Spielregeln

Das Spiel geht ähnlich wie Tennis, man versucht, dem Gegner das Leben schwerzumachen, indem man ihm die Bälle so serviert, daß er sie nicht regelgerecht zurückspielen kann. Der **Aufschläger**, also der Spieler, der den Ball als erster schlägt, muß diesen mit der flachen Hand, ohne jeden Drall, nach oben werfen, dann mit dem Schläger so ins eigene Feld schlagen, daß er übers Netz in das Feld des Gegners fliegt.
Beim Aufschlag steht der Spieler hinter dem Tisch, also nicht etwa daneben. Der **Rückschläger** muß jetzt den Ball zurückbringen in die Hälfte des Aufschlägers. Ein **Volley** ist nicht erlaubt, das heißt, der Ball darf nicht aus der Luft angenommen werden, bevor er im eigenen Feld aufgesprungen ist. Das ist zwar beim Tennis ebenfalls verboten, aber beim Tischtennis gilt es für das gesamte Spiel. Das sind schon zwei Unterschiede zum Tennis: Beim Aufschlag muß der Ball erst mal ins eigene Feld, und Ballannahme aus der Luft ist ein Fehler.
Wenn beim Aufschlag das Netz vom Ball berührt wird, dieser aber trotzdem das gegnerische Feld erreicht, ist der Aufschlag ungültig, er

wird wiederholt. Eine Netzberührung während des Spiels spielt keine Rolle, solange der Ball rüberkommt. Das ist meistens sogar ein Vorteil für den Spieler, denn durch die Netzberührung wird die Flugbahn des Balles so verändert, daß der Gegner vielfach nur noch traurig hinterhersehen kann. Als Spieler von Welt entschuldigt man sich artig und lacht sich den Ast nur innerlich.
Punkte sammelt man durch die Fehler des Gegners: z. B. zweimaliges Aufspringen des Balls oder zweimaliges Schlagen; der zurückgeschlagene Ball verfehlt die Spielfläche, er geht ins Netz oder ins Mobiliar; der Spieler berührt mit der freien Hand die Spielfläche, oder er schlägt den Ball, bevor er in seiner Hälfte aufschlug – all das bringt Punkt für Punkt das Klassenziel näher. Und das ist die magische Zahl 21. Soviel Punkte braucht man, um einen Satz zu gewinnen. Steht es allerdings unentschieden 20 : 20, muß weitergespielt werden, bis einer 2 Punkte Vorsprung hat.

Die Zählweise

Das ganze Spiel besteht im allgemeinen aus 3 **Gewinnsätzen**. Drei Sätze muß man gewonnen haben, um als stolzer Sieger vom Platz gehen zu können. **Seitenwechsel** ist nach jedem Satz, **Aufschlagwechsel** nach jeweils fünf Punkten.
Beim **Doppel** muß der rechts stehende Spieler, der den ersten Aufschlag hat, den Ball diagonal in das rechte Feld der Rückschläger bringen. Nach fünf Punkten wechselt der Aufschlag, der Gegner ist dran, auch der rechte, aber dieser spielt nun geradeaus auf den ihm gegenüberstehenden Spieler. Dieser muß, wenn er an der Reihe ist, wieder diagonal aufschlagen, damit nimmt dann der vierte Mann an. Beim nächsten Satz geht die Reihenfolge dann genau andersherum.

Obwohl das Spiel ja an sich irre schnell ist, kann es sein, daß bei gleichwertigen Spielern die Zeit davonläuft und ein Ende nicht abzusehen ist. Damit die Schiedsrichter dann rechtzeitig nach Haus kommen können, haben sie die Zeitregel eingeführt. Wenn ein Satz nach 15 Minuten noch nicht beendet ist, sagt der Schiedsrichter «stop», und dann gilt folgende, bösartige Regel: Der Aufschläger muß einen

Punkt erzielt haben, nachdem er 12mal den Ball geschlagen hat. Schafft er das nicht, bekommt der Gegner den Punkt. Um Irrtümer dabei zu vermeiden, wird vom Schiedsrichter jeder Schlag laut mitgezählt.

Das kostet Nerven, doch davon hat ein guter Tischtennisspieler allerhand, denn wenn man sich überlegt, daß der Ball Geschwindigkeiten bis zu 170 km/h erreicht, und die verbleibende Reaktionszeit nur noch in Bruchteilen von Sekunden gemessen werden kann – dann erscheint es sowieso schon recht verwunderlich, wie jemand diese kleine flitzende Kugel so mit dem Schläger traktieren kann, daß diese tatsächlich in der anderen Hälfte runterkommt.

Der Belag auf den Schlägern macht es möglich, daß der kleine **Zelluloidball**, ähnlich seinem großen Bruder, mit Schnitt gespielt werden kann. Ihm wird dabei neben seiner normalen Fahrt auch noch eine Drehung verpaßt, die ihn unterschiedlich abspringen läßt. Auch beim Tischtennis gibt es **Topspin**, **Unterschnitt** und **Schmetterbälle**, wie wir sie schon vom Tennis kennen. Alles eine Nummer kleiner, aber dafür viel, viel fixer.

TURNEN

Jetzt kommen wir wirklich in arge Versuchung, über das Turnen ein Extrabuch zu schreiben, Stoff dafür wäre mehr als genug vorhanden. Turnen ist ja letztlich nur eine Sammelbezeichnung für eine Unzahl von verschiedenen Leibesübungen, von der Gymnastik über das volkstümliche Turnen, das wir alle schon in der Schule erlebt haben, bis hinauf zum Hochleistungssport. Da wir uns aber der Sachen annehmen wollen, die uns per TV ins Haus geschickt werden, nehmen wir uns das vor, was auch bei den Olympischen Spielen gezeigt wird, nämlich das Kunstturnen. Hier wiederum müssen wir unterscheiden zwischen Bodenturnen und Turnen *mit* sowie Turnen *an* Geräten.

Bodenturnen

Auf der 12 × 12 m großen Bodenfläche zeigen uns die Turner ein Feuerwerk an **Pflicht**- und **Kürübungen**. Die Kampfrichter urteilen bei den Pflichtübungen nach Einhaltung der vorgeschriebenen Bewegungsabläufe, nach **technischer Perfektion** und **Rhythmik**. Bei der Kür spielen dazu noch der Grad der Schwierigkeit und die Durchführung eine Rolle. Es werden bis zu 10 Punkte vergeben. Natürlich ist es auch hier für die Jury ausgesprochen schwierig, eine absolut objektive Wertung abzugeben, denn man kann ja nichts messen, sondern nur schätzen. Vielfach wird es so gemacht, daß vier Kampfrichter ihre Noten abgeben, die beste und die schlechteste fallen unter den Tisch, nur die beiden mittleren werden ausgewertet.

Turnen mit Geräten

Das gehört in die rhythmische Gymnastik, eine harmonische Verbindung von Musik und Bewegung. Herrlich anzusehen ist zum Beispiel die Arbeit mit dem **Band**. Dieses ist 7 m lang und 4–6 cm breit, es ist an einem kleinen Stab befestigt. Toll auch, was mit **Seil** oder **Reifen** angestellt wird. Seile gibt es in lang – ca. 10 m – und in 2,80 m als Sprungseil. Der Reifen hat einen Durchmesser von 80–90 cm. Weitere Geräte sind **Hanteln**, das sind jeweils zwei Kugeln mit einem Griff dazwischen, der **Stab**, von etwa 1 m Länge, die **Keule**, 40–50 cm lang, oder auch **Bälle** in verschiedenen Arten.

Turnen an Geräten

Auch hier gibt es die Pflicht- und die Kürübungen, und zwar

für die Damen:
- am Stufenbarren
- am Schwebebalken
- am Pferd

und für die Herren:
- an den Ringen
- am Barren
- am Pferd
- am Reck
- am Seitpferd

Das letzte Gerät nennt man auch (speziell in der Schweiz) Pauschenpferd, Pauschen sind die zwei Griffe, die in der Mitte des Pferdes angebracht sind.

Wie nun die diversen akrobatischen Sprünge, Schwünge, Kraft- und Balanceelemente heißen, soll uns egal sein, uns bleibt nur die vorbehaltlose Bewunderung dieser artistischen und ästhetischen Höchstleistungen.

Und das gilt auch für die beiden Geräte, bei denen sowohl im Einzel- als auch im Mannschaftswettbewerb neue und überaus dynamische Bewegungsmöglichkeiten gezeigt werden. Dies sind das **Rhönrad**, ein doppelter Eisenreifen mit verschiedenen Stand- und Griffmöglichkeiten, und das **Trampolin**, ein in einen gepolsterten Rahmen eingespanntes Tuch.

VOLLEYBALL

Wenn es dieses Spiel noch nicht gäbe, müßte man es extra für das Fernsehen erfinden. Es ist ausgesprochen telegen, schnell und abwechslungsreich und aufgrund der einfachen Regeln auch für den Laien schnell übersehbar. Die besonderen Finessen dieses Spiels, wie z. B. die Rotation, werden Sie jetzt kennenlernen, um künftig noch mehr Spaß an diesem Wettkampf zu haben.
Volleyball ist ein Mannschaftsspiel, bei dem es darauf ankommt, den Ball so übers Netz zu spielen, daß er entweder im gegnerischen Feld den Boden berührt, oder daß es dem Gegner nicht möglich ist, ihn richtig zurückzuspielen.

Das Spielfeld

Gespielt werden kann im Freien oder in der Halle, und mit der relativ geringen Größe des Spielfeldes von 9 × 18 m kann Volleyball in verhältnismäßig kleinen Hallen gespielt werden. Raum ist in der kleinsten Hütte...
Die Mittellinie teilt das Feld in zwei Quadrate von 9 × 9 , und über ihr befindet sich das **Netz**. Dieses ist gut 9,50 m lang, ragt also an beiden Seiten ein Stück über das Spielfeld hinaus. Die Oberkante – ein gut sichtbarer, weißer Leinenstreifen – ist bei den Herren 2,43 m und bei den Damen 2,24 m hoch. Von dort hängt das Netz 1 m herunter, unten ist es offen.

Volleyball

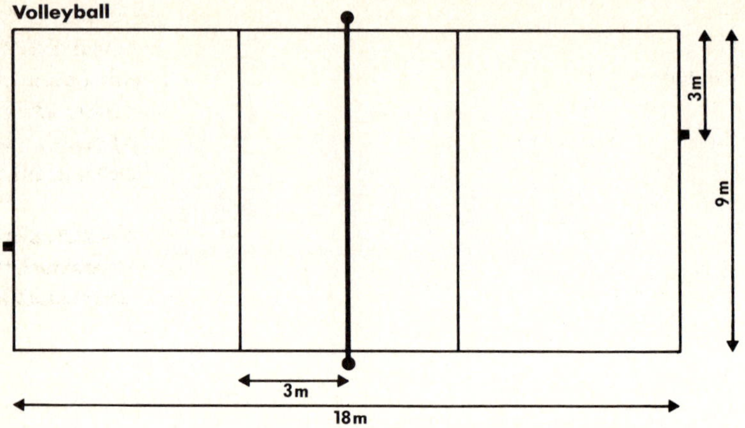

Jetzt müssen wir nur noch die beiden hübschen Stangen kennenlernen, die sich am Netz befinden – damit sind nicht die Pfosten gemeint, an denen es befestigt ist, sondern die sogenannten **Antennen**, die sich genau über den **Seitenlinien** befinden, also einen Abstand von genau 9 m voneinander haben, und die 0,80 m über die Netzkante hinausragen. Diese Antennen sind im Spiel tabu, der Ball muß zwischen ihnen hindurch übers Netz, ohne sie zu berühren.
Drei Meter entfernt von der Mittellinie, parallel dazu, sind, die **Angriffslinien**, diese unterteilen die Spielfelder in die **Angriffs-** und **Verteidigungszonen**. Ganz hinten, rechts hinter der **Grundlinie**, ist der **Aufgaberaum**, er ist 3 m breit. Um das gesamte Spielfeld herum muß eine freie Fläche von mindestens 2 m Breite bleiben, das ist der **Freiraum**.
Alles in allem brauchen Sie also, falls Sie sich einen Volleyball-Platz anlegen wollen, eine Fläche von 13 × 22 m. Nach oben ist ein Freiraum von 7 m vorgeschrieben.

Die Mannschaft

Sechs **Stammspieler** und bis zu sechs **Auswechselspieler** stehen sich gegenüber. In jedem Satz dürfen bis zu sechs Auswechslungen vorgenommen werden.

Als Stammspieler wird bezeichnet, wer sich bei Satzbeginn im Spielfeld befindet. Er darf nur einmal ausgewechselt werden, kann aber wieder ins Spiel zurückgenommen werden, wobei der wieder hinaus muß, der für ihn eingesprungen ist.

Taktische Auswechslungen sind nur einmal im Satz möglich, wenn aber ein Spieler wegen Verletzung ausscheiden muß, dann darf jeder als Ersatz ins Feld geschickt werden.

Zwei **Schiedsrichter** überwachen das Spielgeschehen, unterstützt von zwei **Linienrichtern**, bei internationalen Spielen sind es vier, und dann brauchen wir noch einen Anschreiber, der schwarz auf weiß festhält, was alles so vor sich geht.

Die Aufstellung

Zuerst einmal muß Fortuna herhalten, es wird gelost. Der Gewinner kann sich die Spielfeldhälfte aussuchen oder das Recht der ersten Aufgabe in Anspruch nehmen. Die Spieler verteilen sich im Feld wie die Punkte eines Würfels bei der 6, drei vorne, drei hinten. Die Vorderen sind die **Netz**- oder **Angriffsspieler**, die drei hinten die **Grund**- oder **Abwehrspieler**.

Diese Aufstellung ist von besonderer Bedeutung für die **Rotation**: Bei jedem Wechsel der Aufgabe rückt die Mannschaft im Uhrzeigersinn um eine Position weiter. Derjenige, der vorne rechts am Netz gestanden hat, rückt bei dieser «Drehung» nun in die Position hinten rechts. Dort ist der Aufgaberaum, er hat jetzt die Aufgabe auszuführen, das heißt von dort den Ball übers Netz ins gegnerische Feld zu schlagen.

Auf diese Weise hat jeder der Spieler bei jedem Aufschlag eine andere Position im Spielfeld, und darum bringt es nicht das wahre Heil, wenn man etwas besonders gut kann, hierin quasi Spezialist ist, auf anderen Positionen aber außer gutem Willen nicht viel hermacht –

man muß beim Volleyball in allen Spielbereichen gut ausgebildet sein. Der Spieler ist nicht nur als Angreifer oder als Verteidiger gefragt, er muß Geistesgegenwart und Reaktionsfähigkeit auf allen Posten bringen.

Die Aufgabe

Der Spieler steht im Aufgaberaum – hinten rechts – hinter der Grundlinie. Der Ball muß rüber, ohne Netz oder Antennen zu berühren. Die Grundlinie darf erst nach dem Schlag übertreten werden. Es gibt verschiedene Arten der Aufgabe. Die einfachste, sicherste und auch genaueste ist die Aufgabe **von unten**. Mit einer Hand den Ball hochwerfen – geworfen werden muß er auf alle Fälle –, die andere Hand kommt von unten hinten, erwischt den Ball etwa in Hüfthöhe, und dieser segelt dann in flottem Bogen nach drüben. Das ist zwar einfach, aber leider auch einfach für den Gegner, diesen zahmen Ball anzunehmen.

Schwieriger wird's schon, wenn mit **Effet** geschlagen wird; die aufschlagende Hand trifft den Ball etwas seitlich, so daß er einen Drall bekommt. Dadurch ist er auf der Gegenseite nicht so gut anzunehmen, weil man nicht genau weiß, in welcher Richtung er von der annehmenden Hand abspringt.

Am besten, allerdings auch am schwersten, ist die **Angriffsaufgabe**, da sieht es ähnlich aus wie beim Tennis. Ball hochwerfen, sich lang machen und ihn hoch und hart erwischen. Der Ball saust dann gradlinig über das Netz. Kenner unterscheiden noch die **Hakenaufgabe** – scharf und knapp aus Kopfhöhe geschlagen und die **Tennisaufgabe**, bei der der Ball ein Vorwärtseffet erhält und kurz hinter dem Netz runtergeht.

Erlaubt ist jeder Schlag mit Hand, Faust oder Arm. Ob von unten oder überm Kopf oder mit Sprung, das bleibt jedem überlassen.

Das Spiel

Der Ball ist nun unterwegs ins gegnerische Feld, und jetzt muß dort versucht werden, ihn wieder zurückzubringen. Dazu sind drei Schläge erlaubt. Auf keinen Fall darf der Ball den Boden berühren, und kein Spieler darf zweimal unmittelbar hintereinander schlagen. Da es darauf ankommt, den Ball mit möglichst viel Schmackes nach drüben zu bringen, ist es zweckmäßig, daß erst einmal die Grundspieler die Fahrt aus dem Ball nehmen und ihn so nach vorn spielen, daß die Angriffsspieler ihn kurz vor dem Netz nach drüben katapultieren. Es ist eine ungetrübte Freude, wenn das so richtig funktioniert, wenn der Ball hinten angenommen und nach vorne gepaßt wird, er dann nahe am Netz «in die Höhe gestellt» wird, ein Angriffsspieler schraubt sich nach oben und schmettert von dort den Ball ins Gegen-

feld. Bei richtiger Stimmung geht das Publikum mit: «eiiiins...», das war die Annahme durch den Grundspieler, «zweiii...», der Ball wurde am Netz hochgespielt, «dreiiii...», der Schmetterball zischt übers Netz.

Wenn solch eine Rakete erst einmal ins Feld gelangt, ist es sehr schwierig, sie unschädlich zu machen. Man versucht deshalb, solche Bälle gleich am Netz abzufangen. Hoch mit dem Körper und die Arme in Schußrichtung. Wenn's klappt, prallt der Ball von dort zurück ins andere Feld. Diese Gegenwehr nennt man einen **Block**. Die Aktion kann von einem bis drei Spielern ausgeführt werden. Aber wehe, es funktioniert nicht rechtzeitig oder nicht nahe genug am Netz.

Kommt der Ball einigermaßen annehmbar, nimmt man ihn am besten mit beiden Händen in Kopfhöhe, das nennt man **Pritschen**. Mit dieser Art des Schlages kann man am sichersten die Flugrichtung des Balles bestimmen. Wenn man aber den Ball in Gesichtshöhe erwischen will, dann kann man nicht darauf warten, bis er in die richtige Position kommt, dann muß man schon seinen Körper in die entsprechende Lage bringen, hoch- oder zur Seite springen, knien oder sich nach hinten abrollen lassen, um pritschen zu können.

Kommt der Ball stramm und niedrig, ist so was nicht möglich, dann muß **gebaggert** werden. Beim Baggern sind die Arme nach vorn gestreckt, die Hände liegen zusammen, mit dieser «Schaufel» wird der Ball nach oben gebracht.

Ein genaues Zuspiel ist dabei kaum möglich, aber helf er sich, Hauptsache, der Ball bleibt im Spiel.

Fehler

Bei der Aufgabe hatten wir schon einige erwähnt. Netz- oder Antennenberührung – oder gar unter durch –, aber es ist auch ein Fehler, wenn die Aufgabe nicht innerhalb von 5 Sekunden nach dem Pfiff des Schiedsrichters erfolgt. Im Spiel gilt als Fehler, wenn der Ball den Boden berührt – dabei ist natürlich entscheidend, ob er im eigenen Feld oder außerhalb aufprallt –, wenn in einer Mannschaft der Ball mehr als dreimal gespielt, der Ball gehalten oder geschoben

wird, wenn ein Spieler unterhalb der Gürtellinie vom Ball berührt wird oder wenn ein Spieler Kontakt mit Netz oder Pfosten hat.
Außerdem können von den Grundspielern Fehler begangen werden, denn sie dürfen nicht in der Angriffszone schmettern oder am Netz blockieren, das bleibt den Angriffsspielern vorbehalten. Der Grundspieler darf auch nicht aus der Angriffszone den Ball über das Netz spielen, wenn er ihn dabei oberhalb der Netzkante berührt.

Die Zählweise

Im allgemeinen wird auf drei Gewinnsätze gespielt, Sieger des Matches ist die Mannschaft, die drei Sätze gewonnen hat. Das kann bei Freundschaftsspielen auf zwei Gewinnsätze reduziert werden. Einen Satz hat man gewonnen, wenn man 15 Punkte erzielt und der Gegner mindestens 2 Punkte weniger hat. Das knappste Resultat ist demnach 15 : 13. Falls es unentschieden 14 : 14 steht, muß man halt so lange weiterspielen, bis eine Mannschaft 2 Punkte Vorsprung hat.
Punkte erzielt man durch Fehler des Gegners, aber punkten kann nur die Mannschaft, die die Aufgabe hat. Lassen wir Mannschaft A mit der Aufgabe beginnen. Mannschaft B macht einen Fehler – Mannschaft A bekommt einen Punkt. Wird der Fehler dagegen von A gemacht, gibt es keinen Punkt, nur das Aufgaberecht wechselt, und Mannschaft B darf aufschlagen. Immer zwei Fehler hintereinander von einer Mannschaft sind nötig, um der anderen Partei einen Punkt zuschustern zu können.
Werden die Fehler abwechselnd gemacht, wechselt immer nur das Aufgaberecht, mit Punkten ist es nichts, und dann kann es dauern. Neu aufgenommen wurde, analog zum Tennis, das **Tiebreak.**

Die Seiten werden nach jedem Satz gewechselt. Wenn ein fünfter Satz nötig wurde – jedes Team hat zwei Sätze gewonnen –, wechselt man nach 8 Punkten der führenden Mannschaft.
Innerhalb eines Satzes kann jede Mannschaft bis zu zwei Auszeiten nehmen, man zieht sich zur Beratung zurück. Das kann auch taktische Gründe haben, um den Gegner, der gerade voll drauf ist, aus dem Rhythmus zu bringen. Die Auszeiten betragen 30 Sekunden.

Zwar noch nicht vom Fernsehen entdeckt – trotzdem hängen wir sie kurz dran, denn diese beiden sehr volkstümlichen und beliebten Spiele haben es verdient.

Faustball

Das Spielfeld	**in der Halle**
20 × 50 m	20 × 40 m
Die Spieldauer	
2 × 15 Minuten	2 × 10 Minuten
bei Länderspielen	
2 × 20 Minuten	

Parallel zur Mittellinie laufen in 3 m Abstand die Angabelinien. Über der Mittellinie in 2 m Höhe wird eine Leine gespannt. Die Mannschaft hat 5 Spieler und 2 Auswechselspieler.
Angabe Der Ball wird hochgeworfen und mit Faust oder Unterarm über die Leine ins gegnerische Feld geschlagen. Dabei bleibt ein Fuß auf dem Boden hinter der Angabelinie.
Rückschlag Es darf dreimal geschlagen werden (nicht vom selben Spieler), vor jedem Schlag darf der Ball einmal den Boden berühren. Falls der Ball über die Begrenzungslinien geht – seitlich oder hinten –, darf er geschlagen werden, sofern er den Boden nicht berührt hat.
Die Schläge dürfen nur mit geschlossener Faust ausgeführt werden. Spieler und Ball dürfen nicht die Leine berühren. Jeder Fehler ist ein Punkt für die andere Mannschaft, es erfolgt neue Angabe durch den Verlierer.
Bei uns wird in der Halle nicht mehr nach Zeit, sondern nach Sätzen zu 15 Punkten gespielt. Bei einem Vorsprung von nur 1 Punkt geht es bis höchstens 20 : 19. Das Match geht über zwei Gewinnsätze.

Prellball

Das ist eine Abart des Faustballspiels und gut geeignet für weniger Spieler. Man kann Prellball schon zu zweit spielen. Glatter, harter Boden ist Voraussetzung, aber den darf man in der Halle wohl erwarten. Die Feldgröße variiert nach Anzahl der Spieler, 5 bis 8 m breit und 10 bis 16 m lang.
Statt der Mittellinie gibt's hier einen Prellbock, 35 bis 40 cm hoch, das kann ein Balken sein, notfalls tut's auch eine Leine. Die Regeln sind wie beim Faustball, nur muß der Ball so auf den Boden geschlagen (geprellt) werden, daß er abspringend über den Prellbock (oder die Schnur) ins gegnerische Feld fliegt. Wie beim Faustball darf er dreimal geschlagen werden, aber beim dritten Mal muß er rüber.

WASSERBALL

Das ist eine der wenigen Sportarten, bei denen der ganze Verein so richtig drauf ist, wenn allen Mitwirkenden das Wasser bis zum Hals steht.
Nett anzusehen, das Ganze, da tummeln sich sechs weiße und sechs blaue Kappen im Wasser, und damit es sich besser fotografieren läßt, runden zwei rote das Bild ab. Alle Spieler behaglich unter Wasser, so daß niemand schwitzen muß, das scheint also ein Sport zur reinen Erholung zu sein.
Wie man sich doch täuschen kann. Hätten Sie gedacht, daß Wasserball eine der härtesten Sportarten ist, die wir kennen? Man sollte es kaum glauben, es gibt wenig andere Kampfspiele, die derartig schlauchen wie Wasserball. Nicht nur, daß erhebliche Härte erforderlich ist, auch an die Schnelligkeit der Mitwirkenden werden höchste Ansprüche gestellt.

Daß ständig geschwommen werden muß, liegt auf der Hand, das ist ja auch nicht das Schlimmste, obwohl das Schwimmen an sich schon ganz schön anstrengend sein kann, aber hier geht es zusätzlich darum, dem Gegner den Ball abzunehmen, ihn am Towurf zu hindern und stets auf Torjagd zu sein. Und dabei muß man ja auch berücksichtigen, daß, im Gegensatz zu allen anderen Ballspielen, der Standpunkt ausgesprochen niedrig ist, denn wenn man mit der Nase knapp über der Oberfläche dahinfurcht, ist es nicht ganz einfach, die Übersicht zu behalten.

Zudem sind auch hier etliche Regeln eingebaut, die die Ballbehandlung nicht gerade einfacher machen, aber dafür sorgen, daß sich auf und unter Wasser nicht zu rauhe Sitten einschleichen. Rauh geht es trotzdem zu und außerdem recht kräftezehrend, so daß sich die Damenwelt erst vor wenigen Jahren entschloß, in diese Kampfsportart mit einzusteigen. Fragen Sie mal einen Wasserballspieler, warum er mit zwei Hosen übereinander ins Gefecht geht. Hätten Sie gewußt, daß das nötig ist, weil des öfteren bei engem Körperspiel (Kontakt mit dem Gegner) eine Hose ihren Geist aufgibt? Nun würde zwar das Auftauchen nackter Spieler der Entwicklung der Zuschauerzahlen nicht abträglich sein, aber hier soll die Kirche im Dorf bleiben, und darum wird, eben wegen des rauhen Charakters des Wasserballspiels, mit Netz bzw. mit Reservehose gekämpft. Aber fangen wir doch, wie es sich gehört, besser vorne an.

Das Becken

Das Spielfeld ist bis zu 30 × 20 m groß. Kleine Fähnchen an beiden Seiten markieren die wenigen Linien, die zu berücksichtigen sind. Da ist erst mal die **Mittellinie**, weißes Fähnchen, und je zwei **Torlinien**, 4 m und 2 m vor den Toren. Das Tor ist 3 m breit und 90 cm hoch, von Wasseroberfläche bis zur Querlatte gemessen. Wenn Sie mal bei einem Spiel eine größere Höhe sehen, dann liegt das an der Wassertiefe des Beckens. Diese beträgt bei internationalen Meisterschaften mindestens 1,80 m, wird nun mal irgendwo in niedrigerem Wasser gespielt, befindet sich die Torlatte in einer Höhe von 2,40 m über dem Grund.

Die Mannschaften

Eine Mannschaft besteht aus 13 Spielern, zwei davon sind Torhüter. Von dieser Crew sind 7 Mann im Wasser, ein **Torwart** – das ist die rote Kappe – und sechs **Feldspieler**, die entweder mit weißen oder blauen Kappen behütet sind. Nach einem Viertel der Spielzeit kann ausgetauscht werden – nicht die Kappen, die Spieler natürlich –

und selbstverständlich auch bei Verletzungen, ja selbst schon nach einem Torerfolg. Weil es halt ein powerverschleißendes Unterfangen ist.

Das Spiel

Es wird 4 × 7 Minuten gespielt, aber auch hier: effektive Spielzeit, alle Unterbrechungen durch Pfiffe der **Schiedsrichter** werden nicht gerechnet. Dafür gibt es extra **Zeitnehmer**, die die Wasserballuhr anhalten und erst wieder in Gang setzen, wenn beim angeordneten nächsten Spielzug der Ball die Hand des Werfenden verlassen hat. Zwischen den Spielabschnitten gibt es jeweils zwei Minuten Pause.

Zu Beginn des Spiels liegen die Spieler auf ihren Torlinien. Von einem der beiden Schiedsrichter wird dann der Ball auf der Mittellinie freigegeben. Entweder er wirft ihn in die Mitte, oder der Ball liegt in einem Ballkorb, der dann unter Wasser gezogen wird. Jetzt sind die schnellsten gefragt, sie müssen hurtig zur Mitte, um sich den Ball zu sichern. Die restliche Meute folgt, und nun kommt es darauf an, innerhalb von 35 Sekunden den Angriff mit einem Wurf aufs Tor abzuschließen. Da gibt es also kein langes Herumdrömeln, entweder man schafft innerhalb dieser Zeit den Wurf, oder der Gegner erhält einen **Freiwurf**. Nun ist es so ziemlich egal, wie und womit man den Ball aufs oder besser ins Tor drischt, da kann jeder Körperteil mitspielen, nur eins gilt nicht, der Schlag mit der geschlossenen Faust.
Und dann müssen mindestens zwei Mann den Ball gespielt haben; von der Mittellinie nach dem Anpfiff gleich ins Tor donnern, ist nicht drin.

Den Ball spielen bedeutet, ihn mit der flachen Hand zu bewegen – beide Hände am Ball ist für den Feldspieler niemals erlaubt. Das erschwert die Geschichte ungemein und will immer wieder geübt sein.
Es gibt diverse Arten von Ballbehandlung, so z. B. der **Druckwurf**, da wird der Ball an den Körper gezogen und mit der Hand hinter dem Ball nach vorne gedrückt, flach oder im Bogen.

Beim **Selbstdoppler** hebt ihn eine Hand aus dem Wasser, und die andere Hand feuert ihn ab. Geworfen wird aus Brust-, Seiten- oder Rückenlage. Wer es kann, riskiert auch einen Wurf aus der Rückenlage nach hinten. Geschwommen wird überwiegend im Kraulstil, allerdings mit kürzeren Zügen. Auch **Dribbeln** kann man beim Wasserball, da wird der Ball mit Kopf und Bugwelle transportiert, auch mit den Armen kann man ihm Richtung geben.

Fehler

Unsympathisch für den ballführenden Spieler ist die Tatsache, daß er angegriffen und dabei auch untergetaucht werden darf. Erst wenn er den Ball losgelassen hat, darf er nicht mehr attackiert werden, wird er trotzdem unter die Oberfläche gebracht, gilt das als **schwerer Fehler**. Davon gibt es mehrere, schon das Festhalten oder Zurückziehen eines Gegners ohne Ball gilt als schwerer Fehler, natürlich auch jede andere Art von Brutalität. Dabei wird dann ein **Strafpunkt** gegen die betreffende Mannschaft verhängt, und der schuldige Spieler wird für den Rest des Spiels aufs Trockene geschickt.
Einfache Fehler Start vor dem Pfiff der Schiedsrichter, Festhalten am Torpfosten, Spiel im Stehen (wenn das Wasser niedrig ist), Halten des Balls mit beiden Händen, Halten des Balls bei einem körperlichen Angriff unter Wasser. Auch ist es nicht erlaubt, dem Gegner Wasser ins Gesicht zu spritzen, aber das wird ein Profi sicher so machen, daß man ihm keine Absicht unterstellen kann.

Nun aber zu der 2-m-Linie. Hierin darf sich kein gegnerischer Spieler ohne Ball aufhalten. Man kann hier also nicht herumpaddeln und auf einen Zuwurf warten, den man dann ins Tor weiterleitet. Es wird als einfacher Fehler gewertet, wenn ein Angreifer in diesen Raum eindringt, ohne den Ball zwischen sich und dem Tor zu haben.
Vom Schnittpunkt der 2-m-Linie und der Seitenlinie aus wird der **Eckwurf** ausgeführt. Dieser ist fällig, wenn die verteidigende Mannschaft den Ball über die eigene Torlinie gelenkt hat. Beim Eckwurf darf sich kein Spieler im 2-m-Raum befinden (mit Ausnahme des Torhüters, der muß).

Die 4-m-Linie hat ebenfalls zwei Bedeutungen. Zum einen werden von hier aus die **Strafwürfe** ausgeführt, wobei der 4-m-Raum frei zu bleiben hat, und alle Spieler müssen außerdem mindestens 2 m Abstand vom Werfer halten; zum anderen begrenzt diese Linie das Aktionsfeld des Torhüters, innerhalb des 4-m-Raumes darf er gehen und stehen oder vom Beckenboden hochspringen. Er darf auch, im Gegensatz zu den Feldspielern, den Ball mit beiden Händen gleichzeitig berühren und ihn fausten. Den Ball über die Mittellinie werfen darf er aber nicht.

Alle Vergehen, die als einfache Fehler gelten, werden mit **Freiwürfen** geahndet, der Gegner darf den Ball vom Tatort aus unbedrängt einem Mitspieler zuwerfen.
Mehrere einfache Fehler summieren sich zum schweren Fehler, auch ein einfacher im 4-m-Raum, der ein wahrscheinliches Tor verhindert, kann zum schweren Fehler werden, und damit zum Strafwurf führen.

WINTERSPORT

Unter dieser Überschrift quetschen wir all das zusammen, was in den kalten Monaten seine große Zeit hat und womit uns das Fernsehen erfreut, wenn wir selbst wenig Neigung verspüren, den Körper der unwirtlichen Atmosphäre auszusetzen. Wir ziehen den Aufenthalt in den eigenen vier Wänden vor und lassen uns per TV berichten, was die Sportler so auf Eis und Schnee in Bewegung bringen. Sie, lieber Leser, sind da natürlich eine Ausnahme, aber es gibt ja viele andere.

Erst einmal eine allgemeine Übersicht, und dann gehen wir ins Detail. Wintersport – das ist vor allen Dingen all das, was man mit einem **Ski** machen kann. Der Ski, oder wie man früher sagte, der Schneeschuh, hat eine lange Entwicklung hinter sich: Als einer unserer Altvordern es leid war, im Schnee immer so tief einzusinken, bastelte er sich breite Sohlen unter die Füße. Eines Tages kam man darauf, daß man nicht nur das Einsinken verhindern konnte, bei entsprechender Form schaffte man es sogar, damit über den Schnee zu rutschen. Seit der Steinzeit verbesserte man dann diese Laufhilfen, und heute ist die Herstellung der Ski in den verschiedenen Formen für die unterschiedlichen Zwecke eine Wissenschaft für sich.

Bei den heutigen sportlichen Wettbewerben unterscheiden wir folgende Arten der Zusammenfassung.

Alpine Kombination Abfahrtslauf, Slalom und Riesenslalom. Es werden Doppel- oder Dreifachwettbewerbe ausgetragen.

Nordische Kombination 15 km Langlauf und Skispringen von Schanzen mit einem Normpunkt von 60–70 m (kommt gleich).

Biathlon Langlauf und Schießen

Bob- und Schlittensport

Die drei Eisheiligen: -hockey, -kunstlauf und -schnellauf behandeln wir in separaten Kapiteln. Natürlich gehören auch diese eigentlich zum Wintersport, aber weil sich hier alles auf Kunsteisbahnen abspielt, die nicht unbedingt an Jahreszeiten gebunden sind – die Technik macht's möglich –, wollen wir da nicht so pingelig sein. Gehen wir die Alpine Kombination an.

Alpine Kombination

Abfahrtslauf

Mit einer im wahrsten Sinne des Wortes atemberaubenden Geschwindigkeit fegen die Fahrer den Hang hinunter. Die Aufgabe ist, die für diesen Zweck angelegte Abfahrtsstrecke in möglichst kurzer Zeit zu durchfahren. 40 m Mindestbreite hat die Strecke, und der Höhenunterschied liegt für Herren zwischen 800 und 1000 m, für Damen zwischen 500 und 700 m. Und damit es nicht gar so einfach ist, sind etliche Tore eingebaut, das sind jeweils zwei Flaggen, die an splitterfreien Stangen befestigt sind. Die lichte Mindestbreite dieser Tore beträgt 8 m.

Keineswegs geht es jetzt so einfach glatt hinunter, sondern es wechseln Gleitstücke mit Steilstücken und kleinen Sprungschanzen, die den Läufer zwingen, einen Moment die Mutter Erde zu verlassen, um durch die Lüfte zu segeln.
Dann gibt es die sogenannten Kompressionen, das sind Änderungen des Steigungswinkels in der Strecke. Der Fahrer, der aus dem Steilhang kommt, wird mit voller Pulle in einen flacheren Auslauf oder sogar in einen Gegenhang gedrückt. Der Gipfel der Bosheit ist dann, wenn in einer solchen Situation eine Richtungsänderung erzwungen wird. Es gehört schon einiges an Können dazu, in der richtigen Spur zu bleiben.
Geschwindigkeit ist Trumpf, dem paßt sich sogar die Kleidung an, diese ist aus glattem Gewebe, das sich hauteng anschmiegt. Dadurch wird der Luftwiderstand reduziert.

Die gesamte Strecke ist mit kleinen Richtungsfähnchen markiert. Links sind die Fähnchen rot, rechts grün. Zwar gehört folgendes überhaupt nicht hierher, trotzdem wird die christliche Seefahrt ins Spiel gebracht. Abfahrtslauf an der Küste? Wohl kaum, aber das mit rot und grün kriegen wir immer durcheinander – ab jetzt aber nie wieder:

rot – links – backbord
grüen – rechts – steuerbord

Sehen Sie die ganz einfache Regel? Richtig, alle Wörter mit einem «e» gehören zusammen, ebenso die Wörter, in denen kein «e» vorkommt. Zurück auf die Berge.

Auf Kommando des Starters – wie beim Raketenstart 5–4–3–2–1–los – schießt der Läufer durch das Starttor, dadurch wird die elektrische Zeitmessung in Gang gesetzt.
Er hockt sich wegen des Luftwiderstandes zusammen wie ein Ei – man spricht hier tatsächlich von Ei-Stellung –, und er hat das Rennen beendet, wenn er die Pflichttore durchfahren und die Ziellinie überquert hat. Erstaunlich ist es für uns Laien doch immer wieder, wenn nach diesen spektakulären Wirbeln von Schußfahrt, Sprung und Schwüngen der Läufer unten heil ankommt und mit einem eleganten Schwung kurz vor den Zuschauern zum Stehen kommt.
Und nicht minder verwunderlich ist es, wenn man dann vergleicht, wieweit diese Läufer zeitlich auseinander, besser gesagt, wie dicht sie zusammenliegen, da geht es praktisch um Hundertstel von Sekunden, Zeitspannen, für die wir von Natur aus gar kein Gespür haben.

Slalom

Das ist ein Lauf durch diverse Tore. Diese bestehen, wie beim Abfahrtslauf, aus nichtsplitternden Kippstangen, die ein Gelenk kurz über dem Boden haben. Man sieht ja, wie die Läufer diese Stangen mit Schulter oder Oberkörper beiseite drücken, zum Teil auch mit der Hand zur Seite schlagen. Dafür gibt es extra Handschuhe, die auf dem Rücken gepolstert sind.
Das Stecken der Tore ist allerdings eine Wissenschaft für sich. Die lichte Breite liegt zwischen 4 und 6 m. Aber jetzt kommt's: Die Damen müssen 45 bis 60 Tore, die Herren 55 bis 75 Tore durchfahren, und diese Tore sind in den verschiedensten Variationen aufgebaut. Da gibt es neben den Einfach- und Doppeltoren Figuren mit 3, 4 und mehr Toren, die einen Weg vorschreiben, der krummer ist als der einer kaufwütigen Hausfrau beim Sommerschlußverkauf.

Die Höhenunterschiede der Strecken betragen 180 bis 200 m für Herren und 130 bis 180 m für Damen.
Der ganze Lauf besteht praktisch aus ununterbrochenen Richtungsänderungen, und das erfordert eine perfekt ausgefeilte Technik, besonders bei den Schwüngen.
Auch beim Slalom durchfährt der Läufer nach dem Startbefehl die Startschranke, und nachdem er alle Linien zwischen den Torstangen und die Ziellinie mit beiden Füßen überquert hat, ist das Rennen für ihn beendet.
Hat er ein Tor ausgelassen – das nennt man Torfehler –, hat er mit Zitronen gehandelt, denn dann ist er disqualifiziert.

Riesenslalom

Das ist ein Zwitter, und zwar halb Abfahrtslauf und halb Slalom. Die Strecke ist mindestens 30 m breit, der Höhenunterschied beträgt bei den Herren 250 bis 400 m, bei Damen 250 bis 350 m. Dazu gibt es mindestens 30 Tore, die zwischen 4 und 8 m lichte Breite haben. Diese Tore müssen mindestens 10 m auseinander stehen. Und damit es hier nun auch noch eine Steigerung gibt, hat man den Super-Riesenslalom eingeführt.

Super-Riesenslalom

Man nennt ihn auch Super-G (das G steht für engl. Giant) oder noch kürzer S G 2.
Hier kommt der Slalom dem Abfahrtslauf sehr nahe. Streckenbreite auch mindestens 30 m, aber hübsch wellenförmig und hügelig mit Höhenunterschieden von 500 bis 600 m für die Herren und 350 bis 500 m für die Damen. Die Tore macht man jeweils aus vier Slalomstangen – aber keine Kippstangen! Die Torbreite ist 6 bis 8 m. Mindestanzahl der Tore: 35 für die Herren und 30 für die Damen im Abstand von jeweils mindestens 25 m. Wenn möglich, baut man bei den Herren noch zwei Sprünge mit ein, dabei einen mit Richtungsänderung. Na, dann guten Rutsch!

Nordische Kombination

Langlauf

Bei der Nordischen Kombination geht dieser über 15 km. Bei anderen Einzelrennen haben die Herren 30 und 50 km vor sich, und die Staffel muß über 4 × 10 km marschieren. Damen laufen 5, 10 oder 20 km und die 4 × 5-km-Staffel.

Für den Langlauf wird eine Spur gelegt, die **Loipe**, das ist die Strecke, in der man zu bleiben hat. Technik, Ausdauer und Kraft sollen geprüft werden, danach ist die Loipe konzipiert. Es geht mal rauf, mal runter, dazwischen ebenes Gelände. Die Höhenunterschiede liegen für leichtere Rennen bei ca. 100 m, das geht dann bis 250 m für Strecken über 15 km. Zur Orientierung der Läufer sind an der Loipe Markierungen angebracht, u. a. Bänder, Fähnchen und Richtungspfeile (gegen Geisterläufer, die andersrum wollen). Auf den letzten 5 km müssen Tafeln jeden Kilometer kennzeichnen.

Der Langlauf ist inzwischen ein Volkssport geworden, und die Teilnehmerzahl für Strecken über 50 km und mehr steigen laufend. Das führt dann zum **Ski-Marathon** mit Entfernungen von 75, 90 und selbst 110 km. (Na ja, das ist ja schließlich freiwillig.)

Springen

Zurück zur Nordischen Kombination. Dazu gehört, wie erwähnt, neben dem 15-km-Langlauf das Springen, und hier sind wir Ihnen noch die Erklärung für den Normpunkt schuldig. Wir müssen uns dazu eine **Sprungschanze** ansehen. Es erhebt sich die Frage, ob wir gemeinsam zum Schanzenturm hinaufklettern, um die Sache von oben zu besichtigen, oder ob wir uns die Konstruktion lieber von der Seite aus ansehen. Die zweite Lösung erscheint sinnvoller, denn erstens sieht man von oben nur nervenzerfetzenden Abgrund, und zweitens – sollte man auf die Anlaufbahn geraten sein, die immerhin eine Neigung von 30–35 % hat – stößt es auf technische Schwierigkeiten, wenn man auf dem Weg nach unten den Wunsch verspürt, besser anzuhalten oder gar umzukehren.

Aber nun im Ernst, der oberste Teil, die eben schon erwähnte **Anlaufbahn**, ist die stark geneigte Fläche zwischen dem Turm und dem Schanzentisch. Es gibt neben dieser Bahn verschiedene Absprungluken, durch die man vom sicheren Untergrund aus auf die Rutsche steigt, man kann damit die Länge des Anlaufs variieren, je höher man aussteigt, um auf die Bahn zu kommen, desto länger ist der Weg bis zum Tisch, um so größer ist naturgemäß die Geschwindigkeit beim Absprung.

Vor dem **Schanzentisch** – das ist das Ende der Anlaufbahn – wird in sanftem Bogen die Steigung (oder, besser gesagt, das Gefälle – man kommt ja schließlich immer nur von oben) auf 5–10% reduziert, dadurch erhält der Springer eine mehr in die Waagerechte zielende Flugrichtung. Am Schanzentisch verläßt der Springer dann mit Karacho den Boden unter den Füßen, und nun kommt es darauf an, den Körper und die Ski in die richtige Lage zu bringen, denn die Flughaltung, in der ja einige Sekunden gesegelt wird, ist neben der Geschwindigkeit maßgebend für die Weite des Sprungs.

Etwa in der gleichen Kurve, die der Springer beschreibt, verläuft unter ihm die **Aufsprungbahn**. Jetzt gilt es, mit dem Aufsprung den Flug sicher zu beenden. Das ist eine kritische Phase, denn neben dem Aufsprungdruck muß auch die plötzlich eintretende Reibung der Ski am Untergrund überwunden und ausgeglichen werden.

Der Springer saust über den **Auslauf**, die Geschwindigkeit verringert sich, und die Fahrt wird mit einem Halteschwung beendet.

Das hört sich so ganz gut an, doch es ist empfehlenswert, wenn Sie es einmal nachahmen wollen, vorher ein- oder zweimal zu üben.

Aber nun zum **Normpunkt**. Dieser wird gekennzeichnet durch eine blaue Linie am Ende des Aufsprunghügels, und diese Linie sagt, bis hierher kann ein Springer unter normalen Bedingungen ungefährdet landen.

Weiter unten befindet sich eine rote Linie, das ist der **kritische Punkt**: ab hier erhöht sich der Landedruck erheblich. Die Strecke zwischen blau und rot, also zwischen dem Normpunkt und dem kritischen Punkt, ist die **Sicherheitsstrecke**. Wenn der kritische Punkt übersprungen wird, setzt man den Wettbewerb mit verkürztem Anlauf fort, die Springer steigen aus einer niedrigeren Luke.

Damit wir nun auch noch den dritten Punkt kennenlernen: das ist der **Tabellenpunkt**, eine grüne Linie. Diese liegt auf der Hälfte zwischen blau und rot, also in der Mitte der Sicherheitsstrecke. Früher war er einmal für die Punktebewertung maßgebend, aber heute geht man nur noch nach dem Normpunkt, der bei einer **Normalschanze** bei etwa 50–70 m liegt. Es gibt außerdem die **Großschanzen**, die Sprünge bis zu 120 m zulassen, die **Flugschanzen** erlauben noch weitere Sprünge.

Soweit unsere Theorie, dabei wollen wir es bewenden lassen, diese Wissenschaft wird unsere Bewunderung für die kühnen Springer verstärken, ganz besonders aber, wenn wir uns vorstellen, daß bei einer Großschanze zum Beispiel der Höhenunterschied zwischen dem obersten Punkt der Anlaufbahn bis zum Auslauf um die 160 m beträgt, was manchen Kirchturm neiderfüllt erblassen läßt.
Um nun die Nordische Kombination zu beenden – es wird dreimal gesprungen, zwei Sprünge kommen in die Wertung.

Biathlon

Bi heißt soviel wie zwei – binaer, auf zwei Ziffern aufgebautes System, bicycle – englisch Zweirad, Biennale: findet alle zwei Jahre statt (Bidet hat damit gar nichts zu tun, heißt nicht etwa zweimal det).
Biathlon kommt aus dem Griechischen und meint soviel wie Doppelkampf. Es setzt sich zusammen aus **Skilanglauf** und **Schießen**, aus zwei Disziplinen also, die ursprünglich einmal sehr eng zusammengehörten, aber im sportlichen Bereich an den Ausführenden völlig unterschiedliche Anforderungen stellen.

Da jagt man sekundenschindend über die Loipe und muß zwischendurch, wenn man so richtig unter Dampf steht, hinter das Gewehr (Kleinkaliber 5,6). Dann braucht man neben einem sicheren Auge in Hand und Körper eine solche Ruhe, wie sie Ramses der Zweite erst einige Jahre nach seiner Einbalsamierung hatte. Über allem der Streß – soll man nun in Geschwindigkeit weitermachen und das Schießen möglichst rasch absolvieren, oder gönnt man sich ein paar Sekunden mehr, um den betriebsamen Brustkasten zu besänftigen und den von der Stockarbeit belasteten Armen etwas mehr Ruhe zu verschaffen. Immerhin muß ja ein Ziel getroffen werden, das 50 m entfernt ist.

Beim Biathlon gibt es die 10- und die 20-km-Läufe für Herren und die 4 × 7,5-km-Staffel. Bei den Damen reduziert sich das auf 5 und 10 km und die 3 × 5-km-Staffel.
Beim 10-km-Lauf müssen die Herren nach 2,5 km liegend und nach 8 km stehend jeweils fünf Schuß abgeben, natürlich alles freihändig, also ohne Stützen für das Gewehr. Jede Fahrkarte kostet eine Strafrunde von 150 m (Bemerkung für die Damen: eine Fahrkarte ist ein Schuß, der die Scheibe nicht trifft).
Beim Lauf über 20 km müssen zwischen dem 5. und 18. km viermal je 5 Schuß abgegeben werden, und zwar liegend/stehend/liegend/stehend. Liegend geht's besser, dafür hat das Schwarze in der Scheibe aber auch nur 4 cm im Durchmesser, für den schwierigeren Schuß im Stehen ist es auf 11,5 cm vergrößert. Sicherer ist es, sich beim 20-km-Lauf vor dem Schießen etwas länger zu verpusten, denn, geht hier ein Schuß daneben, wird eine volle Minute Strafzeit angerechnet.

Fügt man dem Biathlon noch einen Riesenslalom hinzu, dann ist das nach Adam Riese ein Dreikampf, oder, wie die alten Griechen sagten, **Triathlon**. Hierbei geht es über 15-km-Skilanglauf, Schießen auf 150 m Distanz und den Riesenslalom.
Triathlon gibt es allerdings auch ohne Schnee als Ausdauer-Mehrkampf mit den Disziplinen Schwimmen, Radfahren und Laufen.

Schlittensport

Den haben wir alle selbst in der Kindheit mit ungetrübtem Vergnügen genossen und spielend dabei gelernt, daß zwei physikalische Gegebenheiten, nämlich die «schiefe Ebene» und die verminderte Reibung in richtiger Kombination zusammen ein herrliches Spielwerk ergeben. Wozu im Schiffbau beim Stapellauf tonnenweise Schmierseife nötig ist, schenkte uns Kindern der Himmel Eis und Schnee und machte damit so manchen Hügel zum Tummelplatz für Schlittenfahrten. Und war kein Schlitten zur Hand, dann tat es auch notfalls der Schulranzen oder gar der blanke Hosenboden.

Natürlich konnte es nicht ausbleiben, daß sich auch der Sport dieser Fortbewegungsart bemächtigt, und schon wieder einmal geht es um die Frage: Wer ist der Schnellste?
Im Laufe der Zeit haben sich verschiedene Bauweisen entwickelt, die jede für sich eine separate sportliche Disziplin darstellt. Wir unterscheiden zwischen dem **Bob** mit der windschlüpfrigen Verkleidung und dem **Schlitten** ohne jede Art zusätzlicher Hilfe.

Bob

Wenn man dieses Gefährt beschreiben will und dabei sagt, daß ein Bob aus zwei hintereinandergebastelten Schlitten bestehe, dann ist das nicht etwa ein rhetorischer Gag, sondern es beschreibt die tatsächliche Entstehungsgeschichte. Ursprünglich hatte man nämlich zwei Rodelschlitten durch ein Brett miteinander verbunden und den vorderen mit einer primitiven Steuerung versehen. Dieses eigenwillige Ding fand großen Anklang, und nach vielen Verbesserungen besteht der Bob heute aus einem Stahlrahmen, an dem zwei voneinander unabhängige Kufenpaare angebracht sind. Das vordere davon ist lenkbar. Um den Luftwiderstand zu vermindern – bei den gefahrenen Geschwindigkeiten ein überaus wichtiger Punkt – ist der Bob mit einer Haube verkleidet. Sogar eine Bremse ist vorhanden, ein Stahlrechen zwischen den hinteren Kufen, der bei Betätigung ins Eis greift. Gebremst werden darf jedoch nur in Notfällen oder nachdem das Ziel durchfahren ist.

Es gibt Zweier- und Viererbobs. Vorgeschrieben sind Höchstgewichte, die jeweils mit der Besatzung ermittelt werden, und das sind beim Zweier 390 kg und beim Vierer 630 kg. Fehlendes Gewicht kann mit Ballast ausgeglichen werden. Auch die Abmessungen sind begrenzt, der Zweierbob darf 270 cm, der Vierer 380 cm lang sein.

Die Technik des Bobfahrens setzt sich aus mehreren Komponenten zusammen, wobei jede für sich über Erfolg oder Mißerfolg entscheiden kann. Da ist zuerst einmal der Start, bei dem es wichtig ist, eine möglichst hohe Anfangsgeschwindigkeit zu erzielen. Im allgemeinen wird der fliegende Start vorgenommen, die Besatzung schiebt vor der Startlinie den Schlitten an, und wenn genügend Fahrt erreicht ist, hüpft sie nacheinander in den Bob. Dieses Anschieben ist so wichtig, daß es auch im Sommer immer wieder trainiert wird.

Jetzt kommt es auf den Vordermann, den Lenker, an. Er muß versuchen, die Ideallinie durch das Labyrinth der Kurven zu finden. Je nach Geschwindigkeit taxiert er, in welcher Höhe er durch die Überhöhungen der Kurven fahren muß. Ist er langsam, bleibt er niedrig, denn geht er die Kurve zu hoch an, kann der Bob im Scheitelpunkt abrutschen, und das kostet Zeit.

Unterstützt wird der Steuermann durch den oder die Teamkollegen, die sich gefühlvoll durch Verlagerung der Oberkörper in die Kurven legen. Auch in der Geraden gilt es, klaren Kurs zu behalten. Kommt man ins Schlingern und ballert links oder rechts gegen die Bande (anbandeln), kostet das Bruchteile von Sekunden, und das ist schon was, denn die Zeitwertung richtet sich nach Hundertstel von Sekunden.

Die Bahnen für die Bobrennen sind rinnenförmige Gefällestrecken – technische Wunderwerke, denn die witterungsunabhängigen Kunsteisbahnen werden mit Hilfe von Kühlröhren und Chemikalien vereist, aber das ist nicht das Besondere, auf die Konstruktion kommt es an, auf den exakten Bahnverlauf. Zur Planung dieses komplexen, kurvenreichen Gebildes braucht man Geschwindigkeitsdiagramme, die von Computern erstellt werden. Da langt es also beim besten Willen nicht mehr, einfach einen Graben zu ziehen und die Wände mit Schneematsch zu bepappen. Aber so ist es ja überall: Wo Höchstleistungen gefordert werden, muß die Technik ran.

Schlitten

Ob wir nun Rennschlitten oder Rennrodel sagen ist Jacke wie Hose, Rodeln ist die volkstümliche Bezeichnung für den Freizeitsport. Auf alle Fälle aber ist es hier ein Geschwindigkeitswettbewerb auf Gefällestrecken, entweder Naturbahnen oder künstlich angelegte mit überhöhten Kurven, wie für den Bob.
Für internationale Wettbewerbe ist ein Gefälle von 8–11 % vorgeschrieben, eine Länge von mindestens 1000 m, und dann müssen auch fünf Kurven dabei sein, darunter eine Haarnadelkurve.

Der Rennschlitten ist ein sehr flaches Gefährt, es darf nicht höher als 15 cm und nicht länger als 135 cm sein. Auch die Spurbreite, also der Abstand der Kufen voneinander, ist vorgeschrieben, das Maximum ist 45 cm.
Es gibt Einsitzer mit einem Höchstgewicht von 22 kg und die Zweisitzer, die 24 kg wiegen dürfen. Irgendwelche Verkleidungen sind verboten, genauso wie Bremsen.
Der Schlitten wird in Rückenlage gefahren, der Rennrodler liegt rücklings auf dem Schlitten, der Oberkörper ragt nach hinten frei heraus. Gelenkt wird vorwiegend durch Gewichtsverlagerung, der Oberkörper neigt sich zur Kurveninnenseite, der Halteriemen wird in diese Richtung gezogen, und die Kufe der Außenseite drückt man nach innen und unten. Und das bei Geschwindigkeiten um die 100 km/h!

Wenn Sie einen Schlittenfahrer sehen, der «falsch rum» liegt, also mit dem Bauch auf dem Schlitten, dann ist das kein Rodler, er liegt auch nicht falsch, er fährt Skeleton.

Skeleton

Das ist ein niedriger Rennschlitten, auch 100 cm lang und ca. 30 kg schwer. Der Name kommt aus dem Englischen, wo skeleton Gerippe oder Gestell heißt. Wir einigen uns auf die zweite Version, denn es erscheint doch wohl etwas makaber, diesen Sportler im eng anliegenden Rennanzug auf einem Gerippe durch die Bahn jagen zu lassen.

Falls Ihnen der Begriff **Tobbogan** über den Weg laufen sollte – das ist ein kufenloser Schlitten aus Kanada, der aus Brettern besteht, die vorne aufwärts gebogen sind. Auf diesem Fahrzeug können bis zu sechs Mann bäuchlings liegen. Diese Dinger für Rennen zu benutzen, ist bei uns schon seit langer Zeit verboten.

Der Vollständigkeit halber sei noch der **Skibob** erwähnt. Stellen Sie sich ein Fahrrad vor, dem man die Räder entfernt und dafür Ski anmontiert hat. Der hintere Ski ist starr, der vordere lenkbar, just wie beim Fahrrad. Zwei weitere kurze Ski trägt der Fahrer an den Schuhen. Neben dem reinen Freizeitvergnügen gibt es auch hiermit Wettbewerbe, es werden Slalom, Riesenslalom und Abfahrt nach den Regeln des Skilaufs ausgetragen.

ABGANG

Jetzt kommen Sie ins Schwimmen, gell? Abfahrt im Wintersport, klare Sache, aber Abgang? Kennen wir hauptsächlich beim Turnen, da kommt es darauf an, wie man nach den verschiedenen Übungen am Gerät dieses verläßt, um dann im Stand den Beifall des Publikums zu ernten. Wenn also z. B. ein Reckturner nach atemberaubender Vorführung mit Doppelsalto und Schraube auf die Mutter Erde zurückkehrt und dann auch noch stramm stehenbleibt, dann darf er stolz auf diesen Abgang sein. Wenn Er und Sie (hat mit Sport nichts zu tun) einen handfesten Krach haben, und Er (oder Sie) noch einen bildschönen verbalen Konter anbringt, bevor die Tür krachend ins Schloß fällt, dann spricht man auch wohl von einem starken Abgang. – Und was hat das nun mit Wintersport zu tun? Nichts, aber auch gar nichts!

Es soll nur der Abgang von diesem Buch sein, der Abschied von Ihnen, lieber Leser. Es sei Ihnen an dieser Stelle ausdrücklich bestätigt, daß Sie bezüglich Ihres Lesestoffes einen ausgeprägt guten Geschmack haben.
Und falls Sie zu der seltenen Spezies gehören, die solch ein Buch von vorn bis hinten durchliest, sei Ihnen zusätzlich ein übernormales Stehvermögen bescheinigt.

Es hat Spaß gemacht, für Sie zu schreiben, vielleicht hat ja auch das eine oder andere Kapitel Ihre Wissenschaft vom Sport etwas vermehrt.

Und wenn Sie hier und da etwas mehr ins Detail gehen wollen, sei Ihnen zum Trost gesagt, es gibt über alles eine stattliche Anzahl von vernünftigeren Büchern; eine kleine Auswahl aus dem Programm dieses Verlages finden Sie auf den nächsten Seiten.

Die Autoren

Rolf Scheunig

Fernsehen – passiv

versteht fast nichts vom Sport und hält sich gerade aus diesem Grunde für besonders geeignet, anderen Menschen, die auch nicht viel davon wissen, die Grundbegriffe und Zusammenhänge zu erklären. Die Idee zu diesem Buch kam ihm, als seine Frau ihn bei einem aufregenden Tennisspiel fragte: «Wie lange dauert denn das noch?»
Damit trotz seiner Lust am Fabulieren die sportlichen Fakten stimmen, versicherte er sich der Mitarbeit seines Schachpartners:

Helmuth Poppen

Radio – aktiv

versteht viel vom Sport, schon von Berufs wegen, ist seit über dreißig Jahren bei Radio Bremen, pausenlos aktiv bei Funk und Fernsehen. Als Sportchef Hörfunk schreibt und spricht er Kommentare und Essays und ist einem breiten Publikum bekannt.
Mit seinem Wissen um den Sport sorgt er für die fachliche Sicherheit bei den Fabulierkünsten seines Partners.

SPORTKANAL

SPORTKANAL bietet eine attraktive Mischung aus aktueller Berichterstattung und Sportreportagen in voller Länge.

SPORTKANAL überträgt **1.000** Stunden im Jahr **LIVE** oder zeitversetzt am selben Tag. Freuen Sie sich mit uns über Sport aus aller Welt.

90 verschiedene Sportarten erwarten Sie. Von Tennis bis Motorsport, von Fußball bis Golf, **SPORTKANAL** sendet werktags von 8 Uhr morgens bis 2 Uhr nachts und von Freitag bis Sonntag rund um die Uhr.

Einschalten lohnt sich!

SPORTKANAL

rororo sport

Buchtips

Badminton 7042
Badminton-Praxis 8629
Basketball 7023
Basketball-Handbuch 7624
Basketball-Technik 8685
Eishockey 8620
Karate 7625
Judo 7012
Judokurs 7033
Judo-Praxis 8632
Fußball 7039
Konditionstraining Fußball 8605
Fußball Jugendtraining 8645
Fußball-Funktionsgymnastik 8631
Golf-Handbuch 8616
Golf. Der neue Weg 8682
Besser Golf spielen 8684
Golf. Der perfekt geregelte Wahnsinn 8689
Handball 7004
Handball-Praxis 8630
Hockey 7035
Kajak und Canadier 7018
Leichtathletik 1 7008
Leichtathletik 2 7009

rororo sport

Buchtips

Reiter-Handbuch 8613
Military 8647
Radsport 7618
Rudern 7010
Schwimmen 7003
Anfängerschwimmen 7032
Schwimmsport-Praxis 8608
Segeln 8643
Squash 7040
Tanzen 7626
Tennis 7006
Tenniskurs 7022
Tennis-Funktionsgymnastik 8621
Tischtennis 7013
Tischtennis-Praxis 8615
Gerätturnen 7028
Volleyball 7011
Volleyball-Handbuch 7640
Die neue Skitechnik 8680
Skifahren 8602
Skilanglauf 7002
Skiwandern 8692
Laufen 8655
Besser laufen 8664